教育行動研究新論

蔡清田　著

五南圖書出版公司 印行

推薦序

1940年代，Kurt Lewin及Stephen M. Corey等人倡導「行動研究」迄今已五十年。教育的實證研究通常由教育學者負責，採用較大的樣本，從事較嚴謹的程序進行研究，期望所得結果能夠大量推論。這類的研究不易協助教育現場的教師解決日常面臨的問題。因此，行動研究應事實的需要而受到重視。教師採用行動研究，在專家或同事合作之下，以科學的方法解決其課堂的種種問題，而不擬應用到其他的情境。近年來，學者倡導「教師即研究者」的理念，行動研究更受重視。

行動研究是一種研究的方法，強調研究的實務層面，較少涉及理論依據。自從1996年Ortrun Zuber-Skerritt主編《行動研究的新方向》（*New directions in action research*）出版之後，行動研究的理論探討，普受關注。期望行動研究，經由理論與實踐的辯證，而更趨理想。

本書作者蔡清田是國立中正大學教育學院院長，曾經在英國東英格蘭大學教育應用研究中心（University of East Anglia, Centre for Applied Research in Education）獲得哲學博士學位。此一研究機構以研究課程發展及師資培育為主，甚具學術聲望，而其採用的研究方法常為行動研究。該中心主任John Elliott是一位研究行動研究並將其應用在實際研究的著名專家，有關行動研究的著作甚豐。蔡院長直接受到John Elliott的教導，並常將行動研究用到其探討的主題上，得到相當豐碩的研究成果。

我國師資培育機構及學校教師十分重視教育的行動研究。教師不

但是教學者，而且更是研究者。透過研究，自己能更專業的處理面臨的教育問題。蔡院長行動研究的理論與實務兼備，相信本書的出版，能對教師及未來教師做出一定程度的貢獻。

　　本人與蔡院長相識多年，本書完成我先睹為快且學習良多，因此不敢獨享，希望與教育同道共享。

黃光雄

謹識於國立中正大學

2013年1月

自 序

　　我國教育部於民國100年元月公布《中華民國教育報告書》，將於民國103年實施十二年國民基本教育，行政院也於民國100年9月20日發布院臺教字第1000103358號函核定「十二年國民基本教育實施計畫」，其配套措施「建置十二年一貫課程體系方案」旨在研訂十二年一貫課程發展建議書、核心素養（含基本能力）與擬訂K-12年級一貫課程體系指引草案、審議K-12年級一貫課程體系指引、研議K-12年級課程綱要、建置課程發展機制與支持系統，以落實十二年國民基本教育及K-12年級一貫課程改革理念。教育部早在1999年7月28日公布《國民教育階段九年一貫課程試辦要點》，就特別重視行動研究，以提升新課程試辦效果，及時解決相關問題，鼓勵學校結合「教育行動研究」，同步進行研究工作，期望透過實際問題探討，研析解決策略，增進實施新課程的能力。教育部進一步透過相關配套措施，擬訂「課程實施行動研究計畫」，自1999年9月起開始實施，其目標旨在透過行動研究，針對九年一貫課程的基本能力、學習領域、課程統整、協同教學、基本能力指標、多元評量方法等相關概念，發展實用的教學策略與示例，進而落實並提升國中小教師「教育行動研究」之專業知能，因應教育改革的需要。

　　就九年一貫新課程實施行動研究計畫的執行而言，第一階段旨在透過遴選學者專家、學校教育人員，成立行動研究小組，負責規劃、培訓、督導專案研究工作；第二階段培訓各縣市行動研究種子教師；第三階段以種子教師為核心，成立地方行動研究中心，培訓各校種子教師、並規劃各項行動研究；第四階段遴選學者專家駐校督

導，進行各項教育行動研究。可見，教育部積極規劃並鼓勵地方學校教育人員進行教育行動研究，因應教育改革的相關問題，並作為改進教育工作之參考。本書將教育行動研究詳細區分幾個主要歷程，作為教育實務工作者進行教育行動研究的參考。第一個教育行動研究的主要歷程是陳述所關注的問題；第二個教育行動研究的主要歷程是針對上述問題，研擬可能解決問題的行動方案；第三個教育行動研究的主要歷程是尋求可能的合作夥伴；第四個教育行動研究的主要歷程是採取行動，實施監控行動方案；第五個教育行動研究的主要歷程是評鑑與回饋；第六個教育行動研究的主要歷程是呈現教育行動研究報告。

特別是本書針對教育行動研究的理念與實踐加以說明。第一章緒論、第二章行動研究的理論與實務、第三章教育行動研究的目的與功能、第四章教育行動研究的條件與限制、第五章教育行動研究的主要歷程與程序原理、第六章關注分析教育行動研究問題、第七章規劃教育行動研究方案、第八章協同合作進行教育行動研究、第九章實施監控教育行動研究、第十章評鑑回饋教育行動研究、第十一章呈現教育行動研究報告、第十二章教育行動研究的配套措施與行動綱領、第十三章透過教育行動研究因應K-12年級一貫課程改革。這些章節皆可作為因應當前與未來十二年國民基本教育與K-12年級一貫課程改革之具體參考。

蔡清田

謹識於國立中正大學教育學院

2013年1月

目　錄

表目錄

圖目錄

PART 1

第壹篇　教育行動研究的理論與實踐

CHAPTER 1

緒　論

沒有行動的研究，是空的理想；
沒有研究的行動，是盲的活動。

　　我國教育部於民國100年元月公布《中華民國教育報告書》，將於民國103年實施十二年國民基本教育，行政院也於民國100年9月20日發布院臺教字第1000103358號函核定「十二年國民基本教育實施計畫」，其配套措施「建置十二年一貫課程體系方案」旨在研訂十二年一貫課程發展建議書、核心素養（含基本能力）與擬訂K-12年級一貫課程體系指引草案、審議K-12年級一貫課程體系指引、研議K-12年級課程綱要、建置課程發展機制與支持系統，以落實十二年國民基本教育及K-12年級一貫課程改革理念。教育部早在1999年7月28日公布《國民教育階段九年一貫課程試辦要點》，就特別重視行動研究，以提升新課程試辦效果，及時解決相關問題，鼓勵學校結合「教育行動研究」，同步進行研究工作，期望透過實際問題探討，研析解決策略，增進實施新課程的能力。本章內容主要分為二節，包括第一節行動研究的意義與第二節行動研究的特徵。

第一節　行動研究的意義

　　一般人往往認爲「研究」是大學教授或學者專家的專利工作，而「行動」則是實務工作者的職責。特別是傳統的研究，大都以學者專家爲研究主體人員，而研究的目的，多在建立普遍的原理原則或可以進一步類化的理論知識。然而，傳統的研究結果，總是無法直接應用於解決實務工作情境所產生的問題，因爲理論與實務之間，往往存在著不可避免的差距（Atweh, Kemmis, & Weeks, 1998）。換言之，傳統理論，往往無法適當地說明或解決實務工作情境當中的實際問題現象，而實際工作情境當中的實務，也往往未能完全用來考驗和修正理論（Zubert-Skerritt, 1996）。

　　「行動研究」（action research）透過「行動」與「研究」結合爲一，企圖縮短理論與實務的差距。「行動研究」強調實務工作者的實際行動與研究的結合（王文科，1995；吳明清，1991；陳伯璋，1988a；陳惠邦，1998；黃政傑，1999；歐用生，1999a；Atweh, Kemmis, & Weeks, 1998；Carr & Kemmis, 1986；Elliott, 1998；McNiff, 1995；Winter, 1995），鼓勵實務工作者採取質疑探究和批判的態度（McKernan, 1996; Noffke & Stevenson, 1995），因此，有所謂的「教師即研究者」（teacher as researcher）（黃光雄、蔡清田，2009），甚至「教師研究者」（teacher researcher）（蔡清田，2005；2006），或「教育實務人員即研究者」（educational practitioner as researcher）甚至「教育實務研究者」（educational practitioner researcher）（蔡清田，2007；2008），在實務行動過程中進行反思（Schon, 1983; 1987），以改進實務工作（McNiff, Lomax, & Whitehead, 1996; O'Hanlon, 1996），增進對實務工作的理解（夏林清與中華民國基層教師協會，1997；Altrichter, Posch, & Somekh, 1993），

並改善實務工作情境，進而從事論文寫作（蔡清田，2010）。本節首先描述研究的類型，進而說明「行動」與「研究」的概念，指出行動研究的「行動」意涵，進而闡明行動研究的意義。

一、研究的類型

就研究的實用程度而言，可將研究區分為「基礎研究」（basic research）、「應用研究」（applied research）、「行動研究」（action research）等三種不同的研究類型（蔡清田，1999a；Tyler, 1984, 30）。「基礎研究」是指研究人員希望自己的研究發現，能夠合乎自己或專門研究領域學者的興趣，而所進行的理論研究，其目的在於求知，與理論化發展有密切關聯。「應用研究」是指研究發展人員希望自己的研究發現，能引起雇主、一般社會大眾與顧客之濃厚興趣的一種研究。「行動研究」則是進一步利用「應用研究」之研究結果，透過實際行動，嘗試解決工作實務情境中所發生的實際問題。由於「行動研究」強調立即應用，不同於「基礎研究」或「應用研究」，因此有些社會科學家便將「行動研究」自「應用研究」之領域當中加以區分出來（Stenhouse, 1985, 56）。換言之，為了縮短「實務」與「理論」彼此之間的差距，或減少「行動」與「研究」之間的差異，便產生一種讓實務工作者和研究者合而為一的研究，這種類型的研究稱為行動研究。

嚴格說來，「行動研究」只是一種與「基礎研究」及「應用研究」並列的研究類型之一（陳伯璋，1988a；黃政傑，1999），換言之，行動研究是一種研究類型，是一種研究的態度，而不是一種特定的研究方法技術。然而，置身於變化迅速、重視專業的現代化社會，如何改善實務工作品質以求進步，乃成為各行各業的實務工作者之迫切需求，而且設法運用專業理論輔助專業實務工作的運作，逐漸蔚成一股風潮。是以，「行動研究」的實踐理念便應運而生（Winter,

1995, 3）。

二、行動與研究

「研究」是一種系統化的活動，以發現一套有組織的知識體系。透過研究，可以指出相關因素，以便瞭解說明現象，而且研究的發現，可作爲繼續探究的指引。是以，研究的目的在於求知，發現眞相，以增進對現象的瞭解，以建立理論、模式或行動方案。因此，研究可以提供概念、動態模式與通則，以協助研究人員理解實務工作歷程，並作爲進一步設計教育改革方案與實施課程革新方案之參考依據（Tyler, 1966, 31）。

行動研究就是要將「行動」與「研究」兩者合而爲一。由實務工作者在實際工作情境當中，根據自己實務活動上所遭遇到的實際問題進行研究，研擬解決問題的途徑策略方法，並透過實際行動付諸實施執行，進而加以評鑑反省回饋修正，以解決實際問題。因此，行動研究顧名思義就是將「行動」和「研究」結合起來（黃政傑，1999，351）。同時，行動研究重視「系統化的探究方式」也是使行動研究，不只是「行動」，而且能稱爲「研究」的原因。

行動研究重視實務問題，但是，行動研究不只注意實務問題的解決，不只重視行動能力的培養，同時更重視批判反省思考能力的培養，以增進實務工作者的實踐智慧，企圖建立實務的理論與理論的實踐，努力縮短實務與理論之間的差距，減少行動與研究之間的差異。因此，如果要瞭解行動研究，可以從行動與研究相關的字眼，來加以分析，如表1.1。

✍ 表1.1　「行動」與「研究」的相關字（改自McNiff, Lomax & Whitehead, 1996, 9）

「行動」的相關用字	「研究」的相關用字
實做行動	進行探究
介入參與	冷眼旁觀
意圖強烈	謹慎細心
承諾投入	紀律嚴謹
激發動機	探究證據
熱忱感性	系統理性

　　行動研究，涉及實務行動的理念與實踐。一方面實務工作者的表象行動背後，應有其理想層面的願景意涵與理念主張，實務工作應該有理想願景與行動理念的指引，根據某種理想願景或行動理念，透過實際的行動，改進實務工作並改善其工作情境；另一方面行動研究理論也應有實際行動經驗的實務基礎，透過實務工作，實踐理想願景與行動理念，並且透過實際的行動與研究，結合理論與實際。

三、行動研究的「行動」

　　行動研究所指的「行動」是什麼呢？是指哪一種行動？行動研究的行動，是指「反省的實務工作者」的行動（Schon, 1983）。如同Carr與Kemmis（1986）所強調行動研究中的行動，應是一種審慎且經過計畫方才施行之「策略性行動」（strategic action），並且可以透過後續之反省研究加以調整其行動（Carr, 1995; Elliott, 1997）。是以行動研究的行動，可能包括診斷問題、選擇方案、尋求合作、執行實施與評鑑反應等五種不同的實務行動。這是理性的行動歷程（Argyris, 1989），也是透過實務行動的改變，提升專業學習結果的歷程（Argyris & Schon, 1974）。行動研究的行動，更是一種提升專業效能的實務理論（Argyris & Schon, 1974），涉及行動科學（action science）（Argyris, Putnam, & Smith, 1990）與行動理論（theories of action）（Argyris & Schon, 1974）。行動參與者竭盡所能地嘗試求知，追求好奇與探索。如果這種行動是一種有系統、有策略的探索，才能被稱為「研究」。

澳洲學者甘美思（Stephen Kemmis）與馬塔葛（Robin McTaggart）也指出行動研究是將行動與研究連結的方法，行動是試圖將理念視為增進知識的方法（Kemmis & McTaggart, 1982）。此定義強調了行動的重要性，而且主張透過實際行動可以推動研究，實務工作是引起研究動機的力量，而且行動研究者具有實行的傾向，總是很樂於從行動中進行研究。另外，英國行動研究的推動者艾略特（John Elliott），指出行動研究旨在增進實務的相關經驗，其所強調的行動研究重點也在於行動（Elliott, 1991）。簡言之，行動研究所指的「行動」是一種「有意圖的行動」（intentional action），也是一種「有訊息資料作為依據的行動」（informed action），更是一種「具有專業承諾的行動」（committed action）。

（一）有意圖的行動

行動研究的行動，是一種有意圖的行動，旨在改進實務工作與改善實務工作情境，其主要的行動包括計畫的擬定與實施、行動的監控、評鑑反省與回饋修正等，都是行動研究過程中的重要行動。這些有意圖的行動，都是行動研究過程當中的相關重要行動事件。行動研究者可以將這些行動事件，整理融入整個規劃的行動研究循環當中（O'Hanlon, 1996），因此，行動研究者不僅要重視過程，而且也要重視結果。因為行動研究的行動，是一種有意圖的行動，這些意圖是為了要促進實務的改善（Griffiths, 1990）。

（二）有訊息資料作為依據的行動

行動研究的行動，不僅是一種有意圖的行動，也是一種有訊息資料作為依據的行動。換言之，行動研究的行動，是指系統地蒐集計畫

的擬定與實施、行動的監控、評鑑等等相關資訊，以作為行動的知識基礎依據，進而瞭解實務工作者本身的行動與動機，甚至對實務工作者本身所發現的研究結果進行批評，並且公開實務工作者本身的知識觀點，甚至要廣泛接觸其他人所進行的研究發現結果，以獲得各種訊息資料與行動觀點（McNiff, Lomax & Whitehead, 1996, 18），以作為進行行動研究的參考依據。

（三）專業承諾的行動

行動研究的行動，不僅是一種有意圖的行動，是一種具有訊息資料作為依據的行動，更是一種具有專業承諾的行動。一個成功的行動研究，必須具有專業承諾，換言之，行動研究者，必須將自己的專業價值觀點融入行動研究當中（McNiff, Lomax & Whitehead, 1996, 18）。行動研究具備了強烈的專業行動因素，因為實務工作者本身的行動研究不是為其他人設計的，而是針對自己專業上的需要而進行研究。因此，行動研究者在進行行動之前，需要先探究實務工作者本身對行動的動機與價值，才能協助實務工作者一方面清楚地瞭解到自己行動的動力來源，另一方面系統地進行研究，並將實務工作者本身的研究公開化，以便接受批評，以降低實務工作者本身的個人本位主義與偏見，透過專業承諾，改進實務工作與改善實務工作情境（Kincheloe, 1991; O'Hanlon, 1996）。

四、行動研究的意義

行動研究的意義，可以從實務觀點、實務反思觀點、專業觀點與專業團體觀點加以說明。

從實務觀點而言，由於行動研究，係由實務工作者針對實際工作情境，採取具體行動並且進行研究，以改進其實務工作與工作情境，因此，行動研究又稱之為「實務工作者所進行的行動研究」（practitioner action-research），亦即，行動研究是由實務工作者本

身發動進行，努力完成與專業工作有關的實務改進，並促成專業理解的加深加廣與專業發展。是以，行動研究不只是專業理想的一部分，更是專業工作理念的具體表現，而不是專業工作的附加物。但是，實務工作者可能受到其實務工作行動之情境脈絡的束縛，而未能為清楚地看清其實務行動之原貌及可能潛伏於其中的問題，甚至有意或無意的受到某種不合理性的意識型態所制約而不自知（Carr, 1995: 32-33），因此實務工作者有必要透過「實務反思」觀點以精進其實務工作的行動。

從實務反思觀點而言，行動研究鼓勵實務工作者，從實際的工作情境當中，進行自我反思，然而，行動研究，不只是一種由實務工作者在實際工作情境中進行的自我反思與自我探究的過程，行動研究更是一種實務工作者的行動思考和系統性的研究態度，探討實務工作情境所發生的實際問題，執行經過規劃的行動方案，並且持續改進實務行動，監控並評鑑行動的實施歷程與結果，以改進實際工作情境或實務行動（Marsh, 1992）。換言之，行動研究係指在社會情境之下，進行實務工作的實際參與者，為了改善其實務行動的合理性及其對實務行動的瞭解，而從事的自我反思式的探求（Carr & Kemmis, 1986）。是以，「反思」可說是教育行動研究不可或缺之核心活動（陳惠邦，1998：162）。甚至，「反思」不只是教育行動研究之核心，也可以做為教育行動研究之切入點，如果實務工作者未能透過「反思」探索其所遭遇的問題而忙於盲目行動，則可能會有事倍功半或欲速而不達的弄巧成拙之負面影響。就此而言，「行動前的反思」、「行動中的反思」與「行動後的反思」等均甚為重要。

特別是，行動研究是包括了「行動前的研究」、「行動中的研究」與「行動後的研究」等一系列的行動與研究（蔡清田，2004a；2004b）。換言之，行動研究宜涵蓋Schön（1983: 49-69, 243-244）所提出「對行動的反思」（reflection-on-action）以及「對行動中的反

思之反思」（reflection on reflection-in-action）之理念，行動研究者宜進行「對實務行動的反思研究」及「對實務行動中的反思之反思研究」。「對實務行動的反思研究」係指在實務活動暫告一段落之後實施「行動後的研究」，可讓實務工作者暫時脫離實務工作行動之情境脈絡的束縛，從而更為清楚地看清其實務行動之原貌及可能潛伏於其中的問題。「對實務行動中的反思之反思研究」，乃是針對實務工作者「先前的反思行動」「再加以反思研究」，因為「先前的反思行動」可能被當時情境脈絡中的某種潛伏之價值觀與沉澱的意識型態所侷限（Newman, 1999）。因此，實務工作者可透過行動前、行動中或行動後的反思研究，進行實務工作的反思，特別是透過「行動『前』的研究」、「行動『中』的研究」、「行動『後』的研究」等繼續循環不已的開展過程（蔡清田，2004a; 2004b），這種開展過程可以進一步地加以明確化與系統化為：「行動『前』的研究」：（一）陳述所關注的問題；（二）規劃可能解決上述問題的行動方案：「行動『中』的研究」；（三）尋求可能的行動研究合作夥伴；（四）採取行動實施方案；與「行動『後』的研究」；（五）評鑑與回饋；（六）發表與呈現行動研究證據，以獲得生命經驗之反思回顧而更深入的探索其實務行動與相關理論之可能內涵，進而解決其所遭遇的問題或改善其實務工作情境或獲得專業發展。

　　從專業觀點而言，行動研究的意義，簡單地說，可視為從一種專業的行動觀點出發，透過一種有意圖的行動、有訊息資料作為依據的行動與具有專業承諾的行動，進行社會實際工作情境的研究，並透過此種實務工作情境的研究，以增進專業實務活動的品質。換言之，行動研究不只是一種將系統的探究，加以公開化的歷程，行動研究更是一種具有充分的適當知識資訊為依據的行動，同時行動研究也是一種有意圖的研究與付諸實際行動的行動，並且是一種具有專業價值目的的研究（Bassey, 1995）。

更進一步地，從專業團體觀點而言，行動研究企圖支持實務工作者及其所屬的專業團體，能夠有效地因應實務工作當中的挑戰，並且以一種反省思考的方式，以創新改革方式因應實際工作情境（夏林清與中華民國基層教師協會，1997，199）。這也難怪國內學者李祖壽先生洞察機先地指出，行動研究是現代教育研究的方法之一，也是任何領域謀求革新的方法之一；行動研究也是一種團體法，注重團體歷程，團體活動（李祖壽，1974）。行動研究的意義特別重視行動，尤其強調實務工作人員一面行動，一面研究，從行動中尋找問題，發現問題，更從行動中解決問題，證驗真理，謀求進步。

第二節　行動研究的特徵

行動研究主要包括了「診斷」和「治療」兩個部分。診斷包括了分析問題和建立假設，治療則是包括了考驗假設和解決問題。行動研究不只是在「干預」「現實世界」，同時更應該注意到干預「現實世界」後的效果（黃政傑，1999，351）。一方面要瞭解到問題的所在之處，另一方面就要提出解決問題的方法，並加以實施與評鑑。要尋找問題的所在，則需要確定研究的目標，擬訂詳細的研究計畫，仔細的搜尋有關的資料，並加以分析，提出有關的解決辦法。但是要提出有關的解決辦法之前，除了要依據研究發現外，尚應考慮到情境和對象的種種特色，以便能對症下藥。許多的基礎研究，常止於發現理論知識的階段，許多的應用研究，常止於解決辦法之實務經驗。行動研究則是將研究的結果及其進一步所擬定的行動方案，應用在特定的工作情境中，並進行實施監控與評鑑。本節旨在說明行動研究與其他研究的相似性和不同點，並闡述行動研究過程的主要特徵。

一、行動研究與其他研究的相似性和不同點

不同的研究人員可以利用各種不同的方法，進行研究，雖然某些方法在特定的脈絡之下，會特別適用於某種特定的實務工作情境。然而，在許多不同研究類型當中的某些方法過程，具有共同的特徵。例如：行動研究與其他研究類型便有相似與不同之處，說明如次。

（一）行動研究與其他研究類型的相似之處

通常研究的重點在於探究或找尋過去所不知道的知識，因此，一般而言，通常研究具有助於促成知識的特徵，研究所促成的知識主要是增進對事件、事物、與過程的瞭解，包括描述、解釋、詮釋、價值方向（Bassey, 1995）。特別是研究不僅可以引導知識，可以提供證據支持這些知識，也可以使探究過程清楚地浮現知識，更可以將現有的知識與新知識連結起來。在這個研究觀念下，行動研究也具有其他研究類型的相似特徵，行動研究也能促成知識的成長。

（二）行動研究與其他研究類型的不同之處

學者曾經區分理論研究、價值研究、行動研究三者的差異，指出理論研究對事件的描述與詮釋時，不作任何個人的意見，而價值研究則會加入個人的價值判斷，至於行動研究則希望將事件的描述、詮釋、以及解釋做得更適合於特定實務工作情境（Bassey, 1995）。特別是行動研究與傳統的基礎研究之間，確實具有差異，詳如表1.2說明。

表1.2 基礎研究與行動研究之不同處

範　圍	基礎研究	行動研究
1.所需的訓練	研究者可能在測量、統計等研究方法方面需要接受廣泛的訓練。許多領域的研究，由於缺乏這些方面	通常行動研究不需特別嚴格的訓練，不一定需要高級統計和艱深的量化方法訓練。由於外來的學者專家比實務工作者接受更多的訓練，

（續）

範　圍	基礎研究	行動研究
	的訓練，以致其科學理論基礎稍嫌脆弱。	因此，即使實務工作者本身的研究技巧稍嫌不足，仍可由外來的學者專家顧問協助下進行行動研究。
2.目的	獲得的知識，可普遍應用於廣大的母群體，旨在發展和考驗理論。	獲致的知識，能直接應用於特定的實務工作情境，如學校情境，而且可提供參與研究者獲得在職訓練。
3.研究問題的探求	研究者藉著各種方法界定問題，但研究者通常不直接涉入其中的研究問題。	研究者所認定的問題是實際情境中，足以引起研究者的困擾，或是影響其工作效率的問題。
4.假設	發展極特定的假設，可運用操作型定義界定，且可進行考驗。	解決實際問題的特別說明，常被視同於研究假設，理想上，行動研究假設必須相當嚴謹，可以接受考驗。
5.文獻探討	通常需對直接的資料做廣泛的閱讀，並賦予研究人員充分瞭解該研究領域現有的知識現況，獲得他人所已經累積的知識。	研究者閱覽一般可用的相關資料，俾對研究的領域有一般的瞭解。通常並不嚴格要求實務工作者一定要對直接資料作完整而無遺漏的深入探究與討論。
6.抽樣	研究者試圖從研究母群體中獲取隨機或是不偏頗的樣本。	實務工作者如教育行政人員或是學校教師，通常以該實務工作情境當中的師生或自己本身，作為受試者。
7.實驗設計	於展開研究之前，進行詳細的規劃設計，重點在於維持提供比較用的條件，減低錯誤與偏見，並控制不相關的變項。	開始研究前，依一般方式規劃程序。在研究期間進行介入，以瞭解此種革新是否可改進實務工作情境，較少關注實驗條件控制或錯誤防範。由於研究者過於投入研究情境，可能出現立場偏見。
8.測量	選取最有效的測量工具，評鑑可用的評量工具，並在進行研究之前。將這些測量工具先作預試工作。	測量工具的評鑑較不嚴謹，參與者缺乏使用與評鑑教育測量工具的相關訓練，但可以透過顧問諮詢的協助，進行測量與評鑑。

（續）

範　圍	基礎研究	行動研究
9. 資料分析	由於結果概括是研究目的之一，故要求複雜的分析，強調統計的顯著性。	通常進行簡單分析，強調實用的顯著性，而非統計的顯著性。重視參與者提供的資料與建議意見。
10. 結果應用	研究結果應可普遍應用，但許多研究發現卻無法直接應用於教育實際。研究者與實務工作者間的經驗差異，產生嚴重溝通問題。	發現結果，可立即應用於參與研究者的實務工作情境，並經常可導致持久性的改良。但是，結果的應用，很少超過參與研究者本身所能控制的範圍領域。

（本表改自王文科，1995，31；陳伯璋，1988a，140）

　　歸納而言，行動研究與其他研究類型，至少具有研究目的、研究對象與過程結果不同之處。

　　1. 研究目的不同

　　根據過去的研究傳統，研究人員可以預測未來的結果，並透過操作、改變變項來控制結果，而且如果要判斷某項研究品質的好壞，則如果採用不同的方法，卻能比別人獲得更令人滿意的結果，甚至類推到其他的情境，則此種研究方法，顯然優於其他研究方法。然而，這種傳統的研究規準，不一定適用於行動研究類型。行動研究強調真實性（authenticity）與可說明性（accountability）的重要性勝於可複製性（replicability）及可遷移性（transferability）（王文科，1998，438）。行動研究的目的是要改進實務工作情境，並且增進專業理解，而不在於預測；而且行動研究的目的在於專業理解與行動解放，而不在於權威控制。

　　2. 研究對象不同

　　傳統的研究，以別人為研究對象，但是，行動研究通常不以他人為研究對象，對可能以實務工作者自己本身作為研究對象，協助自己瞭解自己的實務工作，並透過具體行動與適當的行動方案，改善實務

工作者自己置身所處的社會情境條件。值得注意的是，行動研究者提供其個人親身經歷的真實事件，舉出增進自己專業理解與改進實務工作的真實事件。行動研究者強調這些真實的成長故事之共同分享，不是競爭，而是互相合作，此種集體分享的學習，可以經由個別事件的經驗智慧之累積，建構「集體的知識」（collective knowledge）（McNiff, Lomax, & Whitehead, 1996, 106）。

3. 過程結果不同

行動研究要求研究者親自參與行動，這是行動研究過程本身的一個不可或缺的重要部分，在行動研究的過程中，研究者的實務行動與進行研究，是不可分割的一體兩面，透過行動與研究的結合，行動研究是縮短理論與實際之間差距的溝通橋梁。而且行動研究者可以藉由行動研究的過程及結果，實地考驗某種理論學說的實際可行性。因此，行動研究可以建立縮短理論與實際之間的溝通橋梁。因為在行動當中做研究，可以透過專業判斷，診斷關鍵問題的領域與焦點，並在行動過程中隨時考檢理論於實際運用上的結果，更可針對問題情境進行診斷分析，決定最適合的解決問題之具體行動方案，並透過蒐集相關資料證據，評鑑其實施行動方案之後的結果，以改進實務工作並改善實務工作情境，進而促成實務工作者的專業成長。可見，行動研究者在改進實務的同時，並可以建立實務工作者實際有用的知識（夏林清與中華民國基層教師協會，1997，8）。

總之，行動研究，是一種由實務工作者在社會實務工作情境中所進行的自我反省探究，以解決實務工作情境中特定的實際問題為主要導向（Adlam, 1997, 228）。行動研究關注的焦點著重在於實務（focus on practice），大多數的行動研究都是著重在即時的實務問題上。因此，一般人往往認為行動研究的「實用」價值高於理論取向的「基礎研究」（蔡清田，1997e）。

二、行動研究的主要特徵

行動研究，關注研究結果的立即性與及時性，強調行動及研究的結合與不斷循環的檢證（陳伯璋，1988a；張世平，1991；歐用生，1996b），以協助實務工作者從實際工作過程中進行學習，關注其實務工作，理解其實務工作的生活世界，並使其實際行動的合理性和公平性有所進步（Carr & Kemmis, 1986）。

基本上，行動研究強調透過研究者與研究夥伴的直接面對面接觸，可以幫助研究者理解整個情境。行動研究結合行動與研究，不同於問題解決法，也不同於探究反思法。行動研究要求實務工作者必須隨時檢討實際工作，不斷修正行動研究計畫內容以符合實際情境的需要，這也是行動研究強調「行動」二字所代表的意義，更是其不同於探究反思之處。行動研究的重點，強調參與研究的實務工作者人員本身所具有的專業價值，而不只是純粹就方法技術的工具理性考量（Elliott, 1998），而且行動研究必定是以實務工作情境當中的內部人員作為研究的主體，具有改進實務、追求進步的價值等特色，這是一種由實務工作者的觀念立場出發，進而努力研究改進其專業領域的社會行動歷程。因此，行動研究比其他類型的研究，更具有社會過程、參與投入、合作的、解放的、批判的與反省的特徵（歐用生，1999a, 5；McNiff, 1995；Winter, 1995）。

行動研究，可協助實務工作者在遭遇到問題時或困難的實際情境中，透過研究與行動，嘗試解決問題。在研究過程中，經由不斷地與相關人員相互交流，在研究告一段落，某一問題獲得了解決之後，實務工作人員也同時獲得了研究與解決實務問題的經驗累積，增進本身的專業理解。特別是，行動研究具有三個特性，亦即，參與者參與行動、具有民主價值、能增進社會科學及社會變遷的知識貢獻等特性（Lewin, 1952）。整體而言，行動研究的社會基礎是「參與實

務」；行動研究的教育基礎是「改進實務」；其運作需求是「革新實務」。行動研究具有實驗精神，希望能從行動中追求改變，並從改變中追求創造進步，因此行動研究的特點，至少具有以下幾點：（一）以實務問題為主要導向；（二）重視實務工作者的研究參與；（三）從事行動研究的人員就是應用研究結果的人員；（四）行動研究的情境就是實務工作環境；（五）行動研究的過程強調協同合作；（六）強調解決問題的立即性；（七）問題或對象具有特定性；（八）發展反省彈性的行動計畫；（九）結論只適用於該實務工作情境的解放；（十）成果可以是現狀的批判與改進，並促成專業成長（蔡清田，1998b; 1999a）。茲分述如次：

（一）行動研究以實務問題為主要導向

由於行動研究關注的焦點在於實務，著重在實務問題上（歐用生，1999a），並不適用於類推到其他研究情境。因此，一般人往往認為教育行動研究的「實用行動」價值高於「理論研究」的價值。

行動研究，發生於實務工作中的實際問題，而不是去迎合或追求流行的理論或學術口號。行動研究最大的特性，就是針對實際工作情境中所發生的問題，以可能解決的問題方法作為變數，並從研究過程中來驗證這些問題解決的效度。行動研究主要的貢獻在於使實際的問題獲得解決，重視實用價值。因此，判斷行動研究是否有價值，是以改進實務工作與改善實際工作情境的條件作為依據。行動研究與其他研究類型的不同之處，在於行動研究企圖透過實際行動改進實務，並達成與實務工作一致的專業工作價值信念（蔡清田，1998b; 1999a）。

（二）重視實務工作者的研究參與

行動研究，重視實務工作者的研究參與，甚至主要的研究者就是實務工作者本身，因此，行動研究是以實務工作者為研究主體，所進行的一種研究類型（蔡清田，1998b; 1999a）。行動研究，可以幫

助實務工作者在許多不同種類的實際工作環境中，改進實務工作者的
專業工作。實務工作者所進行的研究，不僅重視實務工作者的研究參
與，更重視這個研究是在實務工作者所進行的實務工作情境中完成
（McNiff, Lomax & Whitehead, 1996, 8）。而且行動研究是藉由實務
工作者個人親身經驗的介入，以促成實務工作的改進與實務工作情境
的改善，因此，從事行動研究的實務工作者，必須具有改進實務工作
情境的行動熱忱與專業承諾。

　　例如：在學校所進行的行動研究中，不論是教學、課程、輔導或
是行政工作而言，均由學校教育人員本身來進行，學校教育人員本身
最清楚教育問題的核心。事實上，學校教師是課程教學的實際運作
者，對於課程教學的相關問題、困難以及成效，最爲清楚，也應該是
最容易著手去解決實際的問題。在這種情況下，身爲教育實際工作者
的教師，應該扮演研究者的角色，遇到問題時，不是交給外來的學者
專家，而是要透過教師自己在教室情境當中進行研究，尋求答案和解
決之道（歐用生，1996b，125）。

（三）從事行動研究的人員就是應用研究結果的人員

　　在一般的基礎研究當中，研究人員本身只從事研究的工作，並不
直接從事應用研究的結果，而且實務工作人員只負責實際工作的執
行，因此研究與應用之間往往是脫節的。然而，實際上，實務工作人
員才是眞正面對實際問題的人，也只有實際工作人員才負責起執行的
工作，但是實務工作者卻又不從事研究，使得「研究」與「應用」之
間發生脫節的情形。在行動研究當中，實務工作者必須扮演研究者角
色，而且由於應用研究成果的人，就是實際的工作者，正好彌補了理
論與實務脫節的缺失，進而將研究者與實際應用的實務工作者，兩者
結合爲一（蔡清田，1998b；1999a）。

（四）行動研究的情境就是實務工作情境

　　行動研究發生在實務工作者置身所在的實際工作情境。換言之，

行動研究是以實務情境為依據。一個班級或一群或一位特定對象是行動研究的實務標的。行動研究就是要針對這種實務標的所發生的實務問題從事研究，直接的謀求改善。行動研究工作就在實務的工作情境當中進行，行動研究是在實務工作情境當中所進行的研究，在實際行動當中追求改進實務工作的進步。例如：對教師而言，一個班級或整個學校就是一個實驗室，而行動研究就是要針對這個實務工作情境的問題直接謀求改善（蔡清田，1998b；1999a）。甚至，行動研究可以協助實務工作者從束縛自我發展的社會情境結構當中獲得解放，克服情境的限制束縛，有助於結構的再造（歐用生，1999a，6；Elliott, 1998；Giddens, 1984），進而改進其實務工作情境。

（五）行動研究的過程重視協同合作

行動研究強調團體成員間彼此的協同（collaboration）與合作（cooperation）進行研究（甄曉蘭，1995；Oja & Smulyan, 1989），這是一種成員間彼此平等的協同合作研究（research with），而不是發號施令的高壓強迫研究（research on）。行動研究更強調共同合作，要達成此目標，需要實際工作者與其他專家或一同在實際工作情境中的成員共同來參與研究。在實務情境中實際進行工作的人，最瞭解問題的情況，而外來的專家能夠給予專業的支持與客觀的評鑑。行動研究就是由情境內的研究者與情境外的研究者採取一致的行動，分析、研究問題本質，再者擬定系統性的行動計畫方案，最後順利解決問題，讓工作情境更理想、更適合人性的發展。然而，傳統研究方法的觀念認為學者專家才是研究者，並由學者專家在其他人身上做研究，這些專家通常事前都有想要考驗的先前假設，要不然就是對自己的既定目標已有了相當清楚的想法，然後只是利用其他人（別的教師、學生）來印證其預定假設，這種方式用在「人」的探究上是相當危險的。

行動研究注重團體成員彼此之間互助與協同合作的夥伴關係

（partnership），不只重視實務工作者個人，更從行動觀點重視團體行動與組織學習（Argyris & Schon, 1978; Argyris, 1989）。因此，凡是與工作有關的人員均參與研究，或將專家學者與實際的工作人員結合在一起，形成一個合作的研究團體，這也就是行動研究又被稱為合作行動研究的原因之一（蔡清田，1999a）。行動研究重視社會情境中的實務工作者進行團體反省，因此，行動研究過程中，有時需要仰賴專家的協助，唯專家祇是站在諮詢顧問的輔導或指導的協助者角度給予支援及批判。例如：在學校中不論是教師或是行政人員雖然都擁有豐富的專業知識，然而對於行動研究的基本理論與操作技巧，可能較為缺乏。因此，在從事行動研究時，如果有專家學者從旁協助指導，則可以避免嘗試錯誤並節省時間與精力。不過，教師仍然是在實務工作情境中主要的研究者，專家只是站在諮詢顧問的地位。

　　成員們分工合作是非常重要的。成員不單彼此分享經驗與教學技巧，也互通教學資源。這樣的分工合作可以幫助各成員在進行各自工作的同時，亦有能力共同為研究盡一份心力。不過，教師能否與其他研究同仁密切的配合、充分的合作，又是另一項問題了。對教師來說，專家或學者參與行動研究在常理上應該是種助力，但也有很多時候，學者們以學理為基礎所提出的建議，因為無法契合實務問題的核心，而形成教師在進行教學與研究時的阻力。這樣的阻力，一定要靠教師和專家經過更多時間的討論、研究，方能將其轉化為助力。溝通與協調的情形，與研究的品質及最後研究的結論有直接的關係。如果教師無法同時兼顧教學與研究，就算最後有結果出來，但其研究結果品質可能不高，應用度不夠，效度也可能尚需進一步的探討。

（六）強調問題解決的立即性

　　另外與一般基礎研究不同之處，是行動研究的特徵具有高度的實用取向，也就是說，行動研究有高度的實用取向，所重視是「即時應用」、「實用可行」的結果，其研究結果就是首重即時應用（蔡清

田，1998b）。行動研究是一種實用可行的研究類型，是一種由實務工作者共同參與，謀求實務工作情境所發生的問題之解決、評鑑、並導正決定與行動過程的研究。這說明了行動研究對實務工作者而言，是要去探討並改善實際工作情境所發生的問題。因而行動研究的焦點在於強調問題解決的立即性與及時的應用。

　　行動研究是僅著重在單一、個別的問題，著重在即時應用的實務問題。行動研究的焦點，強調適切的融入脈絡情境當中，首重即時應用，提供改進實際工作與實務工作情境的方法和策略，以便立即解決當前所面臨的實際問題（蔡清田，1999a）。行動研究是針對每一個特殊的情境去提出特別的解決問題的方法，所以行動研究的結果是可以立即運用的，一般的基礎研究由於研究的問題並不是如此的迫切，所以研究的成果常常會束之高閣（黃政傑，1999，352）。

（七）行動研究的問題或對象具有情境特定性

　　行動研究的問題或對象具有情境特定性，亦即行動研究具有特定的研究問題（a special kind of research question）（蔡清田，1998b）。它的研究樣本是具有特定限制且不具代表性。例如一個班級、一個年級、一個學校或性質相近的幾個學校，著眼於特定問題。它對自變項的控制成分較少，因此行動研究的研究發現在實際的情形中，行動研究的問題對象具有情境特定性，雖然是有其實用價值，但是無法直接地應用到研究問題或對象以外的一般教育體系（黃政傑，1999）。

　　因為行動研究具有情境特定性，行動研究並不是要從事大量的研究，它的樣本是以特定對象為主，不必具有普遍的代表性。每一個行動研究方案，不管方案規模的大小，都有自己的特點（夏林清與中華民國基層教師協會，1997，8），例如：研究某學校教育的教育實務工作者，不管是企圖解決學校行政、課程、教學或輔導上的問題時，其研究對象皆以校內的教育實務工作者為限。甚至，行動研究的

重點往往是實務工作者自己的行動，不是其他人的行動。所以行動研究並不強調它的類推性，它是針對某項特定的問題去提出解決的方法，所以並不要求普遍的適用於一般的情況（黃政傑，1999）。因此，行動研究者所面臨的實際問題通常是這樣的形式：「身為一位實務工作者，我能如何改進……？」

（八）行動研究的計畫是屬於發展性的反省彈性計畫

行動研究具有很大的反省彈性空間和適應性，以確保行動研究的繼續發展。因為行動研究都是針對某一個問題的範圍領域去進行的研究，所以當發現研究的方法並不適合的話，可以立即的加以改變，以符合實際情況的需求（黃政傑，1999）。因此，行動研究不一定有特定的方法或固定的技巧，行動研究在設計及實施計畫時，要保持彈性，隨時依情況做調整，資料蒐集、整合與分析的階段也能幫助研究者客觀批判和調整計畫內容的缺失。

明確與特定的方法或技巧並不是行動研究的特色，相反地，行動研究是一種持續不斷的反省努力。行動研究具有探究反思的精神，不斷地進行規劃、行動、觀察、反省與再規劃等歷程（Lewin, 1946; Winter, 1995）。在行動研究的過程中可以隨時透過反省討論與分析，不斷地反省修正研究問題的假設與研究的方法，以適應實際情況的需要，如此，行動研究即為一個不斷循環檢討、修正、創新的革新行為，時時接收實際情況的需要與限制，做出最適切的反應與改善。為了發展行動方案與策略，行動研究者必須不斷地努力規劃設計行動方案與實際付諸具體行動並且實施評鑑反省檢討。反省檢討不僅促成行動研究者的新觀點，也將在行動中不斷促進實務工作者的深度反省與理解（夏林清與中華民國基層教師協會，1997，8）。

（九）行動研究所獲得的結論只適用於特定實務工作情境的解
　　　放，其目的不在於作理論上的一般推論

行動研究所關切的是實際情境中的特定問題，同時其研究的樣本

也有特定的對象，因此行動研究的特點，是在於其研究的結果只能適用在該特定的情境。行動研究是在特定的情境中發生，其目標具有解放問題情境的特色，但由於行動研究的對象是針對某一特定的問題情境上，其外在的效度不高，只限於特定實務工作情境的解放，而不能作為問題情況以外的過度推論。因此，行動研究的重點並不在於抽象理論發展，更不在於普遍應用與大量推廣。

事實上，行動研究是為了解決實際工作情境所發生的問題，因此，所獲得的結論只能應用於該實務工作情境的改進參考，不作其他情境的推論（蔡清田，1998b）。行動研究的重點，不在於理論的發展，也不在於普遍的應用，只強調切近情境中的問題。因此，評鑑行動研究的價值，應該側重於實際工作情境的改善程度，而不在於評鑑知識量增加之多寡。行動研究的主要貢獻在於實際問題之解決，而不是要得到嶄新的理論。因此某些行動研究是否具有價值，要看它能將實際情況改進多少而定。

（十）行動研究的結果除了實務工作情境獲得改進之外，同時也使實際工作人員自身獲得研究解決問題的經驗，可以促成專業成長

行動研究鼓勵實務工作者從事實務工作的研究，從實務工作當中發掘問題，透過批判反省探究，提出解決問題的行動方案，改善實務工作者的工作情境條件，提升其實務工作成效，並提升其反省批判能力。換言之，行動研究能夠提升實務的品質，又能當作實務工作者的一個在職訓練，協助實務工作者發展其專業知識技能。

就動機而言，實務工作人員從事行動研究，乃在於本身願意致力於改善實務工作情境的品質，具有解決實際問題的意願，而且每一位行動研究者所從事的都是一項專業發展的研究（research as professional development）（Lomax, 1990）。一個實際情境所發生的問題，藉由行動研究加以妥善解決之後，不僅實務工作現況可以獲得改

善，而且實務工作者本身也獲得了相當的經驗，增進專業理解與專業成長。可見，行動研究旨在幫助實務工作者扮演研究者的角色，不僅協助實務工作者獲得處理實務方面的智慧，更可透過研究過程培養其從多方向角度瞭解實際問題情境的應變能力，因此，行動研究足以促進實務工作者的專業成長。

　　總之，透過本章的說明，讀者應該可以瞭解行動研究的相關概念，包括研究的類型、行動與研究的關係、行動研究的行動意涵、行動研究的意義，以及行動研究的基本特色。下一章，作者將進一步闡明行動研究的理論與實務之間的關係。

CHAPTER 2

行動研究的理論與實踐

沒有實務的理論，是空洞的理念；

沒有理論的實務，是盲目的行動。

　　本章的內容主要分為三節，包括第一節行動研究的發展演變、第二節行動研究的理論基礎、第三節行動研究的應用領域。第一節旨在說明行動研究的主要緣起，以及「科學技術形式的行動研究」（scientific-technical form of action research）、「實務道德形式的行動研究」（practical-moral form of action research）與「批判解放形式的行動研究」（critical-emancipatory form of action research）等形式。第二節旨在說明行動研究的實務反省與批判解放等理論基礎。第三節旨在說明行動研究在教育領域的行政、課程與教學的應用範圍。

第一節　行動研究的發展演變

　　本節旨在說明行動研究的緣起，以及科學技術形式的行動研究、實務道德形式的行動研究與批判解放形式的行動研究等形式（Carr & Kemiis, 1986）。

一、行動研究的緣起

自1930年代末，教育學者及社會心理學者，已對「行動研究」發生了濃厚的興趣。在教育方面，行動研究旨在協助教育學者、教育行政人員與學校教育工作者，特別是鼓勵學校教育實務工作者投入教育研究的工作，且把研究方法應用於特定學校或教室情境當中的實際教育問題，以改進學校教育的實務，並將教育研究的功能與教育工作人員的實務工作結合，藉以提升教育的品質，增進教育實務工作者的教育研究技巧、思維習慣、促進教育工作同仁的和睦相處能力，並強化教育專業精神（夏林清與中華民國基層教師協會，1997，224；Kincheloe, 1991）。

行動研究，經由美國的柯立爾（J. Collier）、李溫（K. Lewin）、科雷（S. M. Corey）的介紹，以及英國課程學者史點豪思（L. Stenhouse）、艾略特（J. Elliott）、卡爾（W. F. Carr）等人的倡導，再經澳洲的葛蘭迪（S. Grundy）、甘美思（S. Kemmis）的推廣，此種研究趨勢在英國、美國與澳洲等地區相當盛行（蔡清田，1997e）。此種研究類型在臺灣地區也經過許多學者撰文介紹（王文科，1995；王秀槐，1983；吳明清，1991；李祖壽，1974；張世平與胡夢鯨，1988；張世平，1991；黃政傑，1999；陳伯璋，1988a；1988b；陳惠邦，1998；陳美如，1995；楊紹旦，1981a, 1981b；廖鳳池，1990；歐用生，1996b，1999a；甄曉蘭，1995；蔡清田，1999），逐漸為國內的教育界人士所熟知。

行動研究起源於美國，此名詞是由柯立爾（John Collier）在1945年所創用，他擔任美國聯邦政府印地安人事務部門主管時，鼓勵工作同仁採取行動研究與局外人士共同合作，以改善美國印地安原住民與非原住民之間關係，此乃行動研究的濫觴（陳梅生，1979）。「行動研究」也可追溯到1948年李溫（K. Lewin）有關「行動訓練研究」

（action-training-research）協助社區工作者，以科學方法研究問題並改進自己的決定及行動，其行動研究乃是透過「實地研究」（field study），將科學研究者與實際工作者之智慧與能力結合在合作事業上（Lewin, 1948）。其後科雷（S. M. Corey）開始利用行動研究，以民主方式幫助教師團體改變學校教育，而其「行動研究」乃是由實際工作者根據科學方法來研究自己的問題，以期引導、改正與評鑑其決定及行動的過程（Corey, 1953）。

　　有關行動研究的相關文獻正逐漸地增加當中，隨著研究的數量不斷成長，其定義與特徵也隨之增多。例如：李溫提出的行動研究，具有規劃（planning）、事實搜尋（fact finding）、執行（execution）等觀察反省的螺旋循環（spiral cycle）（Lewin, 1948; 1952）。此種行動研究的螺旋循環包括規劃→事實搜尋→執行等名詞來綜括行動研究。他認為行動研究的第一個要點是進行規劃，是從一個大概的初步想法開始，旨在研擬一個特定的目標，並考量這個初步想法的可以運用途徑與方法。因此，對此一初步想法的相關事物，進行詳細的事實觀察是有必要的。如果第一個步驟已經成功，便必須決定如何透過計畫達成目標，而且通常計畫經過仔細規劃之後，可能也會修正初步的想法。行動研究的第二個重點是進行事實的搜尋，此項重點可以藉由觀察評估行動是否能達到期望的目標，當作計畫的基礎，作為爾後修正整個計畫的基礎，並提供實務工作者一個實務學習的機會。行動研究的第三個重點便是致力於執行所擬訂的計畫。以攀登玉山為例，此一攀登的目標與途徑，一定要經過各種方法審慎選定攀登計畫，而且也要經過詳細的偵察結果與不斷評估修訂之後，才能實際執行攀登任務。因此整個行動研究過程就是規劃計畫、事實搜尋觀察、修正計畫與實施執行的不斷循環。

　　又如寇恩和曼尼恩（Cohen & Manion, 1980, 174）兩人便將行動研究界定為：「對現實世界中，運作的小規模干預，並且嚴密監視此

項干預的效果。」所謂「現實的世界」就是指現行實務工作的實際活動，而「小規模的干預」就是實務工作人員，在經過初步研究後，針對所要研究的問題，提出解決的行動方案與方法途徑。特別值得稱道的是英國學者史點豪思（Lawrence Stenhouse），更從教育專業的觀點，指出行動研究在學校教育情境中的主要目標，在於鼓勵學校教育實務工作者參與實際教育工作情境，並勉勵教師將自己本身視為研究者（Stenhouse, 1975）。其他的學者如澳洲學者歐克（Rob Walker）也指出行動研究可以鼓勵教師成為自己班級情境的研究者（Walker, 1985），改進學校教育品質，並且透過行動研究提升教師的專業地位。

上述有關行動研究的敘述，雖然能夠獲得許多研究者的認同，不過也有一些不同的觀點。學者們所提出對於行動研究的第一種觀點是，行動研究是可以用來描述教育實務工作者參與其自身實際工作的一種努力歷程與結果。就此觀點而言，許多文獻有其不同的定義，如自我反省探究（self-reflective enquiry）（Kemmis, 1992）、教室研究（classroom research）（Hopkins, 1985）、教師研究者模式（teacher-researcher model）（歐用生，1999a），以及行動研究（Hustler, Cassidy & Cuff, 1986）等等。然而，對行動研究的第二種看法，特別是將行動研究視為改進專業實務工作品質所設計的專業活動，企圖促成專業工作的系統化。以這個觀點來說，行動研究特別是指改進實務工作的方法與技術，因此行動研究也可以是指統合行動研究（simultaneous-integrated action research）（王文科，1998）或合作行動研究（甄曉蘭，1995），特別是實務工作情境中的參與者（例如校長或教師），基於實際問題解決的需要，與專家學者或與學校教育相關的其他成員，如與行政人員、教師、學生共同合作，將問題發展成研究主題，進行有系統的研究，講求實際問題解決的研究方法形式。

二、行動研究的形式

行動研究的形式主要包括「科學技術形式的行動研究」（sci-entific-technical form of action research）、「實務道德形式的行動研究」（practical-moral form of action research）與「批判解放形式的行動研究」（critical-emancipatory form of action research）（歐用生，1999a，1；Carr & Kemmis, 1986；McNiff, 1995）。簡言之，行動研究就是要透過行動來解決問題的一種研究類型，「科學技術形式」、「實務道德形式」、「批判解放形式」這三種行動研究形式都是要來解決實務工作者在實務工作情境上所遭遇到的問題，只是所強調的層面不同。第一種「科學技術形式」行動研究，關注的是找到新的方法來改進實務，是指強調透過一些技術、工具來進行行動研究，希望透過對科學研究方法與技術的掌握來提升實務工作者的能力素養，但這樣的方法卻是以技術工具為強調重點，較忽略實務工作者本身的教育意圖，形成技術領導實務工作者的一種狀況。第二種「實務道德形式」行動研究，則是改善「科學技術形式」的問題，不僅重視科學技術層面，更兼顧了實務工作者的教育意圖與行動等，如教師的專業自主判斷，這種「實務道德形式」以教師為出發點，讓教師監控自身的實務工作，但這個「實務道德形式」通常較關注在教師自身，比較強調個人實務改善為重點。第三種「批判解放形式」行動研究，則是在「實務道德形式」基礎上，在行動研究過程中，除了「個人層面」自我反省檢討之外，強調更進一步地針對社會制度結構（例如教育制度）等「社會層面」進行「理性批判」的研究，這種強調對社會制度結構的「批判解放形式」，不同於較強調個人為主的「實務道德形式」行動研究。茲詳細分述如次。

（一）科學技術形式的行動研究

第一種形式的行動研究，緣起於1940年代與1950年代，由李溫

（K. Lewin）與工作同仁在美國麻省理工學院（Massachusetts Institute of Technology）採用「科學技術形式的行動研究」（McKernan, 1991），其間並由教育實務工作者與課程專家顧問參與其事（Corey, 1953; Taba & Noel, 1992）。此種科學技術形式取向的行動研究，或稱為「科技取向的行動研究」，也是二次大戰之後的英國「臺維史塔特研究所」（Tavistock Institute），所採用的典型研究類型，這種行動研究形式，早在1946年便被受到重視與採用（Lippitt & Radke, 1946）。此種行動研究形式，將行動研究視為自我發展的手段，協助實務工作者獲得科學研究方法與技術，成為一位有能力的實務工作者，以改進實務工作（Noffke, 1989），但此種形式並不關心工作的目的與本質。此種形式的行動研究往往受制於技術理性或工具理性（technical-rational）（Elliott, 1992），一味重視控制與預測，忽略社會文化情境脈絡與社會深層結構的影響因素，未能考慮到行動研究的倫理層面（歐用生，1999a，11）。

（二）實務道德形式的行動研究

第二種形式的行動研究，肇始於英國第一波的課程發展方案運動之教育革新脈絡情境當中，旨在提升實務工作者對教育目的和教育方法的專業判斷。此種實務道德形式的行動研究，不僅重視實務工作者在科學技術能力方面的增進，更在檢視實務工作者的教育意圖、工作價值與行動（歐用生，1999a，9）。例如：「教師即研究者」（teacher as researcher）的行動研究理念，緣起於英國1960年代末與1970年代初期的英國東英格蘭大學（University of East Anglia）教育應用研究中心（Centre for Applied Research in Education）的史點豪思（Lawrence Stenhouse）、艾略特（John Elliott）與愛德蒙（Clem Adelman）等人所進行的「人文課程方案」（The Humanities Curriculum Project）與「福特教學方案」（The Ford Teaching Project）。

此種「實務道德形式的行動研究」或「實務取向的行動研究」

所強調的重點不是工具理性，而是實務困境當中的教師專業自律自主判斷（autonomous judgement of teachers in difficult circumstances）（Elliott & Adelman, 1973; Elliott, 1998; Stenhouse, 1975）。此種「實務道德形式的行動研究」乃奠基於西方世界的個人主義實用基礎之上（Carr & Kemmis, 1986, 203），此種「實務道德形式的行動研究」的理想，乃是透過發展明智的個人判斷之近程目標，以監督控制自己本身的實務工作。實際上，「教師即研究者」的推動力，來自於史點豪思所倡導的「課程發展歷程模式」（process model of curriculum development）。而且此種「實務道德形式的行動研究」與英國教育哲學家皮特思（R. S. Peters）的程序原理（Peters, 1966; 1967），有著異曲同工之妙，可以增進教育實務工作者的行動中的反思與行動後的反思（Schon, 1983; 1987）。

（三）批判解放形式的行動研究

「批判解放形式的行動研究」主要源自於澳洲迪今大學（Deakin University）的研究經驗。甘美思（Stephen Kemmis）與其迪今大學的同仁，將其早期與英國東英格蘭大學教育應用研究中心史點豪思共事的行動研究經驗傳播到澳洲，並運用法蘭克福學派（Frankfurt school）社會批判哲學的意識型態架構，融入其「批判解放形式的行動研究」內涵當中。「批判解放形式的行動研究」又稱為「批判取向的行動研究」，要求其參與者採取主動積極的立場，投入努力爭取更理性、公平正義、民主、實踐的教育型態。實務工作者在「批判解放形式的行動研究」過程當中，乃是基於批判地自我反省檢討之上，並針對社會制度結構進行理性批判（歐用生，1999a，10），而採取行動研究，建構合理的工作情境條件。此種「批判解放形式的行動研究」是以團體為依據（group based），不同於奠基於個人主義（individualist）之上的「實務道德形式的行動研究」（Carr & Kemmis, 1986, 203）。特別是「批判解放形式的行動研究」具有解放（emancipatory）的意圖與歷程，「批判解放形式的行動研究」本身就是協助實務工作的參與者獲得「授權予能」或「賦權」（empowering）的解放歷程，因此，「批判解放形式的行動研究」又稱「解放取向的行動研究」（陳惠邦，1999；Zuber-Skerritt, 1996）。

第二節 行動研究的理論基礎

本節行動研究的理論基礎，主要探討行動研究的兩大理論基礎，包括行動研究的實務反省與批判解放等，分述如下。

一、行動研究的實務反省

行動研究至少包括診斷問題、選擇方案、尋求合作、執行實施與評鑑反應等五種不同的實務行動。上述這些行動區分，可以協助實務工作者辨別行動研究的實務行動之不同層面反省思考模式（Schon, 1983; 1987）。行動研究的理論基礎之一，乃是實務工作者根據實務道德與批判解放的「反省理性」（reflective rationality）而不是工具理性（technical rationality）（陳伯璋，1988a；陳惠邦，1998；1999），並且針對實務工作領域所進行反省思考（Elliott, 1998）。就實務反省（practical reflection）領域而言，行動研究的反省思考，包括下述五種不同的反省思考模式，第一種分析診斷，是有關於「診斷問題」的反省思考，第二種慎思熟慮，是有關於「研擬方案」的反省思考，第三種協同省思，是有關於「尋求合作」的協同合作夥伴反省思考，第四種監控反省，是有關於「執行實施」的反省思考，第五種評鑑回饋，是有關於「評鑑反應」的反省思考。特別是評鑑焦點是密切注意經過實施之後所預期的與未經預期的結果反應之價值高低（Elliott, 1992）。其間的區分，可由圖2.1加以說明。

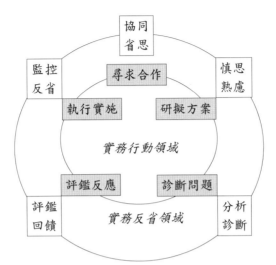

✍ 圖2.1　診斷問題、研擬方案、尋求合作、執行實施與評鑑反應之行動研究
　　　　關係

　　行動研究解釋了某一實際工作發生的內容經過，說明了某一事件
的脈絡當中相互關聯的情境因素（Elliott, 1992, 121），並且從情境
脈絡當中，可以發現盤根錯節、糾纏不清、彼此關係密切而且相輔相
成的事件。此種實務工作情境當中，研究此種實務工作情境當中具
有故事情節的事件，有時被稱一個行動研究的個案。由於行動研究
是以改善社會情境中的行動品質之角度，來進行研究的取向（陳惠
邦，1999）。因此，行動研究的個案當中的思考模式，是自然主義
的（naturalistic）務實情境實務思考，而不是形而上的（formalistic）
的抽象理論思考。行動研究個案當中的各種關係是經由具體描述而加
以「闡明」（illuminated），而不是形而上地陳述抽象理論與統計關
係。行動研究個案提供一種實際情境的實務工作理論，行動研究的個
案研究是一種描述、詮釋與實踐實務工作者置身所在的實際工作情境
的自然主義的務實情境理論（naturalistic theory）之具體實踐，而不
是陳述形而上的抽象形式理論（Elliott, 1992, 121）。

　　行動研究個案當中的事件，是指人類的實際行動及其行動交互作用的歷程與結果，而不是指純粹受到科學技術法則影響的結果。人類的行動與互動，是經由行動主體對置身所處的實務工作情境條件，而由實務情境當中的實務工作者所努力建構的理念與實際（Winter, 1987）。例如：行動者對其情境的理解與信念、行動者的意圖目的與理想、行動者的選擇與決定、行動者所進行的診斷、建立目的的理想與選擇行動歷程當中所認知的某種規範、原理原則與專業價值。行動研究個案當中的故事，如果能參照參與者的主觀意義加以描述，將更能增加其意義的可理解性。這也就是為什麼訪談與參與觀察是行動研究脈絡中的主要研究工具（Elliott, 1992, 122）。因此，行動研究可被定義「以改善社會品質為觀點的社會情境研究」（Elliott, 1991, 69）。

　　行動研究是從實際工作情境當中的行動者與其相關的互動人員等觀點來解釋發生了什麼事件，及此事件的專業意義與價值（Elliott, 1992, 121）。行動研究注重在對具體的實際工作情境條件及其所提出的假設性的理論之合法性，透過具體實際行動，並蒐集證據資料，進行研究判斷。

　　「理論是概括性的原則提示，實際的情形卻是特殊的個案」（Schwab, 1971），所以實務工作者在實際工作情境中，不能只按照一些學者專家的「原則提示」，就按圖索驥一成不變的執行實務活動。在行動研究中，「理論」的有效性或效度並不是先獨立存在，然後再應用到實施。行動研究中的「理論」是經過實地行動測試考驗之後，才被證明是有效的。換言之，學者專家所提出的理論只是對普遍性的情況而言，但是普遍的情況並不足以代表特定情境特定對象的特定實務工作情況，所以實務工作者必須透過自己的實際行動，研究解決實際問題的方式。是以實務工作者，如能透過行動研究，以專業角度建構具有實務工作經驗為依據的理論基礎，不僅能幫助其順利推動

實務工作，更能協助其獲得專業成長，有助於提升其專業形象。

二、行動研究的批判解放

李溫（Kurt Lewin）致力於改善實務工作情境中的關係，他認為行動研究的參與程序，比強迫地硬加在實務工作者身上的結構化過程，更能有效地解決實務工作者所產生的實際問題。行動研究可以轉變實務工作者的實務行動品質，並改進其對實務工作生活的詮釋。行動研究包括「診斷問題」、「選擇方案」與「評鑑反應」的反省思考（Elliott, 1992），而且超越了實務反省評鑑，具有批判反思的價值（陳伯璋，1988a；Winter, 1995；Zuber-Skerritt, 1996）。

批判理論重視自我意識的反省與行動（Argyris, Putnam, & Smith, 1990, 73）。行動研究的批判解放理論基礎，主要是引用法蘭克福學派的批判社會哲學之理念，特別是哈伯瑪斯（Habermas）的觀點（Winter, 1987）。此種觀點是以實務工作者立場為依歸，旨在協助實務工作者改進其對實務生活的詮釋與並改善實務行動。此種行動研究的批判解放理論基礎，一方面融合了卡爾與甘美思所指出的詮釋學面向的觀點（hermeneutic dimension），認為學校教育的確會受到外來權力結構的型塑與限制（Carr & Kemmis, 1986），但是行動研究的此種點，並不同於結構功能主義者的假定，亦即，行動研究的批判解放形式，並不贊同學校權力組織體系透過成員們對目的與目標的共識，型塑實際行動。相反地，行動研究的批判解放形式，採用了馬克斯主義者（Marxist）的觀點，亦即，社會組織體系的權力，乃源自於階級為依據的利益衝突。社會組織體系本身就是「權力的容器」（power container），透過壓迫結構的運作（operation of oppression structures），解決利益衝突的問題（Giddens, 1984）。因此，一些推動批判解放形式的行動研究者，認為資本主義社會中的學校組織體系，也是壓迫個別行動主體的社會組織體系機制，結合社會部分系統

的利益與權力，排斥其他部門，因此，學校組織體系再製了不公平與不平等的社會情境。甚至，學校不僅一方面壓迫特定類別的學生，使部分學生無法接觸並開展其能力的管道，另一方面學校組織體系也壓迫教師，使教師無法從事正義與平等的教育行動（Elliott, 1998, 182）。

行動研究的批判解放觀點，主張學校教育實務工作者有能力從學校社會組織體系的結構運作當中，獲得行動的解放。此種行動研究的批判解放之起點步驟，是由學校教育實務工作者，特別是教師本身開始反省檢討並批判其受到社會意識型態結構的型塑與影響之方式，並思考意識型態是否掩飾了其所製造的社會結構屬性，特別是批判檢討意識型態對學校教育生活詮釋方式的影響，使學校教育實務工作者的活動獲得合理解釋。此種批判解放行動研究形式，涉及了學校教育實務工作者反省批判地詮釋型塑學校課程教學理論與實務行動的社會結構屬性。此種批判啓蒙的過程，進而促使學校教育實務工作者採取策略的政治行動與立場，並以解除社會體系結構的宰制與束縛，作為努力的奮鬥目標，重新建構學校教育組織，使個別的學校教育實務工作者得以免除所有外來不當的非理性與工具理性限制（Habermas, 1984）。

進一步地，批判解放形式的行動研究，主張行動研究是一種由下而上的教育變革，其立論的假設前提，主張組織結構的制度管理者與其受壓迫者之間存在著利益衝突（Giddens, 1984），這也意涵著以學校本位的行動研究，基本上是一種因應行政管理人員與學校教育實務工作者之間衝突的對抗行動，不同於一味追求由上而下之變革途徑（Elliott, 1998）。

在此種理想的學校教育情境當中，學校教育實務工作者的教育實務工作，並不是由權力關係所界定的學校組織社會體系所型塑，因為學校組織是一種維持自由與開放的批判對話情境。此種理性溝通對

話的結果，是植基於教育實務的「理性共識」之結果，也是合乎自由平等正義的民主價值。在此種自由開放的理性溝通情境之下，獲得「理性共識」的教育實務，得以在學校組織體系當中運作，而且個別的教育實務工作者也獲得「授權予能」，使得個別的教育實務工作者皆有能力在其學校教育情境當中採取理性行動。

此種理想的學校組織體系，並沒有反對「教師是教室當中的自由行動主體」（teacher as a free agent in the classroom）的理念。在此理想情境當中，學校教育實務工作者得以免除受到外來權力的不合理束縛，學校教育實務工作者能夠自主地決定好的教育實務措施與作為，但是，個別的學校教育實務工作者卻無法單獨孤立地採取此種行動。此種理想情境的先決條件是個別的學校教育實務工作者，必須與其他教育實務工作同仁共同參與理性的「批判溝通對話」（critical discourse），以便形成理性共識（rational consensus）。個別的學校教育實務工作者，不能單獨地根據自己的決定，學校教育實務工作者必須根據集體的共識理解，採取集體行動以改進其教學實務。只有受到啟蒙的教育實務工作者團體，才有力量對抗社會組織結構的宰制與束縛。就此觀點而言，如果認為光憑個別的教育實務工作者的個別努力，便可以單獨地改進學校教育實務工作，則此種觀點將是相當的天真與無知。

根據批判解放的觀點，行動研究是針對學校教育實務進行開放的集體溝通對話（open collaborative discourse）的一種方式，而且藉此「授權予能」的歷程，增進學校教育實務工作者集體改進其教育實務工作。但是，如果此種理想情境的學校組織體系並不被認同，或不存在，則應該如何開展此種理性溝通？有些批判解放形式行動研究的擁護者，主張必須由保護自由開放理性溝通的教育學者介入，並且提供行動研究的批判理論與實務，協助學校教育實務工作者反省檢討其理解學校教育實務工作的方式途徑，以免受到社會組織制度的不當宰制

與束縛扭曲（Elliott, 1998）。

第三節　行動研究的應用領域

　　「行動研究」儘管在1950年代並未全面受到教育工作人員的重
視，到了1960年代，由於英國課程學者史點豪思（Lawrence Sten-
house）以及艾略特（John Elliott）等人的倡導，號召許多具有改革
理想的學校教師投入課程改革的行列，盛況空前，例如：「人文課
程方案」（The Humanities Curriculum Project）（Stenhouse, 1975）
以及「福特教學方案」（The Ford Teaching Project）（Elliott, 1991）
便是兩個著名的教育改革方案。1980年代，「行動研究」更風行到
世界各地，如澳洲的葛蘭迪（Shirley Grundy）、甘美思（Stephen
Kemmis）、歐萃特（Herbert Altrichter）、包熙（Peter Posch），以
及英國的卡爾（Wilfred F. Carr）、宋美（Bridget Somekh）皆熱心於
推廣「行動研究」（Altrichter, Posch, & Somekh, 1993; Carr & Kem-
mis, 1986; Grundy & Kemmis, 1992）。此種研究趨勢在歐美、澳洲、
南非等國家地區相當盛行，並逐漸在亞洲地區逐漸受到重視。熱心推
動行動研究的相關人員並組成「協同行動研究網路」（Collaborative
Action Research Network），每年分四期發行「教育行動研究」（Ed-
ucational Action Research）季刊等國際期刊，定期召開國際學術研討
會。例如：1999年「協同行動研究網路」年度會議便在英國東英格
蘭大學（University of East Anglia）教育應用研究中心召開（Centre
for Applied Research in Education），探討「以證據本位的實務工作
與專業發展」等相關主題。

一、行動研究在教育領域逐漸受到重視

由於「行動研究」強調了研究功能與實務工作的行動結合，一方面實務工作者可以透過「行動研究」，將「基礎研究」或「應用研究」的研究結果，落實於特定情境當中，裨益於實際問題的解決；同時，另一方面在行動研究過程當中，實務工作者將其實務工作視為被研究的主題焦點，研究工作與實務工作兩者之間是一體的兩面，皆是「反省的實務工作者」（reflective practitioner）的角色分內工作，可以提升實務工作者的研究能力（蔡清田，1998a；McKernan, 1991；Schon, 1983）。因此，近年來，「行動研究」已逐漸在教育領域受到重視（黃政傑，1999；陳伯璋，1988a；歐用生，1996b；蔡清田，1999a）。

行動研究是研究者參與真實事件的運作過程中，系統地蒐集資料，分析問題，提出改革方案，加以實施後，仔細考驗革新的影響。在研究中採取改革行動，在行動中實施研究，非常適合教育實務工作者使用。就教育領域而言，「行動研究」係由實際從事教育工作者，在參與教育實務運作過程當中擔任研究工作，就其所遭遇的教育問題或困難的教育實際情境，透過行動與研究，系統地蒐集資料、分析問題、提出改進方案、付諸實施、仔細反省評鑑其影響並進行回饋，仔細檢驗革新的影響，嘗試解決教育問題（蔡清田，1997e）。換言之，教育的行動研究，是指教育實務工作人員，特別是教育行政人員、學校校長與教師，在實際的教育情境進行研究，並以研究結果為依據，進行教育改革，以提升教育品質（蔡清田，1998b）。

教育行動研究是一種研究類型，其研究的主要對象是教育問題，特別是學校教育的問題，其主要的研究人員是教育實務工作者，其主要的研究目的是改進教育的工作情境，企圖使教育實際與教育理論密切結合，並促成教育實務工作者的專業成長。教育行動研究的焦點在

於即時的應用，不在於理論的發展，也不在於普遍的應用，強調實務工作情境中的實際問題。

二、教育行動研究的應用領域

在範圍的界定上，基本研究的範圍是一個普通的問題領域，研究所得的結果可以廣泛應用。然而，行動研究的範圍只是以一個特定的問題領域為限，其結果只限於應用於此種特定情境，而不具有普遍性。行動研究應用在大範圍或小範圍，則端賴研究者個人的解釋。而行動研究的行動，不論是指小範圍或大範圍，不外乎就是人類生活行動的變革。在教育的情境中，適用行動研究的範圍很廣，譬如教育視導與教育行政的問題，各級學校的課程與教學的問題，學校內各種有關的問題等等，都可以作為行動研究的適用範圍或應用領域（歐用生，1999a，1；Somwkh, 1989）。特別是舉凡行政、課程、教學、訓導、環境、設備等問題均可採用行動研究以尋找解決辦法（黃政傑，1999，348）。

事實上，行動研究已經和課程改革、學校教學革新、教師專業成長、質的評鑑等結合起來，成為引導學校教育革新的一種途徑（歐用生，1999a；Atweh, Kemmis & Weeks, 1998；Mckernan, 1991；Noffke & Stevenson, 1995）。行動研究，不僅能解決實際的教育問題，並能從研究經驗當中獲益。因此，近年來，行動研究已經逐漸成為教育改革的重要手段之一（Elliott, 1992）。尤其是學校教育的行政管理、課程或教學，都可藉著行動研究尋求改進之道（Hustler, Cassidy, & Cuff, 1986; McNiff, 1993）。

廣義而言，教育行動研究可以適用於教育行政、學校管理、課程研究發展、教學方法、學習策略、學生的態度與價值、教師專業成長、班級經營等方面（王文科，1995；夏林清與中華民國基層教師協會，1997，415；McNiff, 1995, 1）。特別是行動研究可以有效

結合教育實務工作者的進修、研究與教學，有助於改進教學品質，更能鼓勵教育實務工作者採取課程行動研究（McKernan, 1991），提升學校教育品質，協助學校教師獲得教育專業成長（Burgess-Macey & Rose, 1997），建立「教師即研究者」的專業地位（Elliott, 1991; Stenhouse, 1975），進而採取學校本位的在職進修教育（Bridges, 1993, 51; McNiff, 1995, 136）。

　　總之，教育行動研究的範圍，包括教育行政管理、學校經營措施、課程研究發展、教學方法、學習策略、學生行為改變、學習態度與價值、教師在職進修、教學媒體的製作、設備器材的規劃使用、班級經營等等教育實務效能的提升與評鑑程序等（黃政傑，1999，352）。特別是教育行動研究往往強調以學校或教室內亟待改進的實際教學活動為研究內容，以改進教育活動為目的。

　　行動研究關心教育實務工作者所經年累月所經常面對的實際問題。而且主張針對行動研究者能力範圍之內所能解決的問題，進行研究。詳而言之，第一方面是「教育行政」的應用，如經營地方政府教育審議會的管理與控制，或提升學校行政效能的具體作法之行動研究。第二方面是「學校課程」研究發展的應用，如資賦優異班的教師在面臨教材不足時，應著手為學生設計適合課程的行動研究。第三方面是「教師教學」的應用，如透過教學行動研究，以發現新的教學法替代傳統的教學法。第四方面是「學生學習」的應用，如透過行動研究，探究所採用統整的學習策略是否優於單一科目的教學，便屬之。第五方面是「態度與價值」的應用範圍，如透過行動研究，矯正學生與生活層面有關的價值系統，藉以鼓勵學生對工作採取較積極的態度。第六方面是教師個人的「在職進修」與「專業成長」的應用，如透過行動研究，改進教學技巧、增進反省分析能力、或是提升自我察覺的能力。茲就行動研究在教育領域的主要應用領域範圍，說明如次：

（一）行動研究在教育行政領域的應用

就教育行政與學校管理的領域而言，教育行政層面所要處理的教育行動研究實際問題，是那些經常使教育實務工作者在日常工作中遭受挫折的具體工作事項，特別是可應用行動研究，針對學校資源的管理層級為對象，分析提升學校效能的問題、方案及策略（王如哲，1998；1999）。又如教育行政管理、學校校務整體規劃、教育實務工作者在職進修的設計發展與實施、教務、訓導、輔導或總務等行政管理、教科用書的選擇採用與評鑑、學生輔導計畫的整體規劃與校長角色的轉變等等（林明地，1999，141），皆是特別值得教育行政實務工作者設法努力解決之重要問題。

值得注意的是就學校人員所遭遇到的問題性質而言，學校教育工作者所面臨的問題常常是獨特性的，校外的學者專家往往並不能全盤瞭解實際學校教育問題的所在，而且學校面臨的教育問題常常都是需要及時處理的，所以當校外的學者專家去處理學校問題的時候，常因為不瞭解問題的本質，而造成無法對症下藥的情況。所以學校教育實際工作者也應該以自己的力量動起來，去解決自己所面臨的問題，才是根本的解決之道（黃政傑，1999，349）。因此，透過行動研究，結合教育實務工作者與學者專家的經驗智慧，可以群策群力解決教育實務問題，進而促成學校發展與組織學習（Argyris, & Schon, 1978）。

特別是就學校內所進行的行動研究而言，研究焦點大致以學校行政人員、教師、學生三方面為主；改進學校行政實務、改進學校教育實務工作者的研究技巧、培養學校同仁合作的精神與態度，進而改善學生的學習方式、刺激學生的學習動機，提升學校教育品質。例如：如何在兩性平權教育、小班教學精神及個別化與適性發展的基礎上，規劃良好得學校教育環境，提供教育機會均等的學習經驗？茲以實例說明行動研究在學校行政管理領域的應用。

1. 舒緩學校內不同班級間學生的對峙

例如：三民國中的教務主任楊老師關心後段班學生與升學班學生之間的對峙緊張關係，由於學校和社區中的學生標記相當明顯，學生之間的對立意識濃厚，而使得大部分學生缺乏彼此互相瞭解與相互尊重。教務主任的行動研究計畫的目的乃是配合教育部常態編班與小班教學精神，在新學期開始前便著手調整學生班級的組成，打破升學班與放牛班的界線，讓升學導向的學生與不準備升學的學生在同一班級上課，共同學習，使該校學生逐漸能夠彼此尊重。楊主任小心地藉由學生的經驗分享，來促進彼此的瞭解，也藉由變化班級教學的方式來瞭解不同發展導向學生間的交互作用。楊主任積極介入並制止學生間的對立歧視，並協調班級分組時的成員選擇及座位編排。這項行動研究敘述了學校行政管理組織變革的過程，也分析了每一個成功策略的效果。這份行動研究明白的描述了解決學校教務行政問題和瞭解學校編班問題之間的關係。

2. 學校本位教師進修

由於中央政府與地方政府的教育政策，要求國民小學五年級開始實施英語教學，並要求學校自行辦理學校本位教師進修，培養小學教師的英語教學能力。因此，學校必須透過學校教育行政管理，辦理學校本位教師在職進修。民興國小的教學組長魏老師提供一個學校本位教師進修的研究經驗，透過教育行動研究，協助學校同仁自動自發地充實能力因應學校教育革新。但魏老師用間接的方法，採用經過修改的英語課程材料在一個小學五年級的班級施教，並邀請了該班的其他兩位任課教師來觀察他的教學，並鼓勵這兩位教師針對所觀察的教學提出批評。魏老師發現了一項寶貴的研究發現，亦即，這兩位任課教師同事給予觀察回饋的過程，是從一開始只做禮貌的回應，逐漸轉變成針對所觀察的教學提出切實的批評，甚至最後發現他們自己教學時也會發生類似的錯誤。

　　更重要的是，魏老師透過學校教務處的行政管理協調途徑，協調有意願的同事之協助，針對學校指定的英語教學進行了自我評鑑。從另一個角度而言，魏老師以自己親身的教學經驗作為例子，並向學校同仁進行了全校性英語教學的自我評鑑示範，並且作為學校本位教師在職進修的途徑，讓全校同事可以觀察效法。魏老師從行動研究計畫執行過程當中，將自己培養成一個全校課程教學領導者，藉著邀請並接受同事觀察評鑑其教學的過程當中，樹立了一個勇於追求進步的行動研究模式，讓同事對自己的教學有更真實的瞭解，並增進其因應學校教育革新的信心。總之，學校行政管理者可以藉由進行行動研究，可被同事接納同為教師團體的一份子，又可透過學校本位教師在職進修，幫助其同事成為勇於面對問題與解決問題的教育實務工作者，並且透過學校教育管理人員與學校教師的互相合作，協助彼此增進學校教育效果。利用此種結合學校本位教師在職進修與教育行動研究的途徑，魏老師與其學校同事表現了高度合作的行動研究精神，可藉著行動研究計畫中互補的角色，促成學校教育品質提升與協助教育實務工作者獲得專業成長。

（二）行動研究在課程領域的應用

　　行動研究已經成為課程研究的一種類型（王文科，1998；歐用生，1999a；蔡清田，1999a；McKernan, 1996；Short, 1991a）。特別是臺灣地區自1998年9月30日起，前教育部林清江部長公布《國民教育階段九年一貫課程總綱綱要》之後，地方縣市政府教育局、學校校長與各處室主任及組長面臨必須研究如何進行下列諸多事件，例如：如何向學校同仁介紹九年一貫課程改革的學校本位課程發展與評鑑程序？如何進行課程領導協商，透過校務會議與課程發展委員會會議，進行學校課程的總體課程方案規劃？如何組織各學習領域課程設計小組進行各學習領域內容的選擇組織？如何協調教師與家長間的關係？以及如何擬定課程改革的配套措施，設計以學校本位的教師在職

進修的教育專業成長方法？

　　課程的意義，可以從科目、計畫、目標與經驗的觀點，加以瞭解（黃政傑，1999），更可以從情境的角度來界定課程（黃光雄，1996）。從課程研究的觀點出發，課程的意義可以提供教育實務工作者針對課程問題進行專業討論的起點。課程是經過社會組織的知識（Young, 1998），課程可能是一種提供理想的社會價值、知識、技能與態度的說明書；課程可能是政府指定的「官方知識」（Apple, 1993; 1996），特別是政府規定的正式書面課程計畫文件，如官方正式公布的課程指導綱領，課程也可能是指學校教學的科目與教科書所含的知識內容，或透過各階段學校生活所安排提供的各種不同學生學習經驗；課程可能包含於校長所擬定的學校校務整體計畫當中；課程也可能是存在教師心中理想的班級教學藍圖，或是教師胸中的教室教學企劃書（蔡清田，1992b；1995；1997a；1997b）。同時，課程也是在教育情境當中進行「行動研究」的實驗程序規劃說明書，亦即，課程是一種有待實地考驗的暫時性研究假設，而且置身於教育情境當中的教育實務工作者，可以進行學校層面與教室層次的「課程行動研究」，以教育實務考證課程當中所蘊含的教育理念，並根據學校層次與教室層次「課程行動研究」結果，修正或否證課程中的教育理念。

　　從課程行動研究的觀點而言，課程不只是知識的分配工具，課程更是成為知識的建構、重新建構與解構的工具（McKernan, 1991, 161）。課程並不是一項事前規範教育實務工作者照章執行或依樣畫葫蘆的規定或命令計畫。從教育專業立場觀之，課程即行動研究方案（Elliott, 1998, 39），課程是一種協助教育實務工作者進行教育實驗的架構。行動研究關心教育實務工作者所經年累月所經常面對的實際問題。而且主張針對行動研究者能力範圍之內所能解決的問題，進行研究。茲以行動研究在課程領域的應用實例加以說明（蔡清田，

1999d）。

1. 國民中學的認識臺灣課程行動研究

中山國中的陳老師一開始關心的是學生用自己的「想法」去解決教科書上所呈現的課程問題，這些想法如何經由學生的小組討論而互相分享，以及教師如何和學生合作而使得學生在國中認識臺灣課程的學習更容易進行。她採用了三個步驟：

(1) 第一個步驟是在暑假的前七個星期中，她每天寫日記，將她所能記得的所有細節全部記下。在此過程結束的時候，其研究焦點是在瞭解「表達」和「討論」在國中認識臺灣課程學習過程當中所扮演的角色，所以她又繼續寫了一年日記，同時，在她的班上上課的教師可讀她的日記，並可加上個人的意見。

(2) 第二個步驟是陳老師開始以錄音機記錄學生間有關國中認識臺灣課程的討論，試圖去找出學生間交互作用的細節，也試圖將她們的討論引導至更有規則的討論。

(3) 第三個步驟是在協同教學時，特別是其他教師在上國中認識臺灣課程時，陳老師加入學生的小組中，和學生一同討論。

最後，陳老師的研究發現，指出學生辨別的能力增加了、學生知道自己做選擇的價值、教師容易主導學生的討論。而且陳老師也發現此種討論教學方法在實際應用上的結果有兩點是特別值得注意的。第一點是討論的方法會比講述更有較好的教學效果；第二點是教師透過討論教學，更能具有彈性調整教法的能力，針對個別學生需求進行調整。

2. 課程協商問題

例如李老師是一位任教於工業區的英文教師，由於其任教的班級當中，存在許多學生產生語言的學習困難。他想要探究語言在教室學習中所扮演的角色，並研究有關課程協商的問題。李老師相信學

生的語言能力與其學習存在著一個重要的關係。他利用一個國中三
年級，人數30人的班級進行英語課程協商行動研究。而英語課程協
商進行的過程教師必須提供一個學生感到有興趣的主題，能夠讓學生
馬上感到興趣。在協商的英語課程中，教師和學生一起進行行動研
究。教師首先會問學生對討論的主題已經瞭解多少，並且決定學生還
想瞭解什麼，最後評估協商後的英語課程並進行英語教學。這些步驟
類似李溫的螺旋循環自我反省行動研究理論。教師將學生的探索當作
對學生的刺激，而師生對課程的反省當作是改進教學的參考來源。李
老師選擇「學校中的學生角色」當作英語課程討論的主題。而且在此
班級情境中每個學生都是已經形成個人的見解，能夠感覺到討論主題
和本身的切身關係。

　　以課程協商的精神來說，李老師將班級建立成一個參與研究者自
我反省的團體。在選擇討論的主題之後，李老師必須去營造一個適合
討論的氣氛，來引導學生探索，討論並自我反省。李老師並因此建立
了反省的五個層次：

　　(1) 對英語課程討論主題獨立的反省；

　　(2) 學生對英語課程討論過程中的反省；

　　(3) 李老師對英語課程協商過程的自我反省（李老師的角色是教
　　　　師）；

　　(4) 李老師對協商過程的反省，擴充至對教學策略的反省（李老
　　　　師的角色是輔導教師）；

　　(5) 李老師對他反省過程中的反省（李老師的角色是教師兼研究
　　　　者）。

　　在每一個層次中，參與者都是彼此合作在情境中反省和自我反
省，很明顯的是李老師已經實現了批判社會科學的參與及合作的特
質。繼續根據這個國中英語課程協商的模型，李老師要求學生條列出
他們對學校已知的事情，以及他們想要進一步瞭解學校的事情。之後

李老師要求學生透過團體討論來尋找他們自己所提出來的問題。透過這些過程，學生將探討的過程記錄下來，這些資料記錄了整個自我反省的過程。而保存這些資料也提供了反省的功能，能夠反省自我的行為並將想法轉換為未來的行動。經過這些過程，主題的討論及協商的過程，開始引發了學生的興趣，與教師對教學如何形成及如何改進英語課程的觀念有了更深一步的認識。對學生而言，這些課程行動研究的活動提供了反省學習活動的機會。對教師而言，課程行動研究提供了一個反省協商英語課程的機會。若就李老師為一教師兼研究者而言，它提供機會去反省行動研究是否是一種改善英語課程的方法。

（三）行動研究在教學領域的應用

就學校教學實際而言，目前許多國民中小學教師，面臨教育部官方公布《課程標準》或《國民教育階段九年一貫課程總綱綱要》、教學指引與教科書的指定內容之正式課程要求與學校進行學習評量與教學評鑑之壓力（教育部，1998）；另一方面，教師也必須因應學生個別差異的各種特定需求與家長期望，針對教學方法的選擇運用、教學媒體製作與資源管理、學習結果的評鑑與回饋、班級經營管理、校規班規之制訂、學生潛能之開發與輔導等進行探究（Walker, 1985）。就教育理想而言，許多教育學者也衷心期望教師要敏感地觀察自己的教室，探究自己的教學，參與學校革新，要將教學研究視為自己教育專業生活的一部分（歐用生，1999a，2；Tripp, 1993）。因此，教育行動研究在教師教學領域的應用，正可以滿足教學實務與教育理想的期望，協助教師奠定教育專業地位。

教師方面的教學行動研究，是指教師在進行教學過程中，發現問題後，有意願而且也有需要和其他工作同仁或學者專家一起合作，瞭解教學問題的領域與焦點，進而謀求解決問題的途徑和方法，確立共同的目標進行研究，使教學理論與教室教學實際結合（Hopkins, 1985）。在整個教學行動研究過程中，教師與外來的學者專家在行

動研究過程當中，同時獲得專業知識的成長（陳美玉，1999）。不只教學理論獲得在實際教學情境中驗證的機會，而且透過教育行動研究所獲得的知識更能即時地、直接地應用於教室情境中，以改善原有的教育工作實務、解決原先存在的教學問題（Hustler, Cassidy, & Cuff, 1986）。透過教育行動研究改善實際教學問題，是學校教師能力範圍內可以解決的。茲以實例說明，行動研究在教學領域的應用情形。

1. 探究式教學在自然與科技教育中的問題

　　王老師探討探究式教學在自然與科技教育中的問題。透過參與研究的發現，如果教師平時和學生的互動關係若強調單方向的傳授並禁止學生發問，常常會壓抑學生發問的欲望。而且往往教師為了維持班級秩序，而導致同學不敢發問問題。因此，教師必須改變發問的技巧並提供資源鼓勵同學發問，同時也設計活動讓同學回答自己所提出的生物、物理、化學、地球科學、環境教育與電腦資訊科技等問題。從這個改變的過程，教師學習到師生間的互動，不僅是教室秩序的控制，也是分享知識的方法（Winter, 1995）。因此，教學領域的行動研究，不僅可以改變物質層面的教室情境，透過更多資源支持學生探索學習；也改變社會層面的教室情境，不僅學生更懂得控制自己的舉止，教師也開始和學生協調教室情境的學習活動。甚至和王老師一起工作的教師，也開始使用螺旋循環來觀察並分析他們本身的教學活動，然後計畫如何改變上課的方法，並反省先前的計畫和觀察。

2. 補救或矯正教學中所面臨的問題

　　一群語文教師討論有關國語補救教學或矯正教學中所面臨的問題。教師們在面對這些程度較差、課業表現較不理想的學生往往必須採取一些不同的教學策略。而教師們就針對他們比較感興趣的教學策略進行語文教學行動研究，這些策略如安靜閱讀（silent reading）、輔導教師制（consultant teacher）、合約閱讀（contract reading）、

分組閱讀（group reading）（Winter, 1995）。每位教師根據他們感到興趣的教學策略，去蒐集資料，並試著去實行他們所採行的教學策略。而在行動研究的過程中，教師變得更關心低成就學生的學習需要，而教師也將補教教學的經驗帶進一般的教學過程當中。從此一研究中，進行補救教學的教師，瞭解到哪些教學策略會對學生產生更嚴重的標記作用，哪些學習策略會扼殺了學生的學習興趣。這也是行動研究成功的實例。

3. 班級秩序教室紀律問題

班級秩序教室紀律問題，一直是國民中學教師所感到困擾的問題。而三民國中二年二班的幾位任課教師，因此聯合起來用行動研究來解決這個班級經營管理問題。他們希望利用和學生共同協商教室秩序規則的方法來管理班級秩序。他們參與班級規範的制訂，培養學生的責任感，讓學生瞭解班級秩序的維護不僅是教師的責任，也是學生的責任。這個策略相當成功，其他班級教師也跟進實施這個策略。而教師在進行行動研究後，對教師責任和班級管理的觀念也因此而產生改變。

4. 成績排名問題

三星國中的黃老師希望利用一種描述性而非競爭性的學生成績評量辦法，來取代以往的成績排名問題。因為在其班上有一些成績排名較差的學生往往會低估自我存在的價值。為了實施這個描述性而非競爭性的學生成績評量辦法，黃老師建立一個系統，就是將班上同學分組，進行小組合作學習，教師分別賦予小組任務，這些任務也徵得同學的同意。而藉由同學參與資料的蒐集，及同學展現的資料蒐集，教師可以根據此一資料來修正原來的計畫。教師也可以透過此種活動瞭解到學生如何對自己的學習負責及如何完成自己的作業。這時利用描述性而非競爭性的學生成績評量辦法的班級情況，和利用排名的班級是截然不同的。這個成功的策略也廣泛的應用到學校其他的班級

中。

　　本章就行動研究的發展演變加以說明，並指出行動研究的實務反省與批判解放之理論基礎，作者進而指出行動研究在教育行政、課程領域與教學領域之應用。特別是就臺灣教育而言，因應政府推動九年一貫課程改革與發展小班教學精神計畫，教育實務工作者必須進行教育行政管理、學校本位經營、學校課程發展與多元的評量方法等各項配套措施，並努力促成教育實務工作者的教育專業發展。這些問題相當具有挑戰性，有待教育工作者運用適當行動策略加以因應。尤其是每個縣市、地方學校、教室班級、學生皆有其獨特的文化背景與教育需求，教育實務工作者必須仔細分析其所面臨的特定情境，而且其所面臨的特定問題，也不可能一次就徹底加以解決或馬上促成進步，需要持續不斷地評鑑回饋與修正發展。是以，行動研究在此有極大的教育專業發展空間。由於教育實務工作者透過「行動研究」，可以在研究當中採取改革行動，在行動當中實施研究，極適合教育實務工作使用（歐用生，1996b，138）。因此，作者將在下一章說明教育行動研究的目的與功能。

CHAPTER 3

教育行動研究的目的與功能

行動研究結合行動與研究，
縮短實務與理論的差距。

　　本章的內容共分為二節，主要包括第一節教育行動研究的目的與第二節教育行動研究的功能。第一節教育行動研究的目的，主要針對教育實務工作者本身而言，第一項是增進教育實務工作者因應教育實務工作情境問題的能力，第二項是增進教育實務工作者的教育專業理解，第三項是協助獲得「教育實務工作者即研究者」的教育專業地位。第二節教育行動研究的功能，主要是針對教育行動研究的應用領域而言，包括提高教育行政效率與學校管理效能、增進教師從事教學革新之能力與鼓勵教育實務工作者進行課程行動研究。

第一節　教育行動研究的目的

　　教育行動研究是一種教育革新的手段，結合行動與研究，將變通與革新的方法導入現行教育制度中，試圖進行變革。教育行動研究是一種教育革新的手段，旨在診斷治療特定情境中的教育實務問

題，或改善某一特定的教育實際工作情境，縮短實務與理論的差距
（Altrichter, Posch, & Somekh, 1993）。教育行動研究，缺少基礎研
究的知識推論與預測控制的功能，但是，教育行動研究卻能提供有異
於傳統教育問題解決之另類方法與變通途徑。教育行動研究是改善教
育實務與教育理論之間關係的工具，可以縮短教育實際工作和教育學
術理論研究間的距離（O'Hanlon, 1996），矯正傳統的基本研究無法
提出明確之解決問題處方的缺點。教育行動研究也是教育實務工作者
的在職進修方式，特別是可以協助教育實務工作者獲得新的技術和方
法，增強其解決問題能力，提高其教育專業地位（歐用生，1996b；
Cohen & Manion, 1989）。

　　在西方文獻中，對於行動研究有非常多的定義，其中，最廣為接
受的定義是甘美思與卡爾的看法，他們指出行動研究是由社會情境
（包含教育情境）中的參與者（例如教師、學生與校長等人員）所主
導的一種自我反省、探究的方法，意圖在於：（一）參與者本身的社
會與教育實際工作，（二）參與者對這些實際工作的瞭解，（三）
這些實際工作的實施情境等三方面的合理性和公平性之改進（Carr &
Kemmis, 1986）。這是以批判的社會科學角度去探討行動研究，並討
論行動研究在實際教育活動情境當中的問題應用，如班級經營、教室
常規問題、課程協商等。希望透過行動研究來結合教育理論和教育實
務工作，以提升教育工作品質。

　　教育行動研究的主要目的至少有三項：第一項是增進教育實務工
作者因應教育實務工作情境問題的能力，第二項是增進教育實務工
作者的教育專業理解，第三項是協助獲得「教育實務工作者即研究
者」的教育專業地位。茲分述如次：

一、增進教育實務工作者因應教育實務工作情境問題的能力

教育行動研究，是一種透過改變實務行動，以改進教育實務，鼓勵教育實務工作者重視自己的實際工作，反省批判實務工作，並隨時準備進行革新。舉例而言，假如一位教師想瞭解課堂教學方式是否會影響學生的學習效果，該教師可能以傳統的研究實驗設計方式，將學生區分為進行分組討論教學的實驗組與傳統讀課本或聽課的控制組，然後分組進行不同的教學方式，事後並以統計的方法來考驗兩組的教學成效之優劣。然而，此種實驗設計與事後統計考驗分析結果，雖然可以發現某一種教學方法優於另一種教學方法，證明某種教學方式是不適切的，但是在此實驗過程當中，部分的學生已經接受不佳的教學方式，此種研究不僅無法彌補在不佳教學方式下的學生，更無法指出哪一種特定類型的學生比較適用哪一種特定的教學方法，因此許多教師並不滿意這種研究方式，也認為此種研究類型並不適用於所有學校教育情境，無法有效解決學校教育的實際問題。因此，部分教師便想透過行動研究，改進教育實務工作。

教育行動研究的目的，在於解決當前的教育實際問題與改進教育實務（歐用生，1999a，7），可將研究的功能與教育的工作加以結合，以瞭解教育實務工作者進行教育行動研究之前所未知的問題與解決問題的改進之道，藉以提升教育實務工作的素質，協助學生改進學習品質，並改進教育實務工作者的研究技巧與思維習慣，促進教育實務工作者與工作夥伴和睦相處，並強化教育實務工作者的專業精神。例如：認真教學的教師，可能連晚上睡覺作夢，都會想到某一個困難的教學情境未能獲得圓滿的處理，而導致午夜夢迴傷心難過，而無法睡到自然醒。教育行動研究乃是鼓勵教育實務工作者作中學，累積過去經驗，透過教育行動與反省檢討，獲得教育智慧，解決當前實

際問題，可以幫助實務工作者減少煩惱擔憂，可以讓實務工作者安然入睡，甚至不會午夜夢迴，因此可以睡到自然醒，可以養足精神以面對實際教育情境，因應教育實際問題，並提升學校教育品質。

　　教育行動研究的結果不是要建立抽象的教育原理原則，而是要將教育原理原則落實在實際的教育工作情境當中。如果教育理論沒有教育實際工作的應證，只是中看不中用的壁花；而教育工作實際缺少教育理論做後盾，也只是少了地基的樓房。要將教育理論與教育實際結合，就少不了教育行動研究這個橋樑。就教育理論和教育實際的關係而言，教育行動研究是必須的橋樑。特別是，教育行動研究，對一個教師而言，是必須的，為甚麼呢？因為時代在變，學生也在變，學生想要學的東西，或是應該教給學生的東西也是一直在變，一個資深優良的教師無法有效地根據一份相同的泛黃教材，就能安度終生的教學生涯！不論是教學方法、教材、或是教室管理等一些與教學有關的活動應該就所面臨的情況加以深入的去作研究。從長遠的角度看來，一位懂得「一面教學，一面研究」的教師，才是一個真正進行終生學習的教育實務工作者，方能獲得「教學相長」之效，否則就有可能流於教書匠之嫌。

二、增進教育實務工作者的教育專業理解

　　教育行動研究的目的，旨在加深教育實務工作者對實務問題的理解，以便針對教育問題進行診斷，進而提出解決問題的教育行動方案，付諸具體實施行動策略與步驟，並且評鑑實務工作的改進程度，進而回饋到教育實務工作情境當中。是以就教育行動研究的貢獻而言，教育行動研究存在一些不可忽視的優點，例如增進教育實務工作者的專業信心，協助教育實務工作者獲得更大的教育專業授權，邀請更多的教育專業人員參與，鼓舞更高的意願參與教育實驗，期許教師虛心檢討並改進教學方法，增加教育實務工作者對研究過程的瞭解

等等（夏林清與中華民國基層教師協會，1997，267；Elliott, 1998；Kincheloe, 1991）。

　　教育行動研究採取的是理解詮釋的立場與積極行動的態度，以處理教育實務工作者在實際情境中所遭遇面對的教育實務問題。此種理解並不意味某種特定的反應，但是卻可以大概指出何種反應是適切的，理解不一定能決定何者是適當的行動，但是，適切的行動必須以理解作為合理的行動依據（Elliott, 1992, 121）。因此，當教育實務工作者未能就教育實務工作獲得深層理解時，則教育實務工作者將暫時無法有效進行改變教育實際情境的行動。

三、協助獲得「教育實務工作者即研究者」的教育專業地位

　　教育行動研究在特定的情境當中，改進教育實務工作，結合教育研究與教育實務工作，增進教育實務工作者處理課程教學等教育實際問題的能力，提升教育實務工作者的服務品質，增強教育實務工作者的教育專業能力，促進教育實務工作者人員的專業發展（蔡清田，1998b；Kincheloe, 1991；Oja & Smulyan, 1989）。

　　就教育行動研究的實務相容性與未來發展價值而言，教育行動研究必須和學校的教育價值及教育實務工作者的工作條件具有相容性。然而，教育行動研究也能協助這些教育價值具有更進一步的發展，以及改善教育系統中教育實務工作者的實際工作環境（夏林清與中華民國基層教師協會，1997，8）。而且事實上，教育行動研究可以協助教育實務工作者理解自己所面臨的教育實際問題與情境，獲得「教育實務工作者即研究者」的教育專業地位，促成其教育專業成長，特別是有助於學校教師奠定「教師即研究者」的教育專業地位。例如：英國有許多學校教師經由教育行動研究的途徑，完成自己的研究論文並在教學崗位上獲得升級。另一方面，對於許多即將步入

實際教育情境的師資生而言，可以鼓勵這些準教師關注教育問題領域，勇於面對教育難題，進行情境分析，確定教育問題焦點，學習從事解決教育問題的教育行動研究方案之規劃，研擬具體的行動策略與研究假設，進行實驗，監控管理與細心觀察，繼而小心求證，謹慎解釋與進行批判反省，反省檢討教學實務，以促成教育專業成長。

第二節　教育行動研究的功能

就教育實務工作者本身而言，教育行動研究的主要目的至少有三項：第一項是增進教育實務工作者因應教育實務工作情境問題的能力，第二項是增進教育實務工作者的教育專業理解，第三項是協助獲得「教育實務工作者即研究者」的教育專業地位。特別是教育行動研究鼓勵教育實務工作者，從教育實務工作情境當中發掘問題，加以反省、探究，並提出解決問題的行動方案，提升教育實務的工作成效。

具體而言，教育行動研究具有幾項重要的功能，例如：激發教師的研究動機、改善教師教學態度、改進教師教學方法、發展學生的學習策略、加強教師教室管理、建立考核評鑑程序、提高行政效率和效能、將教育理論應用於實際（Oja & Smulyan, 1989）。分項而言，行動研究的功能包括（黃政傑，1999，355）：（一）解決教育實際問題：協助解決特定之教育實際問題，例如教室、學校或學區的實務問題。（二）促進教師專業成長：促進教師的在職進修教育，提升其教育和研究有關的知識、技能、方法、態度，並可增進其對自我之認識。（三）促進教育改革：促成教學的革新，由教學策略的試驗，並形成真正的教育變革。（四）結合理論與實務：改進學校教育實務工作人員和教育學術研究人員彼此之溝通，亦即破除實際與理論間的界

限。（五）累積教育智慧：由教室及學校教育問題的研究，進而累積教育理論與實務的知識。

　　綜合言之，行動研究活動的功能，旨在促使教育行政人員、學者專家、學校教育行政人員與教師等教育工作者投入教育研究的工作，並將研究方法應用於教育行政管理或特定學校教室情境當中的行政、課程與教學等實際教育問題，以改進學校教育的實務（黃政傑，1999，355）。簡而言之，教育行動研究的功能，至少包括提高教育行政效率與學校管理效能、增進教師從事教學革新之能力與鼓勵教育實務工作者進行課程行動研究。茲分述如次。

一、提高教育行政效率與學校管理效能

　　就教育行政而言，教育行動研究可以促進教育行政工作者與其他教育實務工作者之間團結合作的精神和溝通協調的能力，進而促成教育行政的效能與學校管理效率。從批判社會科學（critical social science）的眼光來探討教育行動研究，努力縮短教育理論和教育實際的距離一直是教育研究者努力的方向。由於不希望理論無法說明事實，實務也無法修正理論，因此有了行動研究的誕生。教育行動研究是一個可行性相當高的研究方法，是一種由教育實務工作情境中的參與者共同參與的，講求對工作情境中實際問題解決。值得注意的是，教育行動研究的參與者不僅包括教師，也包括了學生、行政人員，成功的教育行動研究應該能引發更多人來參與行動研究的行列。教育行動研究法和教育的情境是相當的契合的，教育實務工作者若能善用行動研究必能對教育實務工作產生莫大的助益（Carr & Kemmis, 1986）。

　　教育行政管理者可以利用行動研究來緊密結合教育行政理論和學校管理實務，並將其應用在實際的工作情境之中。行動研究不只能解決教育行政問題，並使教育行政理論更為切近教育行政實務，以融合

教育行政理論和學校管理實際之間的差距。教育行動研究強調教育行政研究者與學校管理實際工作者的合作，甚至教育行政研究者本身就是學校管理實際工作者，發揮了教育理論應用於實際的功能。

　　教育行動研究可以協助教育情境的教育行政與學校管理實務工作者，養成關注教育行政問題領域，勇於面對教育行政難題，進行實務工作情境分析，確定行政管理問題焦點，從事解決行政管理問題的研究方案之規劃，研擬具體的行動策略與研究假設，進行實驗，監控管理與細心觀察，繼而小心求證，謹慎解釋與進行批判反省，反省檢討教育行政實務，提升行政效率。特別是教育行政人員可以是行動研究的主要參與者，透過教育行動研究，改進教育行政與學校管理實務工作。經由行動研究的過程，不但可以增進教育行政人員與其他教育實務工作者之間的溝通與合作，並且可以使教育行政人員瞭解實際問題，謀求改進之道。

　　特別是教育行動研究重視實施過程的考核，以及研究成果的評鑑。如果教育行政人員進行教育行政研究，一方面可協助其瞭解實施的成效，另一方面則可作必要的修正，使下一階段的研究更臻理想。因此，教育行動研究，有助於教育行政與學校管理的實務工作者建立考核評鑑的制度與程序，以提升其行政管理品質。

二、增進教師從事教學革新之能力

　　行動研究的行動，包含了系統組織與組織系統中的所有人，而不只是行政管理者而已，因為任何一個小部分對整個系統都具有影響力，在一個系統組織當中，任何一個層面都有可能被定義為問題的領域。舉例來說，教師可以將一個行動研究的焦點專注在其班級實務的某部分即可。如國中二年級任教的江老師發現其任教班級學生缺乏學習動機，於是採取了一項行動研究，研擬行動方案讓每個學生都能參與討論，以促進學生的學習意願，並且將此種方式應用到其他的班

級，進而使其同事也願意試用此種新的教學方式，提升學生學習興趣。透過這樣一個公開溝通討論的環境互動與回饋，教師團體可以交換意見並不斷學習進行系統化的探究。可見，教育行動研究具有解決教學實務問題的功能（夏林清與中華民國基層教師協會，1997，224）。

　　就教師教學而言，教育行動研究可以激發研究精神、增加教學經驗、增進教學方法、改進班級管理、落實教學理念，甚至，在學生學習方面，可以引發學習動機與興趣、改正學習態度與習慣、增進學習成果。特別是教育行動研究在教師教學領域上的應用，具有激發教師研究動機、改變教師教學態度、改進教師教學方法、發展學生學習策略與加強教師班級經營。

　　就激發教師研究動機而言，教師平常在教學活動中，對於教室班級的各種問題是最清楚的教育實務工作者。如果教師能進行教育行動研究，則能激發其研究動機與對教育問題的關切，使其經由有系統的研究找出問題的癥結，謀求解決的對策。

　　就改變教師教學態度而言，教師長期在某一個教學情境中活動容易造成態度上的僵化與看法上的主觀，這有可能對學生的學習造成不利的影響，應用教育行動研究能使教師以理性客觀的態度來面對教育問題，以改變教師教學態度。特別是教育的行動研究，凸顯了教師反省檢討能力之重要性，協助教師從教學過程當中獲得學習，從教室教學事件當中學習。

　　就改進教師教學方法而言，教育行動研究的實施，有助於教師明瞭哪些教學方法在哪些課程中對哪些學生較為有效。換言之，教育行動研究可以協助教師改進教學方法並且給予專業知識合理的解釋，透過這種深度的理解，可以協助教師改進其教學方法。教育行動研究將教育研究的功能與教師的教學工作結合，藉以提升教學的品質，增進教師的教育研究技巧、教學思維習慣、促進教師與教育同仁的和睦相

處能力，並強化教師的教育專業精神。就發展學生學習策略而言，藉由參與行動研究，能使教師採同理心的態度，從學生的立場來看其學習歷程，進而協助學生發展出適合的學習策略。

就加強教師班級經營而言，由於教育行動研究能使教師關愛學生、理解學生、熟知教室情境的特性，易於防範特殊問題的發生，進而以合理的規範導引學生的行為，加強教師的教室管理與班級經營。

三、鼓勵教育實務工作者進行課程行動研究

就課程研究而言，教育行動研究可以改進課程實務工作的情境，鼓勵教育實務工作者主動思考，從實務經驗當中建構課程理論，並針對其課程專業的實務知識進行合理評斷。課程研究是指一種對課程現象追求更寬廣更深層的理解之努力。課程研究可以指出課程改革因素，以便瞭解並說明課程革新現象，而且課程研究的發現，可以做為繼續探究課程改革的指引。課程設計與課程發展則是在特定的教育情境條件之下，設計發展出一種課程與教學系統，以達成教育目標的一種課程行動。因此，課程研究是課程設計與課程發展的入門，課程研究的貢獻可以解釋課程設計與課程發展等相關課程改革現象，課程研究的貢獻不僅限於解答特定的課程設計問題，而是在於提供課程概念、課程發展的動態模式與課程設計之通則，以協助課程改革人員理解課程設計的理論方法與課程發展的動態歷程，並進而充實課程改革人員規劃、設計、發展與實施課程改革方案之實踐能力。

課程行動研究的功能乃在於協助進行課程設計與課程發展等課程改革的相關工作，使課程改革目標具體明確而清楚，協助學校教師在教室情境中加以實施並進行實地考驗與評鑑。更進一步地，課程行動研究不僅可以提供課程設計與課程發展之回饋，更可以幫助學校教師在教室情境當中採取課程教學之教室行動，進而改進學校教師的

教學實務品質，落實教室層次的課程設計與課程發展。因此，課程研究、課程設計與課程發展並不是一種純粹以求知為目的之教育理論研究方法，更進一步地，課程的行動研究乃是結合了過去各自分立的研究、設計與發展工作，成為改進課程的一套策略與進路，是設計與發展課程成品和程序的有效過程，並可以保證課程成品和程序的完美（黃政傑，1999，338）。

「課程行動研究」引導教育實務工作者，檢討課程問題，並反省課程研究與課程行動之間的關係（Mckernan, 1996; Short, 1991a）。課程行動研究，不在追求普遍的課程知識與原理原則，而在協助實務工作者處理所遭遇的課程實務問題。舉例而言，教育理論學者杜威所進行的課程基本研究，指出興趣有激發並維續學生學習的重要性。課程設計人員所進行的「課程應用研究」，嘗試去發現兒童、年輕人、以及成人的閱讀興趣。然而，教育實務工作者應該去發現特定學校特定學生的興趣能力是什麼，這個學校層次與教室層次所進行的特別研究調查與探究，可以稱為「課程行動研究」。

學校可以作為課程研究發展的重鎮，教師可以參與課程研究發展，並且和學者專家一起合作共同解決學校課程問題。如果課程發展工作能和研究者與實際教學人員結合，可使課程的發展更趨近於完美，幫助學生進行更完整的學習。就行動研究與課程發展的關係而言，英國學者史點豪思（Lawrence Stenhouse）明白指出，課程規劃並不等同於課程實施的實際；只有當教師本身也是研究者，並實際融入行動研究的教室情境當中，參與學生的學習過程，方有可能將課程進行有意義的改進與發展。由教師們所記錄下的個案研究，亦有助於參與行動的所有同仁獲得專業知識上的擴充成長。英國課程學者艾略特（John Elliott）在史點豪思之後，也主張行動研究與教師本身對教育理念的認識和教育實際的行動有著密不可分的關係。特別是就課程改革的主體而言，學校的教育工作者是站在教室第一線的教育實際人

員，比較能夠瞭解學生的需要以及教學上所面臨的困難，所以教育工作者對實際問題的教育現場判斷便是無法取代的（黃政傑，1999，348）。

課程行動研究，可以是課程設計者採取反省批判方法，檢討改進課程發展的歷程，其往往是指學校教育情境的參與者，基於實際課程問題解決的需要，扮演「反思的實務工作者」的角色（Schon, 1983），與外來教育顧問或課程專家或學校教育工作成員共同合作，處理特定學校教育情境課程問題，將課程問題發展成課程研究主題，進行系統研究，講求實際問題解決的一種研究，幫助實務工作者在行動螺旋中不斷地進行反省檢討實務工作，促成專業成長（Stenhouse, 1975; Tyler, 1984, 40）。

課程行動研究，就是研究課程知識和課程行動，以解決遭遇的課程實務問題之一種課程研究。儘管課程行動研究方法論可能受到反省思考的內在效度限制，然而，行動研究強調研究過程當中方法與所欲解決問題的研究對象之互動關係，引導實務工作者的問題意識，逐漸理解問題現象與進行反省批判，並採取行動，嘗試解決問題。就知識論而言，行動研究重視對問題的「說明」、「理解」與「辯證」，強調「知」與「行」的聯繫結合，重視個體反省思考與主體意識型態批判，強調主體在批判思考和自覺行動中促進社會環境改造的「實踐」，這是一種理性與開放的精神也是一種改造教育環境的解放行動（陳伯璋，1988a，125）。

總之，經營完善的教育行動研究，可以幫助教育實務工作者獲得教育專業理解並促進教育實務工作者自信地完成個人的專業發展，協助教育實務工作者獲得較佳的專業經驗，並改善教育團體的實務工作（McNiff, Lomax & Whitehead, 1996, 8）。是以行動研究的優點不僅可以增進實務工作者的專業信心，協助其獲得更大的專業授權，爭取更多的專業人員參與教育實務研究，提升更高的意願參與教育實

驗，並增進對研究過程的瞭解。特別是教育行動研究能夠提升教育行
政效能、學校管理效率、學校教師教學的品質與鼓勵教育實務工作者
進行課程行動研究，又能當作教育實務工作者的在職進修，協助教育
實務工作者發展其教育專業知識和技能。由此可知，教育行動研究對
於教育理論與實務的重要性（Somwkh, 1989）。

　　尤其是目前臺灣地區的學校教師不斷的要求教師的教育專業自主
權，然而，一方面期望讓教師自己憑藉著教育專業知識去決定課程
內容與教學策略的同時，教師也應該加強本身的教育專業素養，將
自己由教學者提升為教育研究者，而不是數十年如一日的拿著多年
未更新的泛黃筆記教導學生。教師透過教育情境當中的行動研究，
可以解決教育實務問題，並且基於教育行動研究的基礎之上，教師
得以發展並轉變其教育實務，並進而發展其教育專業理解與專業技
能（蔡清田，1997e，333）。近年來所謂「教師即研究者」的教育改
革理念，就是「行動研究」的特色之一（吳明清，1991，84；歐用
生，1996b）。而教育行動研究不啻為協助教育實務工作者，在從事
教育工作過程中進行研究、提升教育專業素養、解決教育實際問題的
方法之一，更可以透過行動研究，促進教育實務工作者專業形象的建
立。特別是教育行動研究的功能，可以激發教師的研究動機、改變教
師的教學態度、改進教師的教學法、並強化教師對教室的管理及提高
行政效率。當然更重要的是教師普遍採行教育行動研究之後，教師的
教育專業地位，也會因此而大幅提升。

CHAPTER 4

教育行動研究的條件與限制

4

> 博學之：有弗學，學之弗能弗措也；
>
> 審問之：有弗問，問之弗能弗措也；
>
> 慎思之：有弗思，思之弗能弗措也；
>
> 明辨之：有弗辨，辨之弗能弗措也；
>
> 篤行之：有弗行，行之弗能弗措也；
>
> 人一能之，己百之；人十能之，己千之。
>
> 果能此道矣，雖愚必明，雖柔必強。

　　教育實務工作者的專業信心，來自教育實務工作者的專業能力；教育實務工作者的專業能力，來自教育實務工作者的專業努力（Altrichter, Posch, & Somekh, 1993）。所謂駑馬十駕，功在不捨，更何況教育實務工作者可能是一匹千里馬，因此，教育實務工作者可以透過參與教育行動研究，努力實踐教育改革理想。透別是經由博學之，有弗學，學之弗能弗措也；審問之，有弗問，問之弗能弗措也；慎思之，有弗思，思之弗能弗措也；明辨之，有弗辨，辨之弗能弗措也；篤行之，有弗行，行之弗能弗措也；進而建立人一能之，己百之；人十能之，己千之的信心與勇氣。果能此道矣，雖愚必明，雖柔必強。只要教育實務工作者根據本身的努力，並在配套措施支援之

下，必能充實教育行動研究者的條件，克服教育行動研究的限制。

　　本章教育行動研究的條件與限制的內容共分為二節，主要包括第一節教育行動研究的條件與第二節教育行動研究的限制。第一節教育行動研究的條件旨在說明教育實務工作者，如何透過教育實務工作者本身的努力，獲得教育專業能力，增進教育專業的信心，提升教育實務工作者的專業地位與專業形象。第二節教育行動研究的限制，則在說明教育行動研究的限制以及可能的相關束縛，以作為教育實務工作者進行教育行動研究的因應參考。

第一節　教育行動研究的條件

　　教育實務工作者可以根據教育實務工作情境，進行教育實務的革新，而且這種教育實務的變革方式，也可以透過教育專業訓練與在職進修而達成此種變革目的（歐用生，1999a，1；Altrichter, Posch, & Somekh, 1993）。值得注意的是教育行動研究，可以協助教育實務工作者，根據適當知識資訊作為依據，進行的教育探究。

　　教育實務工作者的教育專業訓練應該強調實際行動，而不是光說不練的抽象理論。教育行動研究強調實踐行動，實踐是付諸實行的具體行動，不僅是一項成功的行動，而且企圖經由實際行動增加實用的知識（McNiff, Lomax & Whitehead, 1996, 8），更有其教育實務價值的依據（蔡清田，1998b；1999a）。教育實務工作經驗是進行教育行動研究的基礎，只要教育實務工作者接受適當在職進修與教育訓練並稍加練習，便可以獲得進行教育革新的方法。教育行動研究的知識來自教育實務工作者的專業訓練，並且與教育實務工作者的在職進修訓練與研習有關。

　　行動研究的方法本身是相當有系統的，它的實施步驟為自我反省

的螺旋式概念，包含了規劃、行動、觀察、反省與再規劃等步驟，誠如英國學者史點豪思所言（Stenhouse, 1981）：「使系統化的探究成為公開的研究」（a systematic enquiry made public）。行動研究要求教育實務工作者必須隨時檢討實際教育實務工作，不斷修正計畫內容以符合實際情境的需要，這也是行動研究當中「行動」二字所代表的具體意義。

進行教育行動研究必須注意三項最低需求條件，第一項是教育行動的策略必須是和社會科學相關的計畫；第二項是教育行動研究計畫必須配合規劃、行動、觀察、反省的螺旋循環來進行，彼此間是有系統的，且是相互關聯的；第三項是教育行動研究計畫包括了所有行動相關的人員，並且必須逐漸擴展參與教育行動研究的人數（Carr & Kemmis, 1986）。

教育行動研究的功能雖多，要能真正發揮其功能，有賴學校行政單位和教育實務工作者、學者專家的協同合作才能順利進行推動，因為天時、地利、人和是教育行動研究的成功條件。例如：鼓勵教師去研究課程或是教學方法的前提，必須是要有一個能鼓勵學校教師行動研究的環境，除了提供獎勵研究有成的教師外，研究的風氣和鼓勵研究的環境更是重要。或許行動研究的初期，可以研究團體小組作為單位，去從事一項研究，因為有較多的實務工作者在一起合作的話，除了可用的資源變的較豐富外，多人的團體參與可以提供出較多的意見，更易邁向成功之路。

教育行動研究是一種探究過程，其本身就具有教育功能，因為教育行動研究者在面對新的經驗與過程時，必須採取一種深思熟慮的行動，因應實務工作問題情境，力求解決實務問題、改進實務工作並改善實務工作情境，並且從教育行動研究中，教育實務工作者可以增進教育專業理解與獲得教育專業成長。但是，教育實務工作者，若想實現成為教育家的理想與願景，就必須先充實自己具備成為研究者的條

件。茲就教育實務工作者成為研究者的條件與具備教育研究的態度和技能等項，說明如下。

一、教育實務工作者成為研究者的條件

史點豪思認為要使教育實務工作者，特別是學校教師，成為教育實務工作情境的研究者，需要發展「擴展的專業主義」（extended professionalism），以及具備研究的態度和技能。史點豪思所指的擴展的專業，是特別指學校教師本身是一位教育實務工作者，除了具備「侷限的專業主義」（restricted professionalism）的瞭解學生、班級經營與教學技能之外，還要有研究觀點與研究態度，亦即，教育實務工作者應該要具備教學專業能力，並且有意願進行下述教育專業行動，才能獲得成為教育研究者的條件：

（一）從廣泛的學校、社區和社會脈絡中，來審視自己的專業工作，而非侷限於傳遞知識。

（二）參與各種專業活動，如：研討會、座談會等。

（三）連結理論與實際，把課程理論轉化為適合自己教室的策略與步驟。

（四）關心課程理論和發展。

二、具備教育研究的態度和技能

教育行動研究者除了具備上述特質外，參與教育行動研究的教育實務工作者必須具備研究的態度和技能。特別是一方面，學校教師是一位身居教育實務現場的第一線教育實務工作者，必須願意質疑自己的教學，作為教學改進的基礎。另一方面，學校教師必須具有研究自己教學的技能，並利用這些技能，在實際教學情境中考驗理論。而且，教師必須願意和其他教師相互觀摩教學，一起討論，並作公開、真誠的檢討。換言之，教育實務工作者必須要能發展「擴展的專

業主義」，特別是系統地研究教師自我的教室教學並研究其他學校教師的教學工作，以及利用教育行動研究的歷程與結果考驗理論，努力達成個人發展與教育專業發展（Stenhouse, 1975, 144）。茲就強調參與觀察的教育行動研究態度、發展敏感的與自我批判觀點、與其他教育實務工作者以及學者專家共同合作等條件，說明如次。

（一）強調參與觀察的教育行動研究態度

為突破傳統量化研究方式的不足，在教育行動研究過程當中，史點豪思特別強調教育實務工作者應該透過參與觀察、行動研究、個案研究等方式進行研究。特別是，鼓勵學校教師將教室視為課程實驗室，運用訪談、分析、觀察……等方式，參與課程的發展與革新，而不光只是靠學者專家等外來的研究人員進行研究而已。

（二）發展敏感的與自我批判的觀點

史點豪思也強調教育實務工作者應該努力發展敏感的與自我批判的觀點，特別是勉勵學校教師要敏感的觀察自己的教室情境，探究自己的教學，以參與教育改革的革新行動。同時鼓勵教育實務工作者要具有批判精神，對課程進行批判考驗，而不是一味地強求難以達到的客觀性。

（三）與其他教育實務工作者及學者專家合作

教育行動研究的理念強調教育實務工作者，必須與其他教育實務工作者、學校行政領導者、教師、學者專家之間建立合作關係，甚至有時還可與學生一起合作。藉由合作研究（collaborative research）的方式，發展出共同的概念語言和理論架構，以增進彼此間的專業成長與教育理解，進而促進教育行動研究方案的發展設計與教育革新。

三、教育行動研究的條件之啟示

從行動研究的目的功能與條件說明當中，可以獲得教育實務工作者要有教育專業自覺、教育實務工作者要有教育專業自信、提供教育

實務工作者進行研究的機會與支持等啟示，以打破教育實務工作者
進行教育行動研究的「心理障礙」與「社會障礙」因素，茲分述如
次：

（一）教育實務工作者要有教育專業自覺

教育實務工作者本身要有進行教育行動研究的專業自覺，體認教
育實務工作者自己本身就是教育情境當中的研究者，不應放棄扮演研
究者的角色，亦不可過度依賴外來的研究專家，教育實務工作者本身
要積極參與教育行動研究與教育革新。

（二）教育實務工作者要有教育專業自信

教育實務工作者進行教育行動研究的主要障礙，可能來自於教育
實務工作者本身的心理障礙因素，特別是學校教師進行教室研究的可
能障礙，便是學校教師本身的「心理障礙」（Stenhouse, 1975）。學
校教師往往擔心自己缺少研究能力和技巧，因而害怕做研究，或怕做
的不好而少參與研究，因此有必要加強教育實務工作者的教育專業自
信。當然最重要的還是教育實務工作者自己本身應該建立教育專業信
心，相信自己能夠勝任教育研究的專業使命，俾使教育與研究能相結
合，縮減課程理論與教學實際的差距。

（三）提供教育實務工作者進行研究的機會與支持

但是，如果教育實務工作者擁有從事教育行動研究的自覺自信和
意願，但社會環境卻未能提供行政協助與資源配合，支持教育實務工
作者的教育行動研究，就會造成教育實務工作者進行教育行動研究的
障礙，此也就是史點豪思所提教育實務工作者進行教育行動研究的
「社會障礙」因素。因此，教育行政機關應多方提供教育實務工作者
進行教育行動研究的機會，以及經費補助與行政支援；並設立專門組
織機構，協助教育實務工作者從事在職進修與研習，學習研究方法和
技巧，或者諮詢所遭遇的難題。此外，專家學者也應多鼓勵教育實務
工作者參與研究，並給予適當的協助與指導，以促進教育實務工作者

的教育專業成長。

　　另外，可將教育行動研究列為教育實務工作者進修課程，安排系列講座，協助教育實務工作者利用讀書會或研究會，共同進行研究與探討，分享研究心得。一旦，教育實務工作者瞭解研究的基本概念與技巧之後，實施教育行動研究就更為容易了（歐用生，1996b，147）。

第二節　教育行動研究的限制

　　行動研究的功能雖多，要真正發揮出來，端賴校方行政單位和其他教師、學者專家的通力合作才能順利進行。天時、地利、人和是進行行動研究的必要條件。雖然實務工作者可以透過個人努力充實進行教育行動研究的態度，具備進行教育行動研究的態度技能、專業自覺與自信心，並獲得進行教育行動研究的機會，但是行動研究本身也有許多其他的限制在。教育實務工作者進行教育行動研究，存在一些可能的限制，茲就實務的限制性、時間的限制性、類推的限制性與資料的限制性等，茲分述如次。

一、實務的限制性

　　教育行動研究，提供進行教育研究與教育發展實務的行動策略與方法。適合教育實務工作者使用的研究方法，必須是在不過度打擾實務工作的情形下進行（夏林清與中華民國基層教師協會，1997；Altrichter, Posch, & Somekh, 1993）。由於教育實務工作者，特別是教師在學校的主要任務是教導學生，而且實務工作者已經使用的研究方法可能具有行動研究的形式。所以，一方面許多教育實務工作者往往宣稱早已經在從事相關的行動研究。另一方面，也有許多教師認為

教育行動研究，似乎是另外要求教師教學任務之外的其他額外負擔事情，所以教師從事教育行動研究，便會遭遇到經費、設備、和能力的實際問題（黃政傑，1999，356）。因此，在這種困難的實務工作情境之下，一方面行政單位應該更積極安排教育實務工作者獲得進修的機會；另一方面，教育實務工作者也要積極參與進修研習，學習從事教育行動研究必備的種種知能，轉變教育實務工作者不從事研究的形象，建立教育專業者的專業地位。

二、時間的限制性

傳統的研究法對於問題的探求不須研究者直接涉入其中，但在教育的行動研究中，強調教育實務工作者本身必須就是研究者，如此才能在實際教育情境中發現問題。但是，一般教師很難有效地同時調適教學者與研究者兩種角色。雖然研究的目的是要改善教學，但教學的工作原本就繁雜而十分耗費心神。教師在準備教材、設計課程、設計評鑑方式、批改作業考卷與課程評鑑等工作之餘，若又必須同時花時間和精力去從事做研究工作，恐怕難以兼顧兩種角色。因此，行動研究存在部分不易克服的缺點，例如：因為教師不能夠完全分配時間或資源去從事行動研究。因此，對學校教育革新的實際影響可能十分有限。

三、類推的限制性

教育行動研究與其他各領域的行動研究一樣，在教育方面的行動研究，最後所歸納整理出來的結論，是針對特定的問題，也就因此不具普遍的類推性。為某特定教育情境所進行的教育行動研究的結果，只適合解決此一特定教育情境的特有問題；為某教師所規劃設計的教學方法，是配合這位教師特有的氣質、專長和經驗去設計的，並不見得適用在其他相同科目教師的身上。這種特定性可以解決或改善

特定的問題，但同樣的，也因為這種特定性，限制了教育行動研究不能將研究結果廣泛應用在其他問題的解決上。

四、資料的限制性

除了特定性之外，教育行動研究本身也有其他的限制。許多具有豐富知識資訊為依據的教育研究都只是關注技術問題，而且通常有適當知識資訊為依據的調查，並未加以公開研究結果，所以往往無法讓教育實務工作者理解其研究結果與過程的適當性。然而，當教育實務工作者肩負起教育行動研究的角色的時候，會需要向學校教師同事或是向上級行政人員蒐集資料。但是，向同事蒐集資料的話，可能會被同事認為是「出賣同事」（黃政傑，1999，357）。如果向上級蒐集資料則會被認為是「顛覆叛亂者」或「篡位者」。

教育行動研究，在理論上似乎比較脆弱，教育行動研究的效度端視探究者本身的技巧而定，似乎不若基本研究的方法論那麼嚴謹。而且在許多不同類型的研究當中，行動研究只是其中的一種類型。教育行動研究並不是解決任何每一個教育問題的唯一答案，如果所進行的探究重視的是資料的分析，那麼教育行動研究就較不適合，可能有其他更適合的方法，如統計分析或比較性的研究。

教育行動研究是要解決先前的教育理論所引發出來的教育問題，每一個新的研究方法被提出時，其有可能是與先前的理論結合所產生出來的。而這正是教育行動研究可貴之處，不僅融合了先前的教育理論，也強調探究的重要，而不只是著重方法論本身。一個理論若不能宣稱其與實際工作有相關，則就不具有真正的價值。換言之，理論必須要能夠應用在實務工作上以求得實際驗證，而不只是在電腦上跑程式與分析資料而已。教育行動研究不在於強調人的不可預測性，也不對實驗組與控制組的情境做比較。

過去傳統的研究人員強調「客觀」、「精確」、「可以複製」，

並且希望研究結果能有類推性。是以教育行動研究難免存在一些實際上的束縛與限制。雖然就行動研究的缺點而言，可能對其他教育情境的實務工作者的成員影響有限，而且因為教育實務工作者不易妥善地分配時間或資源去從事行動研究，因此實際影響有限。特別是教師往往不容易去改變他們認為有價值的教育觀念。

然而，這並不表示教育行動研究就是不完善的方法。教育行動研究強調的是「行動」，希望轉化原理原則為實際的教育實務行動。在解決有關人際關係的問題上，如建立相互協助的關係與不同的教學模式，教育行動研究可以說是相當有用的方法，教育行動研究是屬於人性方面的探究，人與人之間的關係為其中心思想。行動研究的哲學基礎，在於形成由不同個體所組成的團體，成員彼此間的自覺與尊重，而這種以理論為基礎的方法正是傳統的基本研究所缺乏的。因此行動研究不只在於解決教育研究上理論與實務之間的問題，其人性化的哲學基礎更應受到重視。

教育行動研究對從事教育實務工作的教育實務工作者來說，或許是一件相當具有挑戰性的任務，一方面是從事研究工作的各項實際困難，如資料的蒐集、設備、及能力等問題，而且再加上另一方面由於臺灣目前的教育是升學取向，如果要求教師從事教學之時，同時要求教師從事教育行動研究工作，教育行政主管與學生家長總是會擔心是不是造成教師教學分心，是否會影響到學生考試的成績，甚至造成這些教師忙於個人研究而在學校組織中受到懷疑與孤立；再加上蒐集資料時如果造成同事間或是上級誤解的話，那這些從事研究的教師豈不是不易在學校組織文化當中受到肯定與尊重？但是，值得注意的是，升學壓力造成今日教師往往重視「補習班教法」，注重學生的考試成績，只專心幫助學生在考試得高分，幫助學生練成一身的考試工夫，而忽略學生到底是否獲得真正理解或者只是學會了技巧，甚至忽略學生的人格教育。因此，或許從事教育行動研究是一項具有高度挑

戰的教育使命，但應該不是不可能的任務，是以教育行政部門不必透
過行政高壓手段逼迫教育實務工作者進行行動研究，倒是可以透過鼓
勵方式與積極研擬配套措施的途徑，打破教育實務工作者進行行動
研究的社會障礙與心理障礙，激勵教育實務工作者進行教育行動研
究，改進教育實務工作，改善教育工作情境，提升教育實務工作滿意
度與教育品質。

CHAPTER 5

教育行動研究的
主要歷程與程序原理

理想願景與理念是行動的開始，
行動則是理想願景與理念的實踐。

　　理想願景與行動理念是行動的開始，行動則是理想願景與理念的
實踐。行動研究的過程，起始於對實務工作的一個理想願景，並期待
自己能在實務工作方面有所改善。教育實務工作者如果具有宏偉的教
育行動理念與未來願景，其胸懷崇高的教育理想、遠大抱負、雄才大
略、樂觀進取的奮鬥精神，將是令人佩服的；如果教育實務工作者能
進一步透過實際教育行動，為了實踐教育理想願景而努力不懈與奮發
向上，則其務實穩健的力行精神，更是值得效法。

　　本章教育行動研究的主要歷程與程序原理，旨在說明教育行動研
究過程當中的主要歷程與可能遭遇到的重要課題，作者進而提出教育
行動研究過程當中，應該注意的程序原理。第一節是教育行動研究的
主要歷程，第二節為教育行動研究的重要課題，第三節則為教育行動
研究的程序原理。

第一節　教育行動研究的主要歷程

　　行動研究的過程不嚴謹嗎？透過行動研究，推動教育改革，需要經過系統規劃與慎思熟慮構想的精心設計，並不是任意隨興的，這種邏輯是一種持續不斷的行動與研究之互動循環（蔡清田，2000），重視理論與實務之間的對話與回饋（Schon, 1983; 1986），合乎歷程模式的程序原理（Peters, 1966；Stenhouse, 1975；Elliott, 1998）。行動研究提供解決實務問題的行動方案，具有井然有序的程序架構。

　　行動研究是一種不斷反省的社會實務，因此，在行動研究過程當中，並無「研究的歷程」與「被研究的社會實務歷程」之區分。如果實務工作者的行動主體將其實務工作視為被研究的客體，則研究工作與實務工作兩者之間是一體的兩面，皆是「反省的實務工作者」即行動研究者的分內工作（McKernan, 1996）。反思的實務工作者，透過行動研究，結合行動與研究，願意勇敢地面對問題，培養敏於觀察搜尋（search）的研究能力與自我批判的內省反思搜尋（search）之研究（research）能力，善用行動研究的點金棒，看清楚所遭遇的問題，努力尋找可能的問題解決方案，或許真正的發現之旅，不只是在尋找新世界，更是以新的視野看世界，懂得轉換視野角度觀點觀察事務，以看到別人或自己先前未曾發現的事物。

　　特別是行動研究是一種具有程序步驟的研究歷程，行動研究者可以透過適當程序，一面透過行動解決問題，一面透過反省學習進行探究。因此，行動研究之所以成為研究，必須是系統的探究，而且，也必須是公開於眾人之前的研究（Stenhouse, 1981），並對問題解決的歷程與研究假設的策略，採取自我反省批判立場的一種研究（McKernan 1991, 157）。許多學者指出其過程包括，尋得研究起點、釐清情境、發展行動策略並付諸實行、公開知識（王文科，1995；林

素卿，1999；夏林清與中華民國基層教師協會，1997；張世平與胡夢鯨，1988；陳伯璋，1988a；陳惠邦，1999；黃政傑，1999；歐用生，1999a；甄曉蘭，1995；蔡清田，1999a；Altrichter, Posch, & Somekh, 1993；Elliott, 1992；Lewin, 1946；McKernan 1996；McNiff, Lomax & Whitehead, 1996；Schon, 1983；Stenhouse, 1981；Winter, 1995）。

　　行動研究歷程更是一個繼續不斷反省的循環，每個循環均可能包含：瞭解和分析一個須加以改善的實務工作情境或須解決的困難問題；有系統地研擬行動方案策略以改善實務工作情境或解決困難問題；執行行動方案策略並衡量其實際成效；進一步澄清所產生的新問題或新工作情境，並隨之進入下一個行動反省循環。可見，行動研究是一種系統化的探究歷程。綜合各家觀點，歸納教育行動研究過程的，包括「行動『前』的研究」、「行動『中』的研究」、「行動『後』的研究」之關注問題領域焦點、規劃行動方案、尋求合作夥伴、實施行動方案、進行反省評鑑等繼續循環不已的開展過程（蔡清田，2001），這種開展過程可以進一步地加以明確化與系統化為：「行動『前』的研究」：（一）陳述所關注的問題；（二）規劃可能解決上述問題的行動方案；「行動『中』的研究」：（三）尋求可能的教育行動研究合作夥伴；（四）採取行動實施方案；與「行動『後』的研究」：（五）評鑑與回饋；（六）發表與呈現教育行動研究證據。茲以下圖5.1說明此歷程。

一、教育行動研究的歷程之一：陳述所關注的問題（能力範圍可以解決的問題）

　　教育行動究者首先應該確定所要研究的問題（problem），具體指出問題的領域焦點，並分條陳述說明其意圖目的。換言之，陳述說明目的，確定所要研究的問題領域與具體指出問題的焦點。進而指出

第一循環的行動研究（行動中的反思）

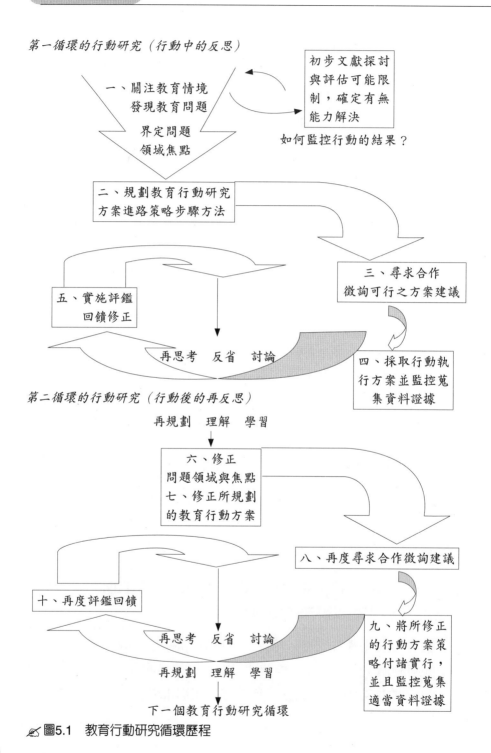

初步文獻探討
與評估可能限
制，確定有無
能力解決

如何監控行動的結果？

一、關注教育情境
發現教育問題

界定問題
領域焦點

二、規劃教育行動研究
方案進路策略步驟方法

三、尋求合作
徵詢可行之方案建議

五、實施評鑑
回饋修正

再思考　反省　討論

四、採取行動執
行方案並監控蒐
集資料證據

第二循環的行動研究（行動後的再反思）

再規劃　理解　學習

六、修正
問題領域與焦點
七、修正所規劃
的教育行動方案

八、再度尋求合作徵詢建議

十、再度評鑑回饋

再思考　反省　討論

再規劃　理解　學習

九、將所修正
的行動方案策
略付諸實行，
並且監控蒐集
適當資料證據

下一個教育行動研究循環

✍ 圖5.1　教育行動研究循環歷程

教育實務工作者的價值理想在實際工作情境中,所遭遇的困難與所產生的問題。因此,教育實務工作者在行動研究過程當中,必須陳述其所關注的問題領域與主要焦點所在。

從鉅觀層面而言,行動研究歷程首重情境分析,以定義問題並進行需求評估,指出可用的資源。因此,可能需要藉助外來的學者專家等研究顧問的諮詢功能,協助教育實務工作者進行實務工作情境脈絡的掌握瞭解與問題焦點診斷,方能針對問題成因提出行動方案加以治療。是以教育行動研究顧問通常會要求實務工作者說明相關背景與主要問題情境,例如:

（一）請說明您所遭遇的問題情境背景?

請說明您所關注問題的性質與背景,如學校所在地區特色、學校性質、年級、班級屬性、科目、學生性別等情境背景因素。

（二）請說明問題的領域是?（行政、教學、課程、輔導或學習等……）

（三）請說明問題的焦點是?

（四）請說明您為什麼關心此問題?此問題有何重要性?

（五）請說明您對於上述問題您能作些什麼貢獻?並說明您預期達成的目標。

二、教育行動研究的歷程之二:研擬可能解決上述問題的可能行動方案

教育行動研究的第二個主要歷程是進行規劃,擬定發展計畫,以因應所遭遇的難題（difficulties）,研擬可能解決問題的可能行動方案,並提出可能解決問題的假設性策略,亦即研究假設,加以考驗。換言之,確定研究問題的本質與問題領域焦點,則教育實務工作者有必要進行行動研究方案的規劃（Elliott, 1992）。行動研究是以

繼續不斷的行動與討論反省為依據，努力解決所面臨的實際問題。因此，規劃行動方案與維持繼續討論反省的相關程序與時間安排，是相當重要的。行動研究方案的規劃，可以釐清實施行動程序的先後順序，確保在最後時間底線之內完成行動。規劃富有彈性的行動研究計畫方案或解決問題議程，便是可用來持續進行行動與反省的進路途徑與策略，旨在避免零散混亂與破碎殘缺不全的行動與反省。因此，在仔細規劃階段，需要考慮的是行動方案的進路途徑與策略步驟，並構思可以運用何種方式蒐集資料。下列問題將有助於釐清行動方案（蔡清田，1999）：

（一）您所構思的解決問題之可行行動計畫（遠程）。

（二）您所構思的解決問題之可行行動策略（中程）。

（三）您所構思的解決問題之可行行動步驟（近程）。

（四）請指出您可以透過什麼方法蒐集到何種可能的資料證據？

三、教育行動研究的歷程之三：尋求可能的合作夥伴

您可以向學生、家長、學校同仁、輔導教師或指導教授徵詢意見，或向您認為可以信賴而且願意支持您的人尋求協助，請他們從批判觀點討論您所提出的解決問題的行動方案之可行性，並協同研擬可行的解決問題行動方案：

（一）請說明您合作的主要夥伴是誰？

（二）請說明您的合作夥伴在您的行動研究過程中扮演何種角色，對您的行動研究有何影響與貢獻？

（三）您的合作夥伴所同意認為解決問題的可行行動計畫（遠程）。

（四）您的合作夥伴所同意認為解決問題的可行行動策略（中程）。

（五）您的合作夥伴所同意認為解決問題的可行行動步驟（近

程）。

（六）您的合作夥伴同意認為可以透過什麼方法蒐集到何種資料
證據？

四、教育行動研究的歷程之四：採取行動實施方案

採取具體實際行動，實施上述的解決問題行動方案，並開始蒐集
各種可能的資料證據，證明您已經開始努力採取具體的改進行動。換
言之，教育行動研究的第四個主要歷程是採取實踐行動，以處理所遭
遇的難題，並經由仔細的觀察與蒐集資料，確保所規劃的行動，受到
監控。

（一）請您指出所蒐集的資料證據是什麼？如訪談記錄、教室觀
察記錄、學生輔導記錄、學生考卷、學生作品、教學活動
照片、自我省思雜記、日記等。

（二）請舉例說明這些證據的內容是什麼？如學生發問的次數增
加、學生回答問題的正確比例增加、學生更熱烈參與上課
討論的內容、學習考試成績的進步、師生互動頻率的增加
等。

（三）請您指出如何進行資料證據的蒐集？例如：觀察、訪談、
評量等。

（四）請您說明利用何種工具進行資料與證據的蒐集？如觀察
表、訪談表與評量表等。

（五）這些證據可以證明您達成何種目的或解決何種實際問題？

五、教育行動研究的歷程之五：評鑑與回饋

教育行動研究的第五個主要歷程是進行評鑑與批判反省，協助實
務工作者本身理解所規劃行動之影響與效能。如果未能順利解決問
題，則必須以新循環，重複上述步驟，力求問題的解決。因此，有必

要說明您如何評鑑與回饋行動方案？您的行動方案結果是否真正有效？特別是：

（一）您在行動研究結束之後，提出了何種結論主張與結果宣稱？

1. 您的結論主張與結果宣稱是：

2. 您認為是否解決了您所關注的問題？

3. 您認為是否改進您的實際工作？

4. 您認為是否改善您的實務工作情境等？

5. 您是否增進本身對教育專業的理解？請您說出您的心得與收穫。

（二）您根據何種教育專業規準來判斷您的主張宣稱的有效性？

1. 您在哪個層面獲得教育專業成長？

2. 您有無舉出證據支持自己的論點？

3. 您所舉出的證據適當嗎？

4. 您所舉出的證據充分嗎？

5. 您的合作夥伴，如學生、工作同仁、輔導教師、指導教授等等，是否認同您的行動研究成效？

(1) 學生的觀點是如何？

(2) 工作同仁的觀點是如何？

(3) 輔導教師的觀點是如何？

(4) 指導教授的觀點是如何？

（三）再關注與下個行動研究的準備與暖身運動：根據評鑑的結果，判斷是否解決原先您所關注的問題。

1. 您確定已經解決了您所關注的問題了嗎？如已解決，則可以關注另一個相關或衍生的教育專業問題，作為下一個行動研究的起點。

2. 如未能解決原先問題，請您說明目前的失敗情形與失

敗的可能原因，並請繼續努力，作為下階段繼續探究的問題，請「修正」原先所關注問題領域焦點，研擬更適切的行動方案，再度爭取合作與採取行動，並進行評鑑回饋，有效改進實務工作與改善實務工作情境問題。

總之，教育行動研究具有解決問題的務實精神，以問題意識為起點，找出困難問題與令人困惑之處，作為教育行動研究的起點，以解決教育問題與改善教育實務工作情境作為行動研究的暫時終點，透過發現困難或提出問題，進而確定問題領域與問題焦點，規劃慎思行動研究方案、合作明辨行動策略方法、篤行實施方案並整理監控蒐集的資料、進行評鑑回饋等。而且每一個教育行動研究都可以是下一個階段教育行動研究螺旋的起點。例如：就課程領域而言，一個課程行動研究螺旋起點的銜接，可能是解決上一個課程問題結束之後，開始銜接同一個課程領域層面的另一個教材問題的銜接方式；也可能是在課程行動研究探究的歷程中，發現了另外層面的其他教學領域或行政領域的相關問題，進而形成另外一個層面的教育行動研究螺旋起點。

舉例而言，以民興國小的梁老師所進行的課程行動研究實際個案，可以用來說明其同一個問題層面的兩個主要解決問題流程階段。此個案是一位國語科梁老師的實際行動研究案例，梁老師為了幫助其班上一位國語學業成績較差的學生，以改善其寫作的能力為目標所進行的一個課程行動研究。此一課程行動研究包括下述的兩個課程行動研究循環。

第一個課程行動研究循環方法步驟包括：1. 由梁老師扮演「監督者」的角色，和學生史芬共同訂定出欲達成目標的內容並要求史芬執行，步驟2. 史芬實際練習，步驟3. 梁老師檢討史芬的練習成效，步驟4. 史芬再練習，步驟5. 再次檢討史芬的練習成效，步驟6. 以上步驟周而復始。但是，上述實施結果並未達預設效果。

　　第二個課程行動研究循環方法步驟，包括1. 在外來學者專家的諮詢顧問協助的情境之下，梁老師和史芬用對話討論的方式，梁老師並且以「指導者」而非「監督者」的角色來協助史芬，訂定出其所能達成的寫作目標，亦即以完整的句子表達意見。步驟2. 以「我的媽媽」為題進行寫作練習，每寫50個字便停下來做檢討。步驟3. 瞭解史芬為達成此階段目標，對所做練習的看法與其所遭遇的困難。步驟4. 從討論中釐清問題，並提出解決方案以達成共同訂定的目標。步驟5. 史芬再練習，步驟6. 以上步驟周而復始。其實施結果，史芬改善了寫作的能力。

　　第一個課程行動研究循環，並未能使史芬的寫作能力有所改善，第二個課程行動研究循環卻可以改進其寫作能力，而能否使史芬達到目標的關鍵在於：1. 史芬是否能瞭解其所做練習的目的。2. 史芬是否能瞭解梁老師希望他達成的目標。3. 史芬是否能在重複的複習中瞭解目前遭遇了什麼問題，並能由自己設定目標。也就是說，在外來的學者專家諮詢顧問協助之下，教師如果能使學生有意識地知道自己在做什麼、想做什麼、為什麼做，以及使學生瞭解教師的期望，並使學生能自我設定目標，那麼就比較容易得到努力的效果。

　　梁老師並將與史芬所做的對話記錄下來，其最初的意圖有三：1. 記錄史芬在每段的練習與複習中所帶來的成長。2. 去設定在寫作上史芬想達到的目標。3. 去評論史芬之前的草稿是否達到目標，及如何改進才能達到設定的目標。而梁老師也從這個對話記錄中得到下列幾點啟示：

1. 梁老師將這個對話記錄呈現給其他的教師參考，並從其他教師處得到許多迴響與建議。

2. 梁老師認為自己有時在新的情境出現時，處理應變的不夠快速，否則的話，第二個課程行動研究循環的效果應該能夠更好。

3. 當新的情境發生時，梁老師在對史芬「要求」的這個角色扮演上，並沒有妥善地運用理性意識。

4. 有時史芬無法瞭解老師的「要求」，也無法照梁老師所要求的、或史芬自己所設定的目標去做。

5. 當情況4.發生時，梁老師未能妥善地做到將理想意識或理性實際運用至教學實務，則梁老師必須用史芬可以瞭解的言詞來「指導」史芬瞭解老師如此建議的理由。

6. 這個對話記錄，對於老師瞭解史芬的成長，以及瞭解他實際應用的過程是相當重要的。

　　然而，雖然梁老師從這次的行動研究中得到許多啟示，但是，同時也使梁老師產生了一個新的疑問，亦即：若深入而頻繁的師生對話，有助於學生的學習成長，而且在協助學生學習方面扮演著重要地位，則當老師面對班級學生數超過30位以上時應如何處理師生互動？或許教師面對大班級學生時，可能會有此疑問？但是或許有經驗的老師會認為有問題的學生應屬少數，故似乎仍可將「指導者」的師生互動概念帶入其他課堂實際操作中。這將是值得繼續進行後續的下一個階段的課程行動研究，繼續進行探究。

第二節　教育行動研究的重要課題

　　下述有關教育行動研究的主角、內容、情境、目的、方法、時間、倫理、效應、管理權、開銷費用等課題的探究，特別是有關由誰進行教育行動研究、什麼是值得進行教育行動研究、何處進行教育行動研究、為何進行教育行動研究、如何進行教育行動研究、何時進行教育行動研究等問題的澄清，將可以增進教育實務工作人員對教育行動研究理念之認識，並運用教育行動研究的仙女棒，協助教育實務工

作者成為教育行動研究者。

一、由誰（who）進行教育行動研究：教育實務工作者可以是行動研究的主角

過去所謂的研究，通常是指受過「科學」理論方法訓練的「專家」與「學者」所進行的基礎研究傳統勢力範圍，而且在教育界當中，也一直有所謂的「研究者」與「被研究者」之間的區分（McKernan, 1991）。然而，教育行動研究的理念，則勇敢地挑戰此種傳統概念區分的邏輯。行動研究的教育改革理念，則是將傳統分立的「行動」與「研究」兩者加以結合，主張教育實務工作者應該進行研究，以改進本身的實務工作（陳伯璋，1988a），因此，從事研究也是屬於教育實務工作的分內工作（Altrichter, Posch, & Somekh, 1993）。此種教育行動研究的理想，旨在引導教育實務工作革新，企圖解決教育實際問題，最後並增進教育實務工作者本身的理解（McNiff, Lomax, & Whitehead, 1996）。

教育實務工作者在從事實務過程當中，一定會遭遇問題，但卻不一定能夠明智地透過理性解決問題。教育行動研究要求教育實務工作者，採取研究的立場，面對自己的教育實務工作（Schon, 1983）。教育實務工作者可以經由進行教育行動研究，透過系統化的批判探究，改進實務工作，進而改善教育工作情境，並增進教育實務工作者本身的專業理解。教育行動研究是由教育實務工作者主導，以瞭解並解決本身的教育問題，進而改進本身的教育實務工作為目的（McKernan, 1991, 156）。

教育行動研究係由實際從事教育工作者，在參與真實事件的運作過程當中擔任研究工作，系統地蒐集資料、分析問題、提出改進方案、付諸實施、仔細評鑑行動方案的影響。就教育行動的發動者而言，教育行動研究由關心教育情境的教育實務工作者，針對教育情境

進行研究。例如：教室行動研究通常由學校教師所發起。教室情境中的教育行動研究之發起人，往往是教室工作現場第一線上的教育實務工作者教師（Altrichter, Posch, & Somekh, 1993）。

在教育研究領域當中，行動研究往往強調以學校或教室內亟待改進的教育實際問題為研究內容，以改進教育實務為目的（Elliott, 1998）。因此，在教育研究當中採取教育革新行動，在教育行動當中實施教育研究，極適合教師使用（歐用生，1996b）。近年來所謂「教師即研究者」的教育改革理念，就是教育行動研究的特色之一（吳明清，1991，84）。教育實務工作者所關注的問題可能與學生、家長、學校行政主管、督學、地方教育當局人員、政府官員等有關，因此長期的行動研究往往需要許多人共同合作，以維持進行研究的動力。雖然也有一些行動研究主要是由個人進行的，但是通常這種獨立作業的實務工作者，也十分需要外來的諮詢支援，不過這些外來諮詢者的角色只是提供支持協助，而不實際掌控行動研究的研究方向（夏林清與中華民國基層教師協會，1997）。

教育行動研究主要關心的是改進學校教育品質，特別是學校教育情境當中的師生互動與學習情境之改善。此種研究類型的推動者認為，教師身為學校教育第一現場教室的專業人員，特別是教師置身於教室情境，並且與班級社會體系當中的學生互動（Elliott, 1979），因此，教師應該最瞭解教室教學的課程問題與學生興趣需求，而且教師可以利用觀察訪問以瞭解學生的學習，並分析學生的週記、考卷、作業、心得報告與作文等文件，以瞭解學生的學習生活世界，並根據這些一手的研究資料，改進教室教學，建構適合教室情境的課程理論（歐用生，1996b，137）。由此觀之，教師擁有教育革新的權力，可以經由努力導致其教學實務的變革與改進。此種進行變革的教育革新權力，就如同「結構」（structure）與「個別行動主體」（personal agent）之間互動影響實際行動的關係一般（Giddens, 1984）。

二、什麼（what）是值得進行教育行動研究：教育行動研究的內容

教育行動研究是一種從經驗求知的過程，教育行動研究更是一種從教育專業經驗中獲得教育專業學習的過程（Shumsky, 1959）。教育實務工作者必須首先努力瞭解行動，從經驗中求知，並從經驗中學習行動的過程，才能有效地運用解決問題策略。教育的環境是指一個到處都可以充滿知識的地方，而教育行動研究可以協助教育實務工作者，經由對實務工作的探究，在教育環境當中創造知識，發現新的事實與概念。教育實務工作者可以從其集體的經驗當中，進行學習，藉此並進而創造知識。

教育行動研究可以提供新的資料、知識與見解，則教育行動研究者必須確保其團體能夠清楚而明確地說明其團體所發現或學習的內容。教育行動研究的探究問題，是實際的教育實務工作問題（陳伯璋，1988a）。教育行動研究的過程是希望能夠改進教育實務工作。教育行動研究關心教育實務工作者，特別是學校教育實務工作者所經年累月經常面對的教育實際問題。

教育行動研究主張，針對教育實務工作者能力範圍之內所能解決的問題，進行研究，不是要求教育實務工作者解決自己無法克服解決的國家社會層次之巨大問題，如家長社會經濟地位、家庭背景等相關社會問題，又如族群關係緊張、勞資關係對立、經濟不景氣與政治黨派偏見等國家經濟政治的複雜問題。這些問題，不能光靠學校層面所進行的教育行動研究加以處理，更不是光憑少數教育實務工作者所能完全解決的教育行動研究問題範圍。

學校教育層面所要處理的教育實際問題，是那些經常使學校教育實務工作者在日常工作中遭受挫折的具體工作事項，如學校行政、學校課程規劃設計與發展、各學習領域內容的選擇組織、教科用書的選

擇採用與評鑑、教學媒體製作與資源管理、教學方法的選擇運用、學習結果的評鑑與回饋、班級經營管理、校規班規之制訂、學生潛能之開發與輔導等，這些問題領域，是特別值得學校教育實務工作者設法努力克服的教育行動研究重要問題領域（McKernan 1991, 158）。

三、何處（where）進行教育行動研究：教育行動研究的情境

教育行動研究重視實務工作者的實際問題，強調行動與研究皆必須在教育實際情境當中進行。教育行動研究必須在實際問題發生的情境當中進行探究，而且，教育行動研究者必須確保所探究的工作情境之周遭環境是適當的。因此，教育行動研究者有專業責任，維護教育行動研究的適當情境（Elliott, 1991）。

然而，教育行動研究的進行，勢必明顯地導致社會現象情境當中所發生的事件之改變與重新建構（McKernan 1991, 158），以改進實務工作並改善實務工作情境。因此，傳統的實證研究所強調的變項控制方法，可能不適用於行動研究類型，因為如果以保持距離的實驗控制方式，進行無關脈絡情境之探究，則可能誤解實務工作第一現場實際問題情境的影響因素。

另一方面，教育行動研究的情境通常牽涉到成群的實務工作者個體，是以團體為依據基礎的合作情境。教育行動研究的情境不應該是孤立的，必須取得相關人員的合作，特別是共同進行行動研究工作的有關人員。尤其是批判的行動研究者主張所有的行動研究，皆是以團體探究為依據的（Carr & Kemmis, 1986）。當工作同仁遭遇一個共同問題情境，進而產生一個共同的信念，亦即，教育實務工作者需要更深入去瞭解問題，並且採取行動，以改進目前的實務工作情境，此種協同合作的行動研究在美國相當普遍（Oja & Smulyan, 1989）。

四、為何（why）進行教育行動研究：教育行動研究的目
的

教育行動研究要求實務工作者，採取研究的立場，面對自己的教育實務工作。教育行動研究，是一種反省的實務工作者對教育實務工作的專業回應（Schon, 1983），教育行動研究的理想旨在導入教育實務工作的革新，企圖解決教育實際問題，最後並增進教育實務工作者本身的理解（McKernan 1991, 158）。

教育行動研究的目的是為了透過教育實際行動，改進教育實務問題與改善工作情境，教育行動研究並不同於價值中立客觀與保持距離的科技實證研究。教育行動研究的理念，涉及一種對教育專業實務工作的倫理價值之承諾（Elliott, 1992），教育行動研究是「規約的」（prescriptive）研究，規範追求進步的行動方向，也是努力獲得改善的研究，充滿正面鼓勵與積極向上的價值引導。因此，當任何個體置身於問題情境當中的實務反應，將會有一種規範的立場，亦即，「在此情境之下，我該怎麼辦」？教育實務工作者將會以規約的用詞來陳述這些規範的價值。

教育行動研究更是反省的實務工作者對教育實務工作的專業回應，教育行動研究的理想旨在引導教育實務工作的變革與改進，企圖解決教育實際問題，最後並增進教育實務工作者本身的理解（Elliott, 1991）。因此，行動研究是一種從經驗求知的過程，更是一種從經驗中獲得學習的過程。教育實務工作者必須首先努力瞭解自己所遭遇的教育實際問題，才能有效地運用解決問題策略，並從經驗中求知，從經驗中學習，透過實際行動，解決所面臨的實際問題之過程。教育行動研究的結果很重要，但是發現問題的領域與焦點、規劃解決問題的教育行動方案、實踐行動過程與評鑑回饋過程當中，教育實務工作者的專業成長，更是重要（McKernan, 1991, 161）。

五、如何（how）進行教育行動研究：教育行動研究的方法

當行動研究者正著手進行一項研究計畫時，必須瞭解有哪些不同的研究途徑，如此才能對正確地選擇進行研究的方法途徑。就行動研究的實務策略與方法而言，教育行動研究提供進行研究與發展實務的一些簡要的策略與方法。合適的研究方法是必須在不過度打擾實務工作的情形下進行（夏林清與中華民國基層教師協會，1997，8）。而且教育行動研究鼓勵實務工作者，採取研究的立場，面對自己的實務工作，在行動中進行研究。

教育行動研究的最主要限制與障礙，是來自於缺乏適當的研究技巧。究竟何種方法，可以協助教育實務工作者進行資料蒐集與分析。近幾年來，行動研究方法論有顯著的發展（Elliott, 1991; Hopkins, 1985; Hustler, Cassidy, & Cuff, 1986; McKernan, 1991; McNiff, Lomax, & Whitehead, 1996; Nixon, 1985; Winter, 1995）。例如：日記、工作現場之筆記、錄音或錄影之記錄資料、三角交叉檢證（triangulation）、問卷調查表、簡短的個案研究記錄等等皆是可供選用的研究技巧。既然行動研究是從實務工作者的觀點來處理問題情境，應該使用實務工作者的語言，來描述與詮釋行動研究的歷程與結果，亦即，使用實務工作者日常工作現場活動的語言與對話（Elliott, 1992）。教育實務工作者必須不斷地作記錄與保持登錄，這是行動研究主要活動之一，因此，教育行動研究者最好保持每天作筆記的習慣，利用日記與行動日誌可以記錄下深思熟慮、軼事資料、行程記錄資料、個人觀點、事實、觀念澄清以及概念分析等寶貴資料（Altrichter, Posch, & Somekh, 1993）。而且記錄所發生事件的日記，是一項記錄原先計畫與實際發生實況記錄的有用方法，可用來定期地回顧檢視行動歷程與結果。

從事教育行動研究，必須要瞭解不是什麼事都會平順如預期理想，學校教育生活如同人生一般有許多不可預期的事件。是以太過於依賴以人為主方法，有其潛在的困難。如一個以訪談人物為主的研究，可能會過於偏重人的因素，可能會因受訪者的異常與偏差而產生人為極端的錯誤（McNiff, 1995）。而且可能，需要的研究工具不在現場，時程表突然改變，有人缺席請假，觀察者與被觀察者未做好事前準備。因此，教育行動研究在方法論上採取折衷統合的途徑方法，其優點是可以運用多種不同的方法。因此，教育實務工作者可以根據不同的原因，在校內以各種不同的方式進行研究。例如：一位教師可能利用文件分析，如學校某一學科領域部門的開會記錄文件，並依據其內容，進一步進行學校師生訪談，並將此與教室觀察的現象加以連結。因此，三角交叉檢證，變成為一種十分有利的研究工具。行動研究的方法、行動者、理論與資料都應該透過三角交叉檢證的歷程，使其發揮最高效用。藉由錄影帶資料、逐字謄錄的軼事錄、工作現場的筆記、照片與不同行動者的不同觀點，以各種不同的理論，使用折衷統合的方法，將可闡明研究問題並促進教育實務工作者的深層理解。

六、何時（when）進行教育行動研究：教育行動研究的時間

教育行動研究強調在實際情境中的教育實務工作者，根據適當方法，研究自己所面臨的實際問題，尋求教育工作改進與問題解決之道。就反省的教育實務工作者而言，時間是在日常工作當中一項非常稀少而寶貴的資源（McNiff, 1995），例如：就教師與教育行政人員而言，往往缺乏充裕的時間，針對學校教育的問題加以深入探究，進行原創性的研究。對實務工作者而言，缺乏充裕的時間以便進行研究，是一項非常明顯的實際限制（McKernan, 1991）。因此，教育行

政主管當局應該設法協助教育實務工作者如教師與教育行政人員，獲
得足夠的進修研習時間，以便研究改進其教育實務工作。

　　另一方面，在教育行動研究過程中，教育實務工作者不斷修正
反省、不斷評估判斷，使得解決問題的研究方案能夠達到預期的結
果。因此，進行教育行動研究必須考慮可能的時間範圍與所需的時間
期限。其次，工作期間應該依據每個學年度不同學期的工作量，加
以修正。儘管教育行動研究的規劃階段可能是相當漫長，然而積極
主動地執行行動研究，可能只是一段短期而相當密集的行動（Elliott,
1979）。

七、教育行動研究的倫理（ethics）

　　近年來，有關行動研究的「倫理準則」或「倫理信條」（code
of ethics），逐漸受到重視，在教育學術研究界廣為討論（盧美貴，
1987，137；Hopkins, 1985；McKernan, 1991）。例如：在進行教育
行動研究的資料蒐集之前，必須確立行動綱領（guidelines），某些
強迫的方法是無法令人接受的，例如經由高聲咆哮吼叫，要求學生
順從指示命令，便是不當的。而且，某些問題也是不適合進行研究
的，例如：假借透過行動研究，進行有關特定偏頗立場的性別主義
或種族主義的教導研究，便是違反行動研究的研究倫理（Altrichter,
Posch, & Somekh, 1993）。為了某種政治目的而進行教育行動研究，
也可能扭曲了教育行動研究的圖像。事實上，必須謹慎細心地檢查
研究問題的選擇，因為學校往往會選擇政治上有利的研究問題，亦
即，學校教育實務工作者往往會選擇他們偏好的研究問題，而拒絕不
同於他們立場的研究計畫（McKernan 1991, 158）。而且如果教育行
動研究的報告內容未經同意或協商，則透過個案研究發現的行動研究
報告，可能是在研究倫理上，站不住腳的。

八、教育行動研究的效應（effects）

　　教育實務工作者進行教育行動研究的效應是什麼？教育行動研究的介入，將導致何種改變？教育行動研究最後是否能達成經驗層次的真正改變？學生的學習是否變得更好？教師的教學是否變得更有效能？特別是行動研究增加了學生、教師與行政人員什麼利益？教育行動研究的「處遇的方式內容」（treatments）可以類推應用到其他的問題情境嗎？個案研究的結果是否可以引導課程知識基準線的建立，並導致建立課程當中的教與學之通則的可能性（McKernan 1991, 158）？

　　但是值得注意的是，教育行動研究也應該重視其對教育實務工作者本身的專業成長效應。教育行動研究鼓勵教育實務工作者，採取研究的立場，面對自己的實務工作。教育實務工作者必須首先努力瞭解自己所遭遇的實際教育問題，透過教育實際行動，才能有效地運用解決問題策略。教育行動研究的結果很重要，但是行動過程當中的自我成長，更是重要（McKernan, 1996, 161）。教育行動研究涉及一種對教育專業實務工作的倫理價值之承諾（Elliott, 1992），充滿正面鼓勵與積極向上的價值引導。這是反省的實務工作者對教育實務工作的專業回應，理想旨在引導實務工作的變革與改進，企圖解決教育實際問題，最後並增進教育實務工作者本身的理解（Elliott, 1991）。

九、教育行動研究的控制管理權（governance）

　　教育行動研究者必須注意教育行動研究的控制管理權，例如：在教育行動研究中，研究者必須向誰報告？地方教育當局的縣市政府教育局與學校，是否應該設立研究委員會，以監督管理研究經費與研究方案？透過教育行動研究，鼓勵教育實務工作者反省檢討與改進自己本身的教育專業實務工作，讓教育實務工作者管理自己的實務工

作，是一件相當自然的事（Altrichter, Posch, & Somekh, 1993）。

但是，此種讓教育實務工作者擁有工作的管理權，挑戰了教育當局管理控制教育研究與決策的傳統。就算是在美國，仍是透過學校管理委員會管理學校課程並具有視導督導的權力。因此，學校教師進行的行動研究，是否必須獲得學校管理委員會的批准？學校的教育資源，包括資金、硬體、人力資源皆是必須經由學校委員會的分配管理？教育行政主管單位與教育實務工作者雙方，必須努力以促成教育行動研究獲得立足之點。學校教育管理當局，必須瞭解行動研究歷程可以成功地有助於教育實際問題的解決。但是，在教育領域的實務當中，卻存在著與教育專業矛盾對立之處，亦即，教師對教材教法的課程教學專業自律自主權，往往遭到學校教育管理當局透過行政管理的強制權威手段，對教師的要求與規定越來越多，侵害教師的課程教學專業自主權。在此種情況之下，如果教師希望能擁有對教育變革的控制權，則教師必須將行動研究視爲必須努力的重要議題。就此而言，教育行動研究，有其政治面向的意義（McKernan, 1991, 158）。

十、教育行動研究的開銷費用（costs）

傳統的量化測驗與問卷調查、心理測驗形式的研究與評鑑研究等，不一定能針對問題，提出解決問題的行動方案，以改進實務工作或改善實際工作情境，但是量化研究的花費是相當高，這種情形在財政逐漸困難、教育經費逐漸吃緊的情境當中，是否還能合理地說服大眾？然而，重視實務問題的教育行動研究，不僅可以針對教育實際問題，提出解決問題的具體行動方案。因此，學校教育經費預算當中，應該有一部分的款項，是專門用來進行教育行動研究，針對教育實務的行政、課程與教學進行研究發展（McKernan, 1991, 158）。但是，在正式進行教育行動研究之前，必須仔細地估算行動研究可能的開銷費用，並且運用適當的經費，以從事教育行動研究。

第三節　教育行動研究的程序原理

　　教育行動研究的歷程，包含一些引導進行教育行動研究的程序原理（procedural principle or principle of procedure）（McKernan, 1996; Winter, 1995），這種程序原理與英國教育哲學家皮特思（R. S. Peters）的程序原理（Peters, 1966; 1967），以及史點豪思的課程發展歷程模式（Stenhouse, 1975）有著異曲同工之妙，皆在增進教育實務工作者的行動中的反思與行動後的反思（Schon, 1983; 1987）。同時教育行動研究也有一種繼續原理（principle of continuity），亦即，教育行動者必須不斷地從教育實務經驗中進行互動，並從一個實務工作情境連結到下一個隨之而來的連續情境，其實務經驗便能從過去一開始便能加以延續下來，與目前的經驗結合與繼續開展，導向隨後繼起的行動螺旋，並將經驗導向未來的發展（McKernan, 1991, 160）。教育實務工作者從教育行動研究的互動歷程所學習的經驗，便成為教育實務工作者個人理解的加深加廣與實踐理性的不斷開展。因此，教育行動研究的歷程可以被建構成一種不斷循環的螺旋。

　　一般的基礎研究可能極為注重最後的研究結果，但是，在教育行動研究過程當中，研究過程可能較研究結果來的重要。而且教育行動研究的主題在於教育實務工作者本身的實際工作情境下所進行的研究，並不一定適用於其他教育實務工作者的實際工作情境，每位教育實務工作者所遇到的實際問題也非百分之百相同（Altrichter, Posch, & Somekh, 1993）。因此，教育實務工作者之間，在相互參考比較的時候，取決於研究過程的，相較下應該比取決於最後研究結果來得多。因此，教育行動研究有其值得注意的程序原理，茲將敘說故事、講究證據、價值規範、行以求知、反省實務、循環歷程、團體依據、結果分享、心胸開闊、積極革新等主要的程序原理說明如次。

一、敘說故事：教育行動研究通常述說一個教育故事

教育行動研究主要是關心教育實務工作者所經年累月甚或每天所經常面對的實際教育難題。教育行動研究的過程，是希望能正確地協助教育實務工作者改進實務工作，進而改善實務工作情境，因此，教育行動研究應該是以教育實務工作者所親身經驗的問題理解為實際故事之基礎。

教育行動研究者必須進行口頭報告陳述，這是在教育行動研究者正式提筆寫作有關其個人所發生親身經歷事件的真實案例之前，必須預先準備的呈現原則。教育行動研究的故事，應該是大部分奠基於參與者在實際教育問題情境當中的討論與對話。這個故事所使用的語言，應該是教育實務工作者尋常普通的討論與對話，而不是行為科學家所慣用的抽象理論與艱深難懂的概念結構。因此，個案研究與簡單明瞭的故事報告，可能是教育行動研究的最佳溝通與推廣的媒介。

二、講究證據：教育行動研究奠基於證據基礎之上

在教育行動研究過程當中，教育實務工作者的所有參與者，皆有管道獲得證據，在問題情境當中所獲得的所有資料，皆能增進教育實務工作者對問題情境與解決問題的理解。例如：學生的照片、檔案當中的文件、觀察記錄與工作現場筆記練習手稿等等，皆可以作為探究的證據。而且所有的證據，皆蘊含著價值取向，因此，教育行動研究歷程當中的批判反省立場是相當重要的。

值得注意的是，教育行動研究在方法論上採取折衷統合的途徑方法，其優點是可以運用多種不同的方法蒐集資料證據。例如：一位教育實務工作者可能利用文件分析，如學校科目部門的開會記錄文件，並依據其內容，進一步進行學校師生訪談，並將此與教室觀察的現象加以連結。因此，三角交叉檢證（triangulation），變成為一種

十分有利的研究工具與作法。在教育行動研究過程當中，方法、行動者、理論與資料都應該透過三角交叉檢證的歷程，使其發揮最高效用。藉由錄影帶資料、逐字謄錄的軼事錄、工作現場的筆記、照片與不同行動者的不同觀點，以各種不同的理論，使用折衷統合的研究方法，將可闡明研究問題並促進教育實務工作者的深層理解。

三、價值規範：教育行動研究是強調價值引導或價值規範約束

　　教育行動研究重視實務工作者的實際情境問題，因此行動與行動研究，皆必須在實際情境中進行。而且行動研究者有責任，維護學習探究的適當情境。教育行動研究必須在問題發生的實務工作情境當中進行。如果以保持距離的方式進行任何探究，則可能誤解工作第一現場問題情境的影響因素。實際上，傳統的實證研究所強調的變項控制，可能不適用於行動研究，因為教育行動研究的進行，勢必明顯地導致社會建構的教育現象情境中所發生事件的改變。更進一步地，教育行動研究者，必須確保所探究的周遭環境是適當的，而且必須盡心盡力於觀察判斷的標準。

　　「規約」係指約定俗成的價值規範或價值引導。教育行動研究，如果是一種好的研究，就應該指出好的行動之方向。教育行動研究經由系統與協同合作的本質，可以建構改進實務的規範。教育行動研究並不同於價值中立與客觀保持距離的科技實證研究。教育行動研究是為了教育行動，是充滿價值與鼓勵詮釋，企圖克服採取矯正行動的困難問題。艾略特（Elliott, 1992）主張，專業實務工作的理念，涉及一種對倫理價值的承諾（commitment），而且當任何個體置身於問題情境當中的實務反應，將會有一種規範的立場，亦即，「在此情境之下，我該怎麼辦」？實務工作者將會以規約的用詞來陳述這些規範的價值。

四、行以求知：從經驗中求知，並從經驗中學習行動的過程

教育行動研究，強調在現實環境中的教育實際工作者，根據科學方法，研究教育實務工作者自己本身工作所面臨的實際問題，尋求改進與解決之道。在過程中，以不斷的修正反省、不斷的評估判斷，使得整個計畫能夠達到原先預期的結果。教育行動研究過程當中，結果也許很重要，但是發現問題的真相、研究的過程及自我的成長，更是重要（Winter, 1987）。

教育行動研究是一種從經驗求知的過程，教育行動研究更是一種從經驗中獲得學習的過程（Shumsky, 1959）。教育實務工作者必須首先透過行動，才能有效地運用實務策略解決問題。不斷地作記錄與保持登錄，是所有的行動研究之主要活動，因此，必須保持每天作筆記的習慣，利用日記與行動日誌可以記錄下深思熟慮、軼事資料、行程記錄資料、個人觀點、事實、觀念澄清以及概念分析等寶貴資料。但是，寫作是作為未來的理論化或回溯性地理解事件與特定事項的主要憑藉工具。因此，教育行動研究是一種行以求知的方法，從經驗中獲得知識，從經驗中學習的方法。

五、反省實務：教育行動研究者必須是反省的實務工作者

通常從事教育行動研究的人員會事前設定期望與理想，但是真正進行教育行動研究之後很快就發現實際與理想的差異，因此，可能必須改變原先的觀念或想法。實際上，教育行動研究也是從不斷的行動與反省修正中，逐步獲得預期的成果（McNiff, 1995; Winter, 1995）。

教育行動研究是一種反省的社會實務，因此，在教育行動研究過程當中，並無「研究的歷程」與「被研究的社會實務歷程」之區

分。如果教育實務工作者將其實務工作視爲被研究的對象，則研究工作與實務工作兩者之間是一體的兩面，根本就是相同的一件事，皆是「反省的實務工作者」的分內角色工作（Schon, 1983）。

反省思考是教育行動研究的重要核心，因爲，教育行動研究者必須持續不斷地進行判斷，例如：「此一課程單元運作地不夠順遂」。但是教育行動研究的判斷，必須是反省地判斷，如此方能分析「作判斷」（making judgements）的歷程。但是，實務工作者如何透過適當的途徑方法瞭解其所做的判斷是正確的呢？因此，反省，是一種重要的教育行動研究歷程原理（Winter, 1989）。教育實務工作者在「作判斷」的過程當中，涉及許多聽衆的公共語言的使用，不是私人語言的使用，因此，陳述是可以接受許多不同的詮釋。而反省的陳述，通常是可以改變修正的。因此，教育實務工作者，必須習慣於批判自我的反省陳述，如此，才能增進教育實務工作者反省陳述的效度。

六、循環歷程：教育行動研究必須是系統的歷程，甚至是循環的歷程

教育行動研究是教育實務行動與反省的不斷對話討論歷程。教育行動研究是以繼續不斷的討論對話爲依據，因此，維持教育實務行動與反省的繼續討論程序，是相當重要的。因此利用行動研究計畫或更嚴謹而精確的歷程步驟，便是可用來達到繼續維持討論對話的程序方法，旨在避免討論的零散混亂與破碎殘缺不全，可以確保繼續進行對話討論的歷程。

教育行動研究，是一種需要經過系統規劃設計的循環計畫。教育行動研究並不是任意隨興的嘗試問題解決。教育行動研究包括指出確定問題，進行規劃，採取行動，研究所進行的行動，並進行評鑑，而且批判的反省，可以導致更進一步的討論對話規劃。在教育行動研究

的過程當中，細心謹慎，特別受到重視與肯定。因此，大多數的理論家，皆建構出循環式的教育行動研究歷程模式，而課程更是一種反省的教育實務歷程，而不只是一種產品結果（McKernan, 1991, 162）。

七、團體依據：教育行動研究通常是以團體為依據基礎的協同合作

　　教育行動研究者置身所在的實務工作情境，是一個到處都可以充滿學習機會的地方。教育行動研究可以協助實務工作者，經由對教育實務工作的探究，而創造知識，發現新的事實與概念。而且教育實務工作團體可以從其集體的共同經驗當中，獲得學習並進而藉此創造知識。

　　因為行動研究的工程浩大，所以行動研究常常是由許多人合作去從事的。因為一個個別實務工作者的能力、時間都有限，如能與其他實務工作者一起研究，會比較省事。所以行動研究中的每個人都是親身參與的（黃政傑，1999，352）。因此，行動研究是團體互動的，因為是整個團體的研究，所以就可以發揮團隊的力量，促使團體中的每個成員去改變自己。例如：行動研究可能包括學生、家長、督學、政府官員、地方社區教育人員，因此長期的行動研究往往需要許多人共同合作，以維持進行研究的動力。也有一些行動研究主要是由個人進行的，但是通常這種獨立作業的實務工作者通常也需要外來的諮詢資源，不過這些外來諮詢者的角色只是提供支持協助，而不對實際進行的行動研究負起責任或掌握研究的方向（夏林清與中華民國基層教師協會，1997，8）。

　　教育行動研究方案通常牽涉到成群的個體，例如：學校團體或一群教育實務工作者的團體。教育實務工作者的工作，通常與其工作環境當中的其他人員關係密切而相互影響。因此，當問題發生時，例如需要建立一套共同的學習評量形式，則學校同仁之間便遭到一個

共同的問題與理想目標，進而導致一個共同的團體信念，亦即需要更深入去瞭解問題，並且採取行動，以改進目前的實務工作情境。但是，一個單一個別的實務工作者也可能單獨地進行行動研究，例如：一位希望能改進其班級實務工作效能的小學級任教師或國民中學的科任教師。然而，此種觀點引發各種不同的歧見，因為「批判的行動研究者」則否定由個人單獨進行的探究，認為這種類型並不是典型行動研究，因為「批判的行動研究者」主張所有的行動研究，毫無例外的皆是以團體探究為依據的（Carr & Kemmis, 1986）。特別是在美國，協同合作的行動研究是相當地普遍應用實施（Oja & Smulyan, 1989），甚至被當成是典型的行動研究。

八、結果分享：教育行動研究的結果，必須和有利害關係的參與者社群分享

　　教育行動研究，不是採取單一觀點角度的研究。既然教育行動研究的研究，若能被稱為研究，應該是經得起公眾的審查與批判。如果參與研究者能有適當管道將其行動與結果，向特定問題的利害相關人員或教育實務的研究社群說明，將有助於教育問題解決的進行。如此，則最後將能增加不同的觀察角度，而且研究報告也將能採用不同參與者的不同觀點。

九、心胸開闊：教育行動研究者需要具有不預設立場的開闊心胸與恢弘氣度

　　教育行動研究的目的之一，是從教育實務情境當中進行學習，因此，採取探索的與心胸開闊、氣度恢弘的立場是必要的，而且包容力及幽默感是進行教育行動研究所需要的特質。教育行動研究過程中，有必要確保不同的價值與觀點，皆能獲得尊重。特別是，必須允許更多的討論空間，以呈現未被注意到的觀點，甚至，接納威脅挑戰

研究方案既有共識的觀點。

　　因為，教育行動研究的主要目的，是從實際工作情境當中進行學習，行以求知，因此，採取探索的立場與開放的心胸是必要的。雖然理論不一定是由一項探究過程當中浮現，但是為了促使教育行動研究者的理解之發展增進，為了進行教育行動研究，一開始必須避免以理論宰制引導行動的進行。因此，教育行動研究者可以提出解決問題的研究假設與行動策略，但不是以中型或巨型理論作為教育行動研究的開端，教育行動研究是偏於一種落地生根的理論或紮根理論（grounded theory）（Strauss & Corbin, 1990）。教育行動發生在理論成形之前，進行實際行動之後，才開始逐漸建構形成中的理論，換言之，理論通常是植基於社會實務工作的行動（McKernan, 1996）。而且教育行動研究所建構的教育理論是植基於教育實務工作的理想之實踐（O'Hanlon, 1996）。

十、積極革新：教育行動研究者必須具有承擔革新風險的積極進取冒險精神

　　就承擔風險而言，教育行動研究者透過行動研究探究自己的能力，並且承擔失敗的風險。但是，卻可以從暫時的失敗當中，記取教訓，獲得長遠的進步。身為一位教育專業的實務工作者，如果發現自己置身於「挫折」甚或「失敗」的情境當中，特別是當「失敗」是一種與人共同合作而導致眾人皆知的「失敗」，可能對自己的專業信心造成相當的威脅。然而，教育行動研究者可以從暫時阻撓的「挫折」或「失敗」情境當中，獲得因應「挫折」或「失敗」的寶貴教訓。因為「失敗」是成功之母，教育行動研究者更可以從「失敗」中獲取教訓，獲得更多的成長與進步經驗，並且可以進一步學習不同探究途徑的方法策略與步驟（O'Hanlon, 1996）。

　　教育行動研究者透過教育行動研究，一方面努力解決教育實際問

題，特別是當教育行動研究者可能發現自己置身於一個不健全的體制內或不夠友善的教育工作環境體制當中。例如：採用新的教學方法，會給其他工作同仁必須用新方法的壓力，卻導致其他人的眼紅忌妒或反彈抗拒，而使其變得不受同事歡迎。又如要移動教室桌椅與重新排列組合座位，以進行學生分組討論，然而，團體討論所產生的噪音與笑鬧聲，卻導致隔壁班教師的批評；或是，進行資源使用調查時，會挖掘出他人不願公開的資料，可能導致既得利益者的阻撓，將會不擇手段阻止其進一步調查與研究，或破壞進一步的探究。是以進行教育行動研究必須謹記的忠告是：有些教育實務工作者可能相當害怕改變，不管行動研究是如何地實際可行，總是難免會有反對聲浪甚至抗拒抵制，因此，教育實務工作者，若想進行教育行動研究，需要具有十足勇氣進行溝通協調，承擔進行教育行動研究推動教育革新的可能風險，以因應各種可能的障礙與抗拒。

PART 2

第貳篇　教育行動研究的歷程與程序

CHAPTER 6

關注分析教育行動研究問題

登高必自卑，行遠必自邇。

　　教育行動研究的「第一個主要歷程階段」，首先乃是要從教育實務工作當中發現所面臨的實際問題，關注分析與確定所遭遇的問題領域，而且對問題範圍的界定要適當，不宜太大，必須將問題的焦點具體化。教育行動研究者就如同登山健行者一般，必須登高必自卑，行遠必自邇，方能針對問題，界定問題領域範圍，確定問題焦點。換言之，行動研究歷程首重情境分析，以定義問題並進行需求評估。本章關注分析教育行動研究問題分為兩節，第一節是教育行動研究的問題確認（problem identification），第二節是教育行動研究的問題分析（problem analysis）。茲就教育行動研究的關注分析問題的主要歷程與相關理念列表如6.1說明如次：

✎ 表6.1　教育行動研究的主要歷程一：教育行動研究的關注分析問題與相關理念

關注問題與確定主題焦點	行動的基本理念	成功的問題規準
教育行動研究旨在指出教育實務工作者所關注的教育實務工作問題領域，以及如何加以改進教育實務工作情境的現況。	解釋您所關注的教育問題領域之專業價值相關性與重要性，特別是否能有助於您個人對專業工作的參與投入與提升專業熱忱。	指出您所要解決的教育問題領域，如課程領域，並詳細地解釋您所進行教育行動研究的情境與脈絡。
將關注的問題領域轉換成為一個研究主題焦點，例如「如何改進我的國語課程教材選擇？」	您所提出問題焦點的基本理念將會展露您個人價值觀與專業價值觀，可能包括對相關政策的衝突觀。	展露所要解決的教育領域問題之主題焦點，如國語課程教材選擇。
一方面尋求問題的解答，同時也要思考如何探究此問題的專業價值與意義。	對所要研究的教育問題，不僅要知其然，也要設法知其所以然。	指出說明基本理念與專業價值，如改進課程選擇或改善遴選教科書的方法。

第一節　教育行動研究的問題確認

就學生而言，學生往往可以根據教科書的內容或教師的指導建議，找出所要研究的問題，而且，教科書或教師，甚至可能會提供解答問題的方法資料或答案。然而，就教育實務工作者進行教育行動研究的一大困難與挑戰而言，便是許多教育實務工作者往往對已經存在的問題習焉而不察，往往未能理解到實務工作情境當中所存在的問題。因此，往往有人認為找出問題所在，甚至比解決問題更為困難。

教育行動研究歷程的第一個主要歷程階段，是指出所關注的教育

實務問題，而且對問題範圍的界定要適當，不宜太大，必須將問題的焦點具體化。這是教育行動研究歷程當中非常重要的一個程序步驟。除非所要研究的實務問題，是教育實務工作者所面對並關注的問題，否則將不易確定所要研究的教育問題焦點，不利於教育行動研究的進展。但是，確定所要研究的教育問題，不只是陳述問題而已，因為教育實務工作者所陳述的問題，可能不是其真正關注的實際教育問題，教育實務工作者也可能並沒有掌握到其所關注問題的全貌，而且教育實務工作者可能無法將其所關注的問題與置身的情境，加以清楚而明確的陳述，更何況教育實務工作者也可能並未能針對問題的原因，提出適切的診斷假設，無法找出適切的問題解決途徑。因此，確認所要研究問題的一項重要任務，便是猶如登高必自卑，行遠必自邇，去找出問題的核心關鍵，並開始將問題困難之處的原因，視為進行探究的焦點。換言之，教育實務工作者若要進行教育行動研究，有必要先去確定所陳述問題的焦點與診斷所要研究問題的原因（McNiff, Lomax, & Whitehead, 1996, 117）。

　　例如：您身為一位國中英語教師，想要協助學生進行實際生活情境模擬的英語對話練習，藉以增進國中生的英語會話溝通表達能力。但是，在目前高中聯考升學壓力之下，您仍然面臨必須重視英語教科書內容的講解，甚至要求學生記憶背誦英語課文要點等傳統教學問題之要求。因此，下列的問題有助於您釐清行動研究的重點，特別是開始進行之際，有必要指出您的教育價值理想在實際工作情境中，所遭遇的困難與所產生的問題。茲就教育行動研究的問題確認的主要階段項目，確認和釐清「一般的觀念想法」、發現問題與界定問題領域等要點說明如下。

一、確認和釐清「一般的觀念想法」

確認和釐清「一般的觀念想法」（identifying and clarifying the

general idea）是相當重要的問題確認的重要步驟。「一般的觀念想法」本質上是一種陳述，敘述「觀念想法」與「行動」之間的連結。換言之，「一般的觀念想法」，是指教育行動者所想要改變的事項或企圖改善的情境之陳述。例如：學生不滿意他們被評量的方法，則教師如何改善學生評量的方法呢？又如，學生在上課時浪費許多學習時間，則教師如何增加學生用在「學習任務」上的時間呢？又如，父母強烈地渴望要幫忙學校監督學生的家庭作業，則學校教師如何使家長的參與更加有效用呢？然而，甘美思等人警告教育實務工作者應該避免「那些您沒有辦法有所作為的問題訴求」（Kemmis & McTaggart, 1982）。例如：「家長社會經濟地位和學生學業成就之間的關係，或家長社經地位與班級學生課堂上發問能力間的關係」，這些問題或許是有趣的，但教師身為一位教育實務工作者本身不易改變學生家長的社經地位，而且這不一定是教師能力範圍所及的。因此，教師能作出的教育行動研究貢獻也是相當有限的。

雖然某些「一般的觀念想法」並不容易被連結到一個具體的「行動」時，應該避免，即使在理論上是有趣的。然而，往往與教育行動有關聯的事件敘述，卻無法明確地指出與這事件範圍有關的改進之道。譬如，假如學生不滿意被評量的方法，這顯然與一位教師是否能幫助學生改進學習的能力有關。但是，教師可能覺得此種盛行的評量學生的模式，是個別教師所無法改變的。雖然如此，仍然值得教師在一段時間內，先不預作價值判斷，而先進行研究，以探究是否可以採行某些行動，以改善其工作情境的不良效應與限制。

選擇一個「一般的觀念想法」的重要標準，是指這種想法在特定的工作情境當中具有三項特色，第一項特色是此種「一般的觀念想法」會衝擊教育實務工作者的行動領域，第二項特色是此種「一般的觀念想法」是教育實務工作者想要改變或改善的。第三項特色是這項想法是教育實務工作者有能力針對問題範圍加以改變或改善的「一

般的觀念想法」，這是一個教育行動研究者所應考慮與重視的問題
（Elliott, 1991, 72）。

二、發現問題

一般而言，研究問題的來源，可能是研究者本身的興趣與經驗，
特定領域實務工作情境的實際問題，也可能衍生自理論的啓發、學者
專家的建議、相關文獻之後的構想，也可能複製或修正以往研究過的
相關問題、或進行相反研究結果的探究。

教育實務工作者如何開始進行教育行動研究？事實上，教育行動
研究往往起源於教育實務工作情境當中所發生的實際教育問題，而不
是去迎合或追求流行的理論或學術口號（夏林清與中華民國基層教
師協會，1997；Altrichter, Posch, & Somekh, 1993）。換言之，教育
的改善，往往始於對現況的實務工作情境不滿。特別是教育行動研究
就是要不斷地進行行動，要從行動之中發現問題，指出所關注的教育
問題，研究問題，並且解決問題。教育行動研究的問題，通常就是教
育實際工作所遭遇到的問題。而且，教育行動研究者在改進教育實務
的同時，並可以建立教育實務工作情境當中實際有用的教育實務知
識。

就發現問題而言，如何尋求教育行動研究的起點與進行價值陳
述，是教育行動研究者在此階段的重要任務，茲說明如次。

（一）如何尋求教育行動研究的起點

教育行動研究經常是從一個疑問之處開始，也就是教育實務工作
者發現了實務工作情境當中有些問題不對勁或發生令人不滿意的困
擾，因此希望透過實際行動處理並解決這些問題與困擾，然而教育行
動研究的目的不只是要改善教育實務工作，並且要透過問題解決的歷
程，增進教育實務工作者自己對教育實務工作的深層理解（Altrich-
ter, Posch, & Somekh, 1993）。因此，教育實務工作者首先應該先決

定哪一項教育實務工作需要有所改善,亦即,要先決定教育行動研究問題的領域範圍。教育實務工作者應該先針對自己的實務工作情境進行探究,在實務工作情境領域做了先前探究之後,進一步地,教育行動研究者要確定研究問題,再將研究問題轉化成為解決問題的具體行動方案,才能找尋相關事實資料,進而實施監控與反省評鑑此一教育行動研究方案的成果。

如何確定研究問題?教育實務工作者究竟應該如何確定改善教育實務當中的哪一領域方面呢?有一個方法是由教育實務工作者自己找出一些「生活當中的矛盾體」(living contradictions)(McNiff, Lomax, & Whitehead, 1996, 48),也就是去認識教育實務工作者本身的行動、信仰、價值觀之間存在著不一致的現象,並且去感受那種因矛盾而產生的不舒服。如果教育實務工作者發現自己的價值觀念並未能完全在教育實務工作當中獲得落實,這對教育實務工作者去從事行動研究,將是一大誘因。舉例來說,教師可能對自身的教學實務現況存有疑問,但是,教師必須詢問自己,班上發生了什麼事?可能的原因為何?教師必須指出為什麼對於現有狀況不滿?想要改變什麼?如何觀察與評估改變後的反應?如何改變教學來適應其研究發現呢?這些都是教師在進行教育行動研究上重要的問題。因此,下列六個關鍵性的問題,有助於教育實務工作者探究本身面臨的實務工作問題,進而發現行動研究問題,作為教育行動研究的起點(McNiff, 1995, 57)。茲分述如次:

1. 您身為一位教育實務工作者,您所關注的問題是什麼?此一問題具有何種性質?此一問題的產生背景是什麼?

2. 您為何會對此問題產生興趣,此一問題具有何種重要性?

3. 您對於此一問題能做些什麼貢獻,其可行性與預期目標是什麼?

4. 您能蒐集到什麼樣證據資料來幫助您瞭解或判斷此一問題?

5. 要如何蒐集這些證據資料？

6. 如何能確認您對此一問題的判斷是正確的？

但是，要求教育實務工作者去察覺自己實務工作情境當中一些「生活當中的矛盾體」並不容易，因爲教育實務工作者可能對自己的問題習焉而不察，或用各種藉口與防衛措施，來迴避這個問題存在的事實。因此，教育實務工作者有必要進行價值陳述，以便進而確定問題的領域，繼而繼續進行教育行動研究。

（二）價值陳述

教育行動研究可以引導教育實務工作者進行價值陳述，鼓勵教育行動研究者檢視潛藏於教育實務工作當中的價值假設。因此，教育行動研究者確定所要探究的問題之後，必須說明爲何關注此一問題，說明此一問題究竟是起源於對現況不滿、或某種特定的興趣或困難（夏林清與中華民國基層教師協會，1997，197；Altrichter, Posch, & Somekh, 1993），或是此一問題情境曖昧不明。

1. 價值陳述的檢核項目

就價值陳述的檢核項目而言，您身爲一位教育實務工作者，必須不斷反省檢討自己的教育實務工作是否與自己本身所持的教育專業價值一致（McNiff, Lomax, & Whitehead, 1996, 59），因此，教育實務工作者必須陳述自己所持的教育專業價值，而且下列各項值得參考：

(1) 教育實務工作者身爲教育專業人士，必須確認自己所持的教育專業價值觀，是否在實務工作問題情境中被否定了？

(2) 您本身身爲一位教育實務工作者，您本身是否構想出在何種情況下您會喜歡何種實務工作情境，而此種實務工作情境也符合您的價值觀？

(3) 您身爲一位教育實務工作者，是否曾檢討過您對實務工作問題情境的知覺？您對實務工作情境所作所爲是否是正當的？

是否合情合理合法？

(4) 您身為一位教育實務工作者，是否將您的價值觀加以陳述轉
換成為書面記錄，作為未來參考之用？

(5) 是否還有其他事情沒考慮到嗎？

2. 價值陳述的小秘訣

就價值陳述的小秘訣而言，教育實務工作者必須注意下列問題。
特別是您應該想一想，您身為一位教育實務工作者，為什麼您選擇這
個特定的實務工作問題領域作為研究領域？您的專業價值是什麼？換
言之，是由哪些因素驅使您去進行目前的實務工作？您進行教育行動
研究的內在動力與內在目的是什麼？您是否朝著您所希望的方式與目
的方向進行工作？您達成什麼程度水準？您需要進行什麼改變，以改
善您的實務工作情境（McNiff, Lomax, & Whitehead, 1996, 59）？

3. 價值陳述的具體任務

就價值陳述的具體任務而言，教育實務工作者也要注意著手進行
下列事項（McNiff, Lomax, & Whitehead, 1996, 59）：

(1) 您身為一位教育實務工作者，您應該將您自己所持的專業價
值寫成書面文字的陳述，例如：您可以利用「個人的使命任
務」等語句來陳述您的專業價值。

(2) 簡單地描述您的實務工作情境，並且說出您的實務工作和您
的專業價值是否相符一致。

(3) 說一說，為什麼您覺得您對這個特定實務工作領域的干預介
入是正當的？您對此一領域的介入是否合情合理合法？假如
可能，也請您指出是否已經和別人一起討論您的此種價值知
覺，而且此種價值知覺是否也已經得到其他人的印證。換言
之，您不只是進行干預介入而已，而且還有合情合理合法的
基礎進行實務工作的干預介入。

(4) 具體而言，請您說明您所進行的研究之重要性與價值，並請

您具體指出您進行教育行動研究的內在動力與內在目的是什麼。

總之，在教育行動研究的確定研究問題的過程當中，很重要的是，一方面必須首先說明教育實務工作者置身所在的情境脈絡，進而指出本身的價值信念，另一方面，也必須確認教育實務工作者所關心的問題領域。此二方面，都必須加以仔細考慮，以便進行下一步驟的問題分析與問題焦點加以確認（McNiff, Lomax, & Whitehead, 1996, 52）。

★ 三、界定問題領域（您能力範圍可以解決的問題）

教育行動研究所關心的是教育實務工作者所經驗的人類行動與社會情境。就教育行動研究所要處理的問題而言，具有三個特性，第一項是起源於教育實務工作者對某項實務工作的不滿意，亦即就某方面的問題而言，是不能被教育實務工作者本身所接受的；第二是權變性，亦即，此一問題可以因情境不同而改變；第三是規範性，亦即，教育實務工作者應該對此一問題有所實際回應，透過行動加以改進，如此才能合乎教育實務工作者的專業信念與價值（Elliott, 1992, 121）。教育行動研究關心教育實務工作者日常教育生活所經驗的「實務問題」，而非某一學科領域的純理論研究者所界定的「理論問題」。然而，教育行動研究可以由教育實務工作者本身來發掘問題，也可以委請他人的協助來進行問題的發覺與診斷。但是就教育行動研究的問題性質而言，教育行動研究所要處理的問題性質，應該是教育實務工作者能力範圍所能解決的問題。

（一）進行情境分析

教育行動研究者必須進行教育問題的情境分析，以定義問題並進行需求評估（Kemmis & McTaggart, 1982）。換言之，教育行動研究者要確定所探究的教育問題，指出所要探究問題的範圍，並且嘗試

診斷其產生問題的原因（Altrichter, Posch, & Somekh, 1993）。事實上，這也是所謂「偵察與發現事實真相」（reconnaissance），偵察與發現事實真相這項活動，旨在指出所要探究問題的實際情境。教育行動研究者需要盡可能地描述所要改變或改善的情境的本質，譬如，因此，下列問題的提出，將有助於教育實務工作者進行情境分析，仔細考慮自己所實際面對問題的重要性與價值性。

1. 在教育實務工作者的實務工作情境當中，現在發生什麼問題？涉及了哪些人、事、物、時間、地點、對象？
2. 我本身身為一位教育實務工作者，我對此一問題所持的觀點是什麼？
3. 此一問題有何重要性？
4. 對於此問題，我要作什麼？我能作什麼貢獻？
5. 我所要研究的範圍是什麼？
6. 我的立場有何限制？

通常教育行動研究者有必要描述問題情境背景？說明所關注問題的性質與背景，例如學校所在地區特色、學校性質、年級、班級屬性、科目、學生性別等情境背景因素。進而說明問題的領域？如學校行政、課程教材、資源媒體、教學方法、學習活動等。並具體指出問題的焦點？例如：您身為一位國中英語教師，想要提升國中一年級學生的英語會話的學習動機與溝通表達能力。您身為一位教育實務工作者必須說明您為什麼關心此問題？此問題有何重要性？您也必須嘗試說明您對於上述問題您能作些什麼革新？並說明您預期達成的目標。換言之，教育行動研究者在進行行動研究之初，應該確定所要研究的問題領域與焦點，並分條陳述說明其意圖目的（Taba & Noel, 1992），舉例而言，教育實務工作者所要探究的問題是「學生在課堂上浪費太多時間」，則教育行動研究者必須要先行探究下列的相關事項：

1. 哪些學生最會浪費時間呢？

2. 當學生浪費時間時，學生在做什麼呢？

3. 學生浪費的時間，都是在做類似或者是不同的事情？

4. 學生浪費時間後，會接著做些什麼事情呢？

5. 當學生沒有浪費時間時，正在做什麼呢？

6. 在課堂中是否有某一個特別的時點，或一天中的某個時刻或某些主題，學生最會浪費時間？

7. 「浪費時間」會以哪些不同形式呈現出來呢？

這些事項可以幫助釐清問題的本質。這些情報訊息的蒐集，能協助確定問題的本質。例如：產生對不同種類「浪費時間」的分類的項目，可以引導行動研究者對最初的觀念想法之理解，產生重要的變化。例如：也就是有可原本認為是「浪費時間」的事情，後來卻發現並不是，而那些原本以為不是「浪費時間」的事情，卻變成了「浪費時間」的事情。如果已經蒐集和描述了相關事實，則教育行動研究者需要進一步地加以解釋（Altrichter, Posch, & Somekh, 1993）。事實情境是如何發生的呢？是否有相關的偶發事件或者關鍵的因素？哪些因素對所描述的事實具有影響作用呢？教育行動研究者在提出這些問題時，必須掌握對情境的描述。

（二）確定所要研究的問題領域

確認所要研究的問題，除了可以作為教育行動研究的起點之外，確認問題也可以協助實務工作者進行問題診斷，例如：診斷教師的技能、知覺水準、對學生的態度、對教學的態度，特別是診斷其接受觀念變革與方法的變革之能力，可以作為推動教育變革的依據。因此，教育行動研究者有必要確定教育行動研究所要探究的問題是屬於哪一個實務面向領域的問題（McNiff, Lomax, & Whitehead, 1996, 52）？下述找出行動研究問題領域的檢核項目、找出行動研究問題領域的小秘訣、與找出行動研究問題領域的具體任務，將有助於教育

行動研究者確定所要研究的問題領域，茲分述如次。

1.找出行動研究問題領域的檢核項目

就找出行動研究問題領域的檢核項目而言，教育實務工作者必須注意下列事項（McNiff, Lomax, & Whitehead, 1996, 52）：

(1) 已確認出所要研究的領域範圍了嗎？

(2) 已找出所要研究的領域範圍和教育實務工作之間的關聯嗎？

(3) 已把研究領域範圍縮小、集中焦點，並使其易於管理掌握嗎？

(4) 是否有合理的信心，自己有能力改善自己的實務工作嗎？

(5) 確信有合理的信心，有能力改善自己置身所在的實務工作情境嗎？

(6) 是否沒考慮到其他事情嗎？

2.找出行動研究問題領域的小秘訣

就找出行動研究問題領域的小秘訣而言，應將「我身為教育實務工作者，將要如何能夠改善自己的教育實務工作……」作為教育行動研究的起點，並且朝向解決此一問題的目標方向邁進。假如一開始您不能就上述問題作出精確而且有系統地說明，不要太過於擔心，因為這個問題經常在著手進行計畫之後，會逐漸變得越來越明朗。研究者一般都是先對所要調查研究的問題持有一個直覺的觀念，然後透過行動與反省的研究過程，逐步開展這個觀念，使其逐漸精鍊成為嶄新的見解。有時候，這個步驟過程，可能需要耗費很多時間，並且可能會有一個或許多個新問題跟著浮現出來（McNiff, Lomax, & Whitehead, 1996, 52）。

3.找出行動研究問題領域的具體任務

就找出行動研究問題領域的具體任務而言，教育實務工作者可以在自己的工作檔案中，寫下：我希望進行研究的領域。並以「我身為一位教育實務工作者應該如何能夠改善……」等字眼，呈現所要進行

教育行動研究的焦點。同時，說明它與您的教育實務工作之間的關聯，並對問題情境的來龍去脈，作一個簡單扼要的描述，說明您多麼地希望看到這個行動研究結果，能夠對您的實務工作情境帶來一些改善（McNiff, Lomax, & Whitehead, 1996, 52）。

　　教育行動研究者所要研究的問題必須符合三種規準，才能協助教育實務工作者獲得進行研究的成功起點。首先，對教育實務工作者本身而言，所要研究的問題必須是個重要的問題，而且也是教育實務工作上的重要問題。第二，研究的問題必須是實務工作者能力範圍所及的問題。對於教育實務工作者而言，如果研究的問題本身不是激發教育實務工作者進行研究的主要動力，則教育實務工作者將缺乏足夠動機，進行該項行動研究，而且如果教育實務工作者無法從問題研究過程當中獲得立即的結果，則教育實務工作者將缺乏進行研究的強而有力之誘因動力。甚至，如果該問題需要複雜研究技術的複雜處理，恐將超出了一般教育實務工作者的解決問題能力範圍。第三、研究問題的陳述，必須要能顯示出問題的基本領域面向，如此，才能依據這些基本而重要的面向，透過教育行動研究的規劃設計，研擬可能的問題解決途徑與策略，而不只是流於表面現象的說明。

　　總而言之，當然最重要的就是應該先確定所要關注的問題，以及所要進行研究的問題領域範圍。上述這些問題的答案，可以協助教育實務工作者評估問題的實際性，進而確定所要研究的問題焦點，並據此研擬一個具有可行性的行動研究計畫方案。

第二節　　教育行動研究的問題分析

　　關注分析教育行動研究問題的第二階段，是分析和診斷一個須改善或需要解決的實務問題。換言之，亦即對所要探究的問題進行初步

分析，並且確定問題的焦點，進而診斷問題的原因。教育實務工作者
可能需要與外來的學者專家進行對話溝通，以理解教育實務工作者本
身的實際工作情境及其條件限制，並進行確認所要研究問題的焦點與
診斷問題原因的雙重任務。

　　具體而言，就教育行動研究的問題分析而言，應該注意教育實務
工作者分析所關注問題的必要性、教育實務工作者分析問題可能遭遇
困難、必要時透過外來的學者專家的諮詢顧問功能協助進行分析問
題、確定問題的焦點等要項。茲分述如次。

一、教育實務工作者分析所關注問題的必要性

　　問題分析的步驟，需要花費許多時間與細心處理，如果教育實務
工作者想要避免研究不重要的問題，或避免設計出只是一時急就章的
應急之計，則教育實務工作者必須採取慎重深思熟慮的行動，否則不
能免除問題分析的步驟，也不能抄捷徑縮短步驟。

　　通常教育實務工作者只是純粹描述問題困難之處，而未能描述真
實的問題所在，也未能說明困難的原因。通常其問題陳述只有指出其
所關注問題的領域，而未能指出該領域的內在難題之處，更未能論及
問題產生的原因與形成因素（Altrichter, Posch, & Somekh, 1993）。
例如：教師可能指出「我的學生未能瞭解課文內容」、「我管不動
這群學生」、「我的學生反應遲鈍」、「我的學生家長不參加親師座
談」。上述這些問題陳述，未能顯示實際問題層面的任何線索。在這
些個案當中，問題分析的任務，旨在更深入地探究，以便找出這些現
象的影響因素，以便進而提出其因果關係的建議。進行問題分析，可
以進一步澄清難題的本質，而且平時所蒐集準備的資料，也可以提供
作為進行必要分析的寶貴資料。

　　教育實務工作者在進行教育行動研究時，必須透過教育問題分
析，指出教育問題的重要層面，並適切地找出其問題的焦點。此一

步驟在教育行動研究的歷程當中，非常重要，因為接下來的教育行動研究品質，有賴於此步驟，因為如果未能適切地發展出此問題的焦點及其所涉及的重要內容，則往往只是將「老問題」的「新發現」而已，無法找出問題的焦點所在，則教育行動研究設計與方案規劃未能獲得嶄新的觀點。教育實務工作者從所關注問題的陳述當中所獲得所要解決問題的途徑策略，也可能只是一種過去的刻板印象或偏見，未能深入問題深層。因此，研究問題關注焦距的逐漸調整歷程，可以協助教育實務工作者獲得對問題的新見解與新洞察（Altrichter, Posch, & Somekh, 1993）。

二、教育實務工作者分析問題可能遭遇困難

問題分析包括了許多類型的活動，這些不同類型的活動，端視所陳述問題的困難程度而定。例如：教育實務工作者所指出問題困難之處的原因，可能與教育實務工作者的價值觀有關，或是對問題的界定不適當，甚至需要教育實務工作者改變其原先對問題先入為主的觀點與信念。

（一）不同的價值立場

值得注意的是不同的教育實務工作者會以不同的價值立場關注其問題。例如：有的教育實務工作者比較害羞、沒有安全感，總是以畏懼害怕的立場接受新的觀點；另外，有些教育實務工作者，則是害怕被分析與遭受質疑而倍受威脅恐懼。因此，必須採取謹慎細心與和緩的步驟，避免唐突而具威脅的變革，才能協助教育實務工作者發現並分析其問題。其他的教育實務工作者則可能對其問題，產生錯誤的看法，對這些教育實務工作者而言，則有必要協助其發展出對問題的更敏銳的觀點，而且要協助其改變原來的觀點，特別是打破其現存的刻板印象與錯誤觀念。因此，如果教育實務工作者不瞭解問題之所在，則有必要獲得協助，以發現並分析問題。換言之，教育行動研

究必須顧及教育實務工作者的個別價值差異，並發展適當的途徑策略，以協助每一位教育實務工作者分析其所關注的問題（Altrichter, Posch, & Somekh, 1993）。

問題分析的歷程是相當複雜，因為教育實務工作者必須在知覺到許多問題之後，繼續進行問題的分析與推理。通常教師、學科主任、學年主任、教務主任、校長甚或督學，常常對某種教材、教法或設備有著強烈的情感，似乎某種方法要比其他方法好用。例如：有的認為以編年史由遠而近的方式組織歷史內容，會比主題中心或焦點觀念的方式好。又如，透過能力分班與常態分班的方式教導閱讀之爭論，極力鼓吹透過能力分組方式教導閱讀者，通常傾向於假定有一種最佳的教導閱讀方式，如果有此種教導閱讀的預定假設，則能力分組似乎對他們而言，就理所當然是一種最佳的解決問題途徑。然而，當教育實務工作者假定閱讀是一種多重歷程，亦即，學生的現有意義情感、情緒將會控制學生的學習歷程與結果，而且學習也將對學生個體造成情緒影響，如此，則學生學習經驗、團體動機、以及對異質經驗能力的需求，就成為一種影響學生學習的非常明顯之可能性。但是，當教育實務工作者採用單一方式的閱讀教學，則這些可能性都不太可能發生了。

通常教育實務工作者會對某一套課程有一種強烈情感。然而，就一般課程領域而言，嚴謹的科學思考傳統並未完全建立，課程的選擇，往往是植基於教育實務工作者的信念與情感，而不是可以經由學習結果或達成目標效果而加以檢證。似乎在廣泛的閱讀課程領域當中，教育實務工作者往往不易辨別什麼是基本而重要的課程內容？什麼是一般的課程內容？什麼是資優的課程內容？而且也並未精緻地加以發展建構課程的程序步驟，以適用於不同能力水準的學習對象。由於教育實務工作者往往有一種傾向，企圖將某種工具設施加以理想化為無所不能，而不會受到其脈絡情境的影響，因此，也難怪教育實務

工作者往往發現很難利用科學方法去探究閱讀課程問題，特別是去探究那些與其先前假定信念互相衝突之各種可能性。

特別是要求教師改變其先前假定信念，難免讓教師的安全感受到威脅，特別是由於傳統上一般人往往將教師視為無所不知，擁有解答問題的標準答案，亦即教師是解答者，而不是探究者的角色。而且如果學校組織氣氛非常權威，則對教學問題的產生質疑態度，將是一件十分嚴重的情事，難免讓校長或同事懷疑教師的教學專業能力。在此種情境之下，問題分析將是一種格外困難和緩慢的歷程，因為教育行動研究問題分析的歷程，具有雙重任務，一方面不僅要指引釐清問題，將問題引導至更重要的焦點，同時另一方面要提供診斷壓力與限制的經驗，作為改變教育實務工作者情感與信念之方法手段。如此方能同時分析問題本質並滿足實務工作者的動機需求，引導後續的行動研究步驟。

（二）問題的界定不當

問題分析必須去處理許多困難之處，通常教育實務工作者所關心的是錯綜複雜泛泛之論的一般概化問題，缺乏明確的問題焦點，當發生此種困難，則研究問題就變得不易管理掌控。譬如，在一所小學願意進行學校本位課程發展當中，但是某些社會科教師想要瞭解學生的學習態度，然而校內的「數學領域課程設計小組」或「數學教學研究會」卻有興趣去發展整所小學的數學課程先後順序安排，同時另外一群國語教師則想要去增進「學習緩慢」的學生之成就，這些教師將「學習緩慢」視為一個單一性質的問題。

從教育行動研究的觀點而言，上述第一個社會科的學習問題太過於模糊了，實務工作者必須先確定所要研究的學生學習態度之特定類型，如此方能據此進而設計這些學生學習態度之探究方式與行動研究途徑。上述第二個數學課程問題太過於錯綜複雜了，教育實務工作者從事此項行動研究，應該先去檢視不同年級水準的不同數學課程單

元，再去處理學習順序安排的問題。上述的第三個國語教學問題，流於泛泛之論，其對「學習緩慢」的界定太過於鬆散，只是一般化的泛論，未能明確加以界定。所有上述的這些問題，皆需要更清楚明確的問題焦點，以便據此進而發展出更豐碩的探究方式與途徑。

問題分析的另一個相對的困難之處，是當問題被界定的太過於狹隘化，甚至一開始就對解決問題途徑，持有不適切而且令人質疑的假設。尤其是當進行分析時，必須避免刻意安排特定的結果。因為教育問題未能獲得適當的解決，便是因為許多人一開始便有未經證實的假設立場，並且刻意選擇特定資料，加以證明支持其原有的立場（Elliott, 1979）。例如：以懲罰的方式來對待處理「學習緩慢」的學生，就是一個明顯令人質疑的不適切問題解決途徑。因為一開始，此一關注問題的陳述，早已預設特定的解決途徑，亦即，以懲罰做為唯一處理方式。然而，「學習遲緩」本身只是一種現象，可能導因於不同原因，例如：學校期望與學生文化之間的差異、課程無法滿足學生的需求、教學不當運用權威或懲罰控制等等方法。

如果問題的陳述，早就已經預先設定問題的解決途徑，或窄化問題現象的本質，則教育實務工作者將難以面對問題分析的複雜任務，不易發現解決問題的各種不同進路途徑。除非上述的這些困難，能夠在問題分析的歷程當中獲得處理與解決，否則解決問題的努力嘗試，將不易獲得具體的成果。教育實務工作者或許也將會開始合理地解釋為何實務工作不能如此加以處理，如此一來，剛開始以單一角度觀點來看待「學習遲緩」學生問題之教師，將會逐漸感覺到已經花費太多時間在「學習遲緩」學生身上，以致忽略了其他大多數的一般普通學生，甚至忽視了資優的學習者。是以，有些教師渴望獲得奇蹟般的技術，以便在短暫時間之內，便能迅速解決「學習遲緩」的學生問題；有些教師則覺得應將「學習遲緩」的學生安置於補救教學的特殊班級。在上述這些案例當中的問題確定與分析歷程，有必要融入

教育實務工作者與研究顧問的經驗與智慧，以擴大對問題個個角度的
觀察觀點，並且同時改變實務工作者本身的舊觀點。

三、必要時透過外來的學者專家的諮詢顧問功能協助進行分析問題

外來的研究顧問可以協助教育實務工作者進行問題的分析。因為
有些教育實務工作者所提出的問題太過於模糊，更有許多教育實務工
作者的問題陳述顯示出，其缺乏意識到問題之產生原因，未能指出問
題困難的原因所在之處；也有許多教育實務工作者的問題陳述，顯示
出缺乏意識到問題困難的根深蒂固之原因。上述的所有教育實務工作
者，皆有必要更仔細地觀察體會其問題困難所在之處，或是從不同的
觀點來處理其所關注的問題。透過與教育實務工作者的對話溝通，研
究顧問可以建議一種適切途徑蒐集更進一步的資料，進行更深入的分
析。

（一）學者專家研究顧問進行詢問以診斷實際的問題

外來的研究顧問，可以協助教育實務工作者進行初步分析。其主
要的歷程是由每一位教育實務工作者指出其關注焦點，並由外來的學
者專家研究顧問進行詢問以診斷實際的問題，以協助教育實務工作者
決定適當的研究問題之方法並協助教育實務工作者將其所陳述問題的
關注焦點與建議步驟加以連結。例如：某位教師陳述學生進行「課堂
作業」問題，會令其感到困擾，則研究顧問可以要求教師將問題背景
脈絡情境進行深入而詳細的描述，研究顧問則據此加以診斷，並進而
分析其困難的可能原因。外來的學者專家顧問可以建議教師：

1. 由學生本身來描述其進行「課堂作業」所作的事項，並由教
   師觀察學生的「課堂作業」，教師記錄學生進行一項作業所
   需的時間，因為分配給每一位學生的「課堂作業」之時間可
   能對某位學生的時間太少，但是對另一位學生而言，所分配

的時間可能太長了。

2. 觀察學生在「課堂作業」期間作什麼事，因為如果教師能協助學生作好準備，則教師將更可激發學生的學習動機。例如：建議一些可以引發學生好奇心的作業活動，思考如何增進學生能力興趣以維持某項活動之繼續進行。如此將可以協助教師瞭解各種不同的「課堂作業」活動以因應學生個別差異與個別需要。

3. 保持上述的觀察記錄以便作為下次進行諮詢會議的討論依據。

上述建議旨在獲得更進一步的資料，以瞭解「課堂作業」的困難原因。研究顧問提出此項建議時，可能心中存有為何「課堂作業」導致教學困難的原因之下述研究假設，例如：

  ・「課堂作業」的獨立作業時間，可能太長了。
  ・「課堂作業」的任務可能對學生沒有太大意義，以致學生無法專心。
  ・教師運用「課堂作業」的次數頻率過高，缺乏不同的運用方式。
  ・學生並未作好準備去進行「課堂作業」活動（Taba & Noel, 1992, 71）。

此種蒐集初步資料的指定作業包括進行小型實驗的觀察記錄，如此做的原因，是因為教師可能使用了不當的方法，教師本身所做的觀察記錄可以協助教師發現此項事實，並導致其重新思考其處理問題的方法。因此，初步的事實發現可以協助教師開展新的方法與新的觀點。事實上，這些建議也預留空間，以便教師去質疑其所使用的方法，並提供教師新的技術，以便從新的觀點處理其所關注的問題。

又如，某位學校教師抱怨，很想透過家長會向家長說明其教學理念與教學方法，但是卻很少家長來學校。因此，行動研究顧問可以向

此位教師提出下列的建議。首先請此位教師列出家長清單，將主動到學校的家長姓名加以標記，並註明其前來學校的原因。第二，列出那些被通知到校的學生家長名單，以及其被通知到校的原因。第三，研究上述兩群家長之學生，以協助教師瞭解學生行為與學生家長對學校的態度情感。第四，列出向家長請教的問題先後順序，以做好親師人際關係與溝通。

（二）注意配合事項

此一步驟透過「腦力激盪」，結合外來學者專家顧問的諮詢功能，可以進一步分析所關注的問題，進而研擬教育行動研究計畫。然而，由於許多人認為問題分析太浪費時間，特別是當教育實務工作者產生情緒與特定需求時，往往使問題複雜化，因此，往往產生壓力，想去縮短教育行動研究的問題分析步驟，或者認為問題太過複雜以致無法加以處理。是以，在此種情境下，教師、學年主任、學科主任、教務主任、校長、督學與研究顧問等人甚至可能不願意進行行動研究。因此，在進行問題分析的過程當中應該特別留意（Taba & Noel, 1992, 70）：

1. 在何種情境下，會讓教育實務工作者避免指出其所認為的重要問題？

2. 在何種情境脈絡當中，以及在何種氣氛之下，可以協助教育實務工作者進行問題的分析，並且有利於重要問題之形成？

3. 何種步驟順序，最能有效協助教育實務工作者進行問題的分析？

4. 如何設定適切的問題分析探究水準，以避免使教育實務工作者的能力負荷過重而超載，但是卻可以維護其安全感與自尊心，同時可以挑戰其值得質疑的假定，並且珍視其錯誤的概念？

5. 時間因素是什麼？教育實務工作者如何估計以多快或多慢的

速度進行問題分析？教育實務工作者在何種基準點之上應該考慮何種觀點？

6. 在引導行動研究過程當中，何種團隊組合是最佳的型態？何種最優異的組合可以同時發揮最大團隊功效並使個人能力發揮淋漓盡致？研究顧問應扮演何種角色？校長、督學、教務主任、學科主任應扮演何種角色？教師個人應扮演何種角色？

問題分析必須完成許多任務，問題分析必須建立一種基礎，以便理解問題的基本特質，改變教育實務工作者抗拒變革的觀點，有時需要改變教育實務工作者的習慣，例如：如何獲得問題解答，以及必須考慮何種因素以獲得問題解答；問題分析也必須激勵教育實務工作者採取研究程序，以協助其獲得科學態度以面對其偏見。換言之，問題確定與分析，必須同時達成許多不同的議程。如果將教育行動研究，視為一種可以完全仰賴外來的學者專家就可順利進行研究而且只要注意研究與行動的技術即可，則此種假定將是進行教育行動研究的最大致命傷。

然而，應該值得注意的是，或許最大的困難，是來自於教育實務工作者企圖以最簡單且最快速的可能方式，解決問題所衍生的壓力問題。教育實務工作者通常期待從專家身上獲得適切的解答。例如：如何輕易地解決一位不反應、不合作、注意力不集中、愛打架、易發怒的學生之問題。此種期望獲得立即解答的壓力，部分是因為教育實務問題情境的緊急迫切需要。然而，這也顯露出一種對教育問題的無知，與一種將外來顧問視導者當成解答專家的傳統概念。此種期待現成答案的心態，造成一種障礙，阻礙實務工作者面對人類現象的複雜性，特別是，阻礙教育實務工作者面對各種解決學校團體氣氛與教師個人處理學生紀律問題之可能性。例如：可能匆促決定將一位經常在上課期間搗蛋的學生趕出教室或加以退學，而這位搗蛋學生則可能只

是學習速度趕不上班上其他同學，而造成學習遲緩現象。是以，應該面對事實真相，因為問題可能沒有最後的答案，外來的顧問專家可能也一時沒有現成的問題解答，因此教師本身可能必須透過親自進行行動研究，才能發展出最適切的問題解決途徑。

四、確定問題焦點

不同於一般傳統的研究，教育行動研究的問題是教育實際工作者在其實際工作情境中所遭遇到的問題。而教育行動研究的主要目的，就是要使教育實際工作者對其遭遇到的問題有更進一步的瞭解，與認識其問題的焦點所在，方能增進教育實務工作者對現況的理解，並進而依照循序漸進的步驟，尋求改善之法，獲得專業成長與進步（Altrichter, Posch, & Somekh, 1993）。因此，教育實務工作者，必須釐清其所遭遇問題的焦點，確定所要研究問題的焦點，陳述說明目的。

（一）確定問題焦點的重要性

就教育行動研究的焦點，應該以教育實務工作現況的評估分析為起點或出發點。教育行動研究既非強調理論的發展為首要目的，又非著重普遍類化的推廣應用，而且行動研究注重即時的應用，強調針對當前實際面臨此時此地情境中的教育實際問題進行研究，其研究發現可按適合實際的情形，進行評鑑。

教育行動研究者應該確定所要研究的問題，與具體指出問題的焦點，並分條陳述說明其意圖目的，透過行動研究獲致實務的改進，因此，將行動研究計畫焦點，投注於實務工作者所關注的問題，是行動研究的要件之一，如此才能協助教育實務工作者，針對所遭遇的實際問題加以解決，進而對其實務工作能夠獲得更深一層之瞭解，並促其獲得教育專業發展。行動研究的其他要件尚包括：教育實務工作者所關心的問題不僅要與實務工作相關，而且教育實務工作者必須將此問

題，列為行動研究活動過程當中的重要焦點。而且教育實務工作者發現教育問題之後，雖然教育行動研究的關注焦點，是以一個必須改善的教育實務問題為主，但是，教育行動研究者的視野與範圍，應該隨著教育行動研究的進展，在掌握問題焦點之下，逐漸加深加廣問題探究範圍。

（二）如何確認所關心的研究問題焦點

到底是該由誰來界定教育行動研究目標呢？如果還未進行教學之前，便已經由外來的學者專家或行政主管規定教師應該達成的教學目標，此種事前規定的教學目標一定可以達成嗎？此種事前規定的教學目標可以包容不同的觀點嗎？

當教師決定介入其自身實際工作後，為了使計畫順利地進行，首先關注目前的教學工作到底出了什麼問題？基本上，教師可能認為外來的學者專家並不能確實地瞭解教師所面臨的問題，因此，教師可能不願意由外來的學者專家來主導教育行動研究的方向。因此，外來的學者專家應該站在顧問諮詢的角度，來協助教師發覺與診斷問題，並確定問題的焦點，但是不應該宰制整個研究的進行。因為就界定問題方面而言，外來的學者專家所提供的專業知識，可以引導教育實務工作者釐清其所遭遇問題的焦點，但若學者專家一味地要求教育實務工作者，透過教育行動研究，強迫教育實務工作者達成別人所規定的計畫目標，強迫教育實務工作者改進指定的行為和態度，教育實務工作者會覺得被迫接受不公平的評鑑，以致教育實務工作者可能會避免參與研究和不願承擔風險。因此，外來的學者專家最好透過協助與鼓勵的方法，從內引發教育實務工作者自動發覺實務工作上的問題，並激發其革新實務問題的意願，使其對教育革新有著明確的責任。換言之，外來的學者專家或學校行政領導者，宜鼓勵教育實務工作者，透過教育實務工作者自我的省察，進行教育實務工作的反省，確定教育實務工作者所關注的問題焦點（Eames, 1991）。特別是透過確認所

關心問題焦點的檢核項目，與確認所關心問題焦點的具體任務，將可以協助教育實務工作者確認所關心的研究問題焦點。

1. 確認所關心問題焦點的檢核項目

就確認所關心問題焦點的檢核項目而言，您身為一位教育實務工作者，應該注意下列事項（McNiff, Lomax, & Whitehead, 1996, 58）：

(1) 是否已經選定一個有待解決的問題領域，並且確定您可以做一些相關的變革？

(2) 是否已讓您的指導者清楚瞭解您要研究什麼？

(3) 是否已讓您的工作同仁清楚瞭解您要研究什麼？

(4) 是否確定這個實務工作領域是您有能力促成改變的領域？

(5) 是否能確切指出，這個實務工作情境和您的價值觀是如何的矛盾衝突不一致？

(6) 還有其他事情沒考慮到嗎？

2. 確認所關心問題焦點的具體任務

就確認所關心問題焦點的具體任務而言，要記得「找出研究問題的焦點」，並且和指導者共同檢核，確認這是一個可接受的研究議題。用「我如何能夠改善……」的陳述方式，具體寫出您所關心的問題。簡單地描述您的研究脈絡或情境，並說明您為何關心這個問題，以及您希望自己能夠如何來改進這些實務工作（McNiff, Lomax, & Whitehead, 1996, 58）。

（三）確定問題焦點的注意要項

由於教育實務工作者對問題焦點所在之處的知覺，通常比對目標的知覺或對所需改變的知覺，需要更敏銳的洞察力，因此，問題調查可以有助於盤根雜錯困難之處的確認，這些問題例如：「您有什麼問題？」、「您在教室情境中遭遇什麼困難？」、「您想要改變什麼事？」這些問題可以引導更為明確的問題焦點敘述，而不只是重視目

標的陳述（Taba & Noel, 1992, 67）。此種以個別關注的問題，而不是以一般問題作為起點的歸納途徑，有其缺點，因為個別實務工作者可能有太多令人眼花撩亂或令人分心的瑣事，然而以統整途徑處理一般問題，則不太可能發現重要問題，或不易很快地發現重要問題。不過如果經由創意組織研究活動，最後，這些個別問題將會聚結圍繞成為更大而且更重要的問題領域。

　　確認所要研究問題的焦點，可以運用許多不同的方式進行，問題可以經由與個別教育實務工作者進行討論，而指出其問題並加以確認，而且也可以經由視察者先行觀察教師教學，事後再與教師進行討論，以確認所要處理的問題。確認所關注的問題，也可以經由團體會議而進行，例如：可和教師團體進行團體會議，進行某種形式的問題調查，以確定每一位實務工作者皆能觀察到真正的問題，作為改進行動的起點，並就其所關注問題加以改進，更進一步地，也有必要和每一位實務工作者進行對話討論，以理解其教室情境，進而指出所關注問題的不同面向。

　　值得注意的是，在界定教育行動研究問題的焦點時，應該將「我」，亦即，將教育實務工作者置於教育行動研究的重心。換言之，「我」身為一位實務工作者，是教育行動研究的主要個體，「我」這個個人代名詞在教育行動研究中是很重要的（McNiff, Lomax & Whitehead, 1996, 17）。教育行動研究者必須考慮：「我」身為一位教育實務工作者，要如何才能進行教育行動研究？「我」身為一位教育實務工作者，是研究的主體；「我」身為一位教育實務工作者，必須要對我的行動負責；「我」擁有我的權力與意見；「我」是行動研究的創始人。「我」要如何才能適合行動（Altrichter, Posch, & Somekh, 1993）？利用經過批評反省與自我學習的研究焦點來觀看自有的實務經驗，樂意接受自己可能發生的錯誤，並且願意承認自己的錯誤。

　　另外在確定問題焦點時所應考慮是，教育行動研究者可能誤解這問題的本質，或者可能誤解改善問題的所需因應之道。因為學生對評量的不滿，可能只是一個更值得深入問題的表面徵候，而此一更深入的問題，可能會隨著行動研究的進行過程當中而逐漸浮現出來。在此種情境之下，教育實務工作者就必須採取隨後的行動，以處理那個深入的問題，而非只是處置這表面徵候而已。這最初的「一般的觀念想法」，必須在行動研究過程當中不斷地修正，這也是為什麼「關注問題的焦點」，可能在每一個循環中都有被修正的可能性，而非只固定在於最開始時所探討的焦點，這也就是所謂逐漸調整焦距的過程（focussing）。

　　總之，本章旨在說明教育實務工作者如何進行教育行動研究的問題確認，以及如何進行行動研究問題的分析。作者將在下一章闡述如何規劃教育行動研究方案與策略步驟。

CHAPTER 7

規劃教育行動研究方案

凡事豫則立，不豫則廢。

　　教育行動研究的「第二個重要階段歷程」，是規劃解決問題的行動方案，特別是研擬教育行動研究的行動進路計畫與可能策略的行動研究假設，並指出可以透過什麼方法，蒐集到何種可能的資料證據，進而設計具體的行動步驟，以改善教育實務工作情境或解決實際教育問題。教育實務工作者應該勇於面對實務情境，經過情境分析與問題診斷之後，須研擬因應實務工作情境問題的行動研究方案，以便透過行動方案進行治療。換言之，教育行動研究的第二個主要歷程是進行行動研究方案規劃，擬定可能解決問題的行動研究計畫進路，以因應所遭遇的難題，並提出可能解決問題的假設性策略，亦即研究假設，加以考驗。本章規劃教育行動方案，分為三節，第一節規劃教育行動研究計畫，旨在構思可能解決問題之遠程行動計畫進路途徑，第二節研擬教育行動研究策略，旨在構思可能解決問題之中程行動策略，第三節設計教育行動研究步驟，旨在構思可能解決問題之近程行動步驟。茲將此歷程階段簡化如下頁表7.1。

✍ 表7.1　教育行動研究的主要歷程二：規劃教育行動研究方案

規劃教育行動方案計畫	研擬行動策略與設計步驟	成功的規劃規準
將開始的一般想法，轉換整理成為可能的行動研究方案計畫，並且從小處開始下手，大處著眼。	從一個明確清楚的行動研究方案開始，構想可能的問題解決行動計畫、行動策略的假設與可能步驟。	針對問題情境進行反省後的結果，轉化為解決問題的行動研究方案，結合問題反省與行動方案計畫。
根據上述的行動研究方案構想，具體轉化為遠程的行動計畫、中程的行動策略、與近程的行動步驟，特別注意建立行動方案計畫與所企圖解決的問題之間的密切關係。	在教育行動研究過程當中，隨時準備因應研究情境而修改原訂的行動研究方案構想。並釐清此種因應研究情境而改變的意圖，並將其改變的歷程加以記錄，使其明顯易見。	將解決問題之行動研究方案，具體轉化為解決問題之行動計畫、行動策略與行動步驟，使研究過程具體明顯可見，換言之，應該清楚地說明每一個過程階段的內容。
學習從行動研究觀點，運用系統思考與批判思考，反思自己的實務工作。	開始思考並指出哪些實務工作的措施，與自己所持有的價值觀念產生衝突。	說明並展現教育行動的實務工作當中的專業價值與信念系統。

第一節　規劃教育行動研究計畫

　　就教育行動研究的規劃而言，教育行動研究者必須事前規劃一個行動研究計畫方案。而所謂的行動方案，則可能包括遠程進路目標的行動計畫、中程的行動策略與近程的具體行動步驟，藉以改進已經發生的實務工作情境問題，或改善教育實務工作情境。

　　規劃教育行動研究計畫，主要包括擬定教育行動研究計畫、規劃蒐集資料、修正可能解決問題的行動計畫、以及開源節流與掌握資源。具體而言，教育行動研究者在初擬教育行動研究計畫之後，接下

來便是找尋相關的行動研究文獻，以便從他人的經驗中獲得相關啟示。經過了閱讀相關文獻的工作之後，對所要解決的問題也有更進一步的瞭解之後，可以再回到「界定與分析問題」，將初步陳述的問題予以修訂或重新界定。茲說明如次。

一、初擬教育行動研究計畫

如果已經確定教育行動研究所要研究的問題領域與研究焦點，則有必要進一步規劃詳細的教育行動研究計畫（Elliott, 1979）。在此擬定計畫的規劃階段，擔任計畫發起人的教育行動研究者，可以藉其教育專業知識與外來學者專家的諮詢顧問功能，掌握所要研究問題的核心，列出重要的影響因素，擬定教育行動研究的重要焦點以及研究的關鍵任務。

就規劃教育行動研究計畫而言，有一些通則是值得教育行動研究者特別留意。例如：第一、在開始規劃教育行動研究計畫之前，若教育實務工作者缺乏研究經驗，則可由外來的學者專家擔任顧問諮詢角色，協助教育實務工作者進行討論，確定研究計畫的主題焦點。第二、為了順利推動研究計畫的進行，教育行動研究計畫焦點和主題必須具有彈性，以因應行動研究方案計畫之各種發展階段，參與者應該配合實務觀察和反省，修正關注焦點，並適時進行必要的改變。第三、外來的學者專家擔任教育行動計畫的諮詢顧問角色時，可對整個教育行動研究團體，提出有用的資訊和觀念，但是這是一種智慧的貢獻而非強制的命令，外來的學者專家對教育實務工作者所進行的行動研究，需要盡量保持敏銳的觀察，並設法體會其感受，協助進行教育行動研究的教育實務工作者瞭解此種教育行動研究是建立在專業互動的民主基礎之上（Eames, 1991）。

就擬定教育行動研究計畫的重點而言，主要包括構想可能的行動研究計畫與建構一般的計畫。

（一）構想可能的行動研究計畫

　　就規劃解決問題的教育行動計畫而言，可以由外來的學者專家與教育實務工作者進行初步討論與磋商。在此規劃行動研究計畫的階段，外來的學者專家，應該鼓勵教育實務工作者承擔教育行動研究的主要研究者角色，並且可以藉由外來的學者專家與教育實務工作者的教育專業知識掌握問題核心，考慮重要的影響因素，進而規劃行動研究計畫與研擬可解決問題的行動策略之研究假設。特別是當要決定所使用的方法時，外來的學者專家與教育實務工作者也有必要徵詢行動參與者的意見觀點，因為考慮方法時，有可能蒐集太多的資料，因此，其目的應該在於蒐集最少數量而有用的資料，以及最簡單而合適的方法。如果教育實務工作者無法決定使用何種方法，則可以計畫進行短期試用，以比較選用各種方法（Elliott, 1979）。

（二）建構一般的教育行動計畫

　　就規劃教育行動研究所必須考慮的因素而言，在擬訂教育行動研究計畫的階段，必須考慮四項主要的因素：亦即，時間的範圍、牽涉的人員、所用的方法與最後的結果（Elliott, 1979）。特別是時間範圍的第一項詳細資料，包括說明實行教育行動研究計畫全部所需的時間期限。其次，工作的期間應該依據每學年不同的工作量，而加以修正。儘管規劃的階段可能是相當漫長，積極主動執行研究的目的，應該是一段短期而相當密集的行動（Altrichter, Posch, & Somekh, 1993）。而且在仔細規劃階段，需要考慮的最後領域是有關隱私權與資訊的推廣（Elliott, 1979）。普遍而言，擬訂教育行動研究的「一般計畫」應包含（Elliott, 1991, 75）：

1. 對「一般的觀念想法」的修正說明陳述，診斷分析教育行動研究問題階段的「一般的觀念想法」到目前為止，或許已經改變了，或者有更進一步的釐清。

2. 陳述指出並說明為了改善情境所要改變或者修正的因素，以

及所要採取的行動進路途徑與可能方向。例如：行動研究者修正介紹學生認識事實資訊的學生朗讀途徑，改採清楚地解釋學生如何處理資訊的方式加以說明。

3. 陳述指出並說明教育行動研究的協調磋商聲明。此項協調磋商的陳述，可能是教育行動研究者在實際採取行動之前已經達成的，或者是教育實務工作者將要在正式進行教育行動研究過程之前與所涉及的相關人員進行的磋商協調。特別是，教育實務工作者必須和其他同仁與上級行政主管協商其所要採取的行動，因為這些相關人員會因教育實務工作者所採取的行動改變結果而影響到其工作的運作與推展。因此，教育行動研究者必須在真正採取行動之前，進行磋商協調與諮詢，以免行動研究遭到干預介入與破壞。例如：教師如果要改變學校發展的課程綱要，可能必須與相關部門的科系主任或同一年級科目同仁、教務主任、甚至校長與學生家長進行協商，以徵詢其意見並設法爭取其同意與支持。

4. 陳述指出並說明在行動研究過程當中所需資源；例如：物質材料、空間、裝備等。

5. 陳述指出並說明處理相關訊息的接觸管道，與所考慮的研究倫理架構，亦即，規劃蒐集資料與行動研究的倫理原則（Elliott, 1971；MerKernan, 1991；PLAM, 1990）。此一研究倫理架構，應該與資料提供者進行事前的討論並且徵詢其同意。特別是，行動研究者必須仔細考慮一個問題，亦即，所蒐集到的資訊，是否會遭到行動研究者或接觸資料的相關人員誤用或惡用？行動研究者必須確保資料的隱密、協調磋商與控制，並使資料提供者的觀點與活動獲得適度的控制管道，不致洩漏或外流，並使其握有資料使用的同意權。

在此規劃階段當中，教育行動研究者必須決定，在所建構的「一

般計畫」中那些行動是下一個階段要執行實施的，以及如何蒐集資料
與監控其效應結果（Elliott, 1991, 76）。特別是教育行動研究者需要
利用相關技巧，一方面協助行動研究者從不同的觀點角度，理解其所
進行的行動研究。另一方面，行動研究者需要利用監控的技巧，提供
資料證據，以證明所實施行動研究的優點與改善的進步程度，特別是
要設法蒐集資料證據，以證明預期與未經預期的效應結果。

二、規劃蒐集資料

擬定初步的教育行動研究計畫之後，接下來便是規劃資料的蒐集
並找尋相關的研究文獻，以便從前人的經驗中獲得有利的啟示。

（一）規劃可能蒐集資料的進路途徑

在規劃階段，需要考慮的是有關蒐集資料的有用技術與程序步驟
問題。有用的程序是定期地檢核，以確保使用最簡易方式蒐集最正確
的資料。因此，在規劃階段，應該一方面規劃探究問題的方法，例
如：文獻探討、觀察、訪問、討論對話。另一方面，也要規劃如何蒐
集資料，例如：如何蒐集描述性的資料與解釋性的資料（Altrichter,
Posch, & Somekh, 1993），更要規劃如何使用研究工具，例如：如何
運用研究日誌、內省、對話、訪問等方法組織有意義的教育行動知
識。

特別是，一項教育行動研究者經常使用的技術，便是記錄保持事
件的研究日誌，研究日誌是教育行動研究初步計畫的平面圖與實際發
生實況的記錄。規劃研究日誌內容，例如：就所觀察到的、所感覺
的、所反應的、所解釋的、所反思的、所創建的、所說明的（夏林
清與中華民國基層教師協會，1997，20；Bridget, 1991；Kemmis &
McTaggart, 1982, 40），大事件的記錄與反省、各種觀點與矛盾衝突
之處、規劃預計執行時間。本書將會在第九章實施監控教育行動研
究，詳細說明研究日誌與其他行動研究者經常使用的資料蒐集與監控

方法技巧。

（二）進行初步的文獻探討

當教育行動研究者進行文獻探討時，可以選擇一個或二個關鍵字，進入圖書館網路，特別是教育學術網路，進行相關搜尋過去以往的相關研究成果，並且檢核看看是否有人也在研究這個領域。也許沒有其他人在研究這個問題，或許您能找出一些有價值的研究，並且加以引用。然而，在教育行動研究的規劃步驟中，時間的把握，無疑是相當重要的一環，因為很多問題的發生，都有解決的時效性。而在此規劃階段的行動當中，資料的蒐集及分析對節省時間與人力、物力有很大的助益。前人的研究結果，其他同仁過去所做的資料或是調查報告，皆可幫助教育行動研究者對問題的釐清，當然其原先的一般構想，可能會經過文獻探討過程而不斷地修正（Elliott, 1979）。因此，下述有關閱讀參考文獻的參考項目、閱讀參考文獻的小秘訣與閱讀參考文獻的具體任務，是值得教育行動研究者在規劃階段應該特別留意的要點。

1. 閱讀參考文獻的檢核項目

就閱讀參考文獻的檢核項目而言，您身為一位教育行動研究者應該注意下列事項（McNiff, Lomax, & Whitehead, 1996, 53）。特別是：

(1) 是否已經充分閱讀與研究主題內容為焦點的相關文獻，以獲得前人研究的經驗與智慧，奠定進行研究的理論基礎？

(2) 是否已經充分閱讀相關方法論的文獻，以獲得教育行動研究理論基礎？

(3) 是否已經確定指出哪些書籍或文章報告是仍然有待去閱讀的嗎？

(4) 是否已經確定指出何處可以獲得這些書籍和文章報告嗎？

(5) 是否已經確定指出可以從哪些資源人物獲得到有關這方面的

諮詢建議？

(6) 是否還有其他事情沒考慮到嗎？

2. 閱讀參考文獻的小秘訣

就閱讀參考文獻的小秘訣而言，您身為一位教育行動研究者也應該注意下列幾個要點（McNiff, Lomax, & Whitehead, 1996, 53）。特別是可以請教您的指導者，請他指導提供閱讀的參考文獻。並且善用圖書館的資源，必要時請圖書館諮詢參考服務組的負責人員教您如何尋找文獻資料。進而找出必要的電腦資料庫、論文摘要、索引等服務項目。教育行動研究者也有必要購買一些基本重要的必備教科書與工具書。但是，教育行動研究者可以有選擇性地閱讀參考文獻，不必把每一本書從頭到尾讀完。

3. 閱讀參考文獻的具體任務

就閱讀參考文獻的具體任務而言，您身為一位教育實務工作者應該密切注意並著手開始進行下列工作事項（McNiff, Lomax, & Whitehead, 1996, 53）：

(1) 積極主動地閱讀參考文獻，並且一邊閱讀一邊進行筆記整理。

(2) 必要時可以把心得寫在自己購買的參考書籍上；但是千萬別弄髒了向別人或向圖書館借來的書籍文獻。

(3) 善用網路與電腦資料庫或參考文獻的作者主題卡片索引系統，並且摘錄重要的語句，或直接輸入電腦資料庫，以便未來之需，但是尤應注意其內容的精確性，並且注意版權與文章出處。

(4) 善用自己建立的資料庫，以系統的方式整理參考文獻。

三、修正可能解決問題的行動計畫

在構想教育行動研究計畫時，教育實務工作者嘗試提出的解決問

題方案往往只是試驗性的。因此，教育實務工作者經過了初步蒐集相關資料與閱讀相關文獻的工作之後，對所要探究的問題也有相當程度的瞭解，如此便可以再回到「界定與分析問題」，將初步陳述的問題加以修訂，甚至重新界定可能的解決問題方案。具體而言，教育行動研究者在修正可能解決問題的行動計畫，應該考慮設想可能解決問題的行動方案的檢核項目、設想可能解決問題的行動計畫的小秘訣與設想可能解決問題的行動計畫的具體任務。茲分述如次。

（一）設想可能解決問題的行動計畫的檢核項目

就設想可能解決計畫的檢核項目而言，您身為一位教育實務工作者應該密切注意並著手開始進行下列的相關工作事項，例如（McNiff, Lomax, & Whitehead, 1996, 62）：

1. 是否已對所關注的問題，提出至少一個可能解決問題的行動研究計畫？
2. 是否已經寫下其他可能的解決問題的行動研究計畫的構想？
3. 是否已經構思一種系統性的策略，以執行解決問題的行動研究計畫？
4. 是否和同仁們討論查核過，確定您的行動計畫不會干擾他們的時間行程表？
5. 是否已邀請過同仁徹底討論您所構想的解決問題之行動計畫？
6. 是否還有其他事情沒考慮到嗎？

（二）設想可能解決問題的行動計畫的小秘訣

設想可能解決計畫的小秘訣而言，您身為一位教育實務工作者必須設想所有可能的行動計畫。您可以這樣想：「如果是在甲與乙的條件情境下，可以進行A計畫；如果是在丙與丁的條件情境下，可以進行B計畫。而且運用想像力去設想，未來所有可能的情境會是如何？一個月後會發生些什麼現象呢？會有何種不同的結果出現？」（Mc-

Niff, Lomax, & Whitehead, 1996, 62）

（三）設想可能解決問題的行動計畫的具體任務

就設想可能解決問題的行動計畫的具體任務而言，您身為一位教育實務工作者必須提出可能的解決問題的行動計畫。特別是一方面，可以就您所關注的問題，提出可能的解決問題的行動計畫，說明自己將如何因應此種實務工作情境的問題。另一方面，也要設法讓參與教育行動研究的研究者瞭解您所提出的解決問題的行動計畫，而且讓他們瞭解，在此研擬解決問題的階段當中，他們是可以提供協助，並且可以多多徵詢他們建議，請教他們針對問題所提出的解決問題的行動計畫為何。

進一步地，教育行動研究者也要草擬解決問題的行動研究進路途徑圖，並和同仁進行腦力激盪，設法繪出網狀圖或其他視覺上的可能圖形或進路。而且應該和學校同仁進行討論查核，確定您的行動研究計畫不會與他們的行動研究計畫相互衝突或重疊，並且要注意研究倫理的問題（McNiff, Lomax, & Whitehead, 1996, 62）。

四、開源節流與掌握資源

教育行動研究者也應該注意開源節流與掌握資源，特別是在規劃教育行動研究的階段，也要考慮到進行教育行動研究的不同階段可能必須蒐集相關文獻、購買圖書文具、電腦設備、訪談觀察所需的工具等等可能的開銷與花費，因此，就開源節流與掌握資源之具體任務而言，教育行動研究者儘可能編列一份詳細的預算計畫書，並且努力執行。而且要根據實際財務狀況，掌控研究進度。最好整理每個月的支出收入帳目，此種記帳工作是有些無聊，卻是非常的基本而重要。

另一方面，就開源節流與掌握資源之檢核項目而言，您身為一位教育行動研究者，應該注意如何進行開源節流，掌握有限的教育研究資源，因此，您必須注意下列事項（McNiff, Lomax, & Whitehead,

1996, 55）：

　　（一）是否已經規劃進行研究計畫所需要的經費預算編列？

　　（二）是否已經獲得必要的研究經費？

　　（三）是否擬妥經費不足的因應措施，並且預留一筆安全額度的最低款項？

　　（四）是否已考慮了印刷出版或其他合理因素等的支出？

　　（五）是否已經檢核過所有必要的科技設備儀器都是可用的？

　　（六）是否已經和相關人員進行交涉協議，以便使用上述的科技儀器設備？

　　（七）是否已經擬妥時間流程表，以便進行研究方案？

　　（八）是否還有其他事情沒考慮到？

　　特別是就開源節流與掌握資源之小秘訣而言，一方面，假如需要尋求研究經費支援贊助，必須事先擬妥計畫提出申請。必須確定已經為整個研究計畫期間所需的經費擬妥足夠預算，避免經費不足所需，以免經費用罄，但研究尚未完成。另一方面，必須事前尋求信譽佳的打字員或出版社之協助，以因應未來出版所需的業務工作準備。並且，將經費投資於品質優良的電腦和軟體上面，以便避免不必要的時間經費之無謂損失浪費。而且，也要嘗試著學習用雙手去打字，將資料輸入電腦，一旦學會了這項技巧，還會終身受用不盡（McNiff, Lomax, & Whitehead, 1996, 55）。

第二節　研擬教育行動研究策略

　　教育行動研究旨在進行解決問題的行動研究計畫之規劃，研擬行動研究假設的教育行動策略，以因應所遭遇的實際教育難題，提出可能解決問題的假設策略，亦即行動研究假設，並在實務工作情

境當中加以考驗。值得注意的是教育行動研究，是一種反省的教育實務工作者對教育實務工作的專業回應（Altrichter, Posch, & Somekh, 1993），因此，教育行動研究者所提出的研究假設應該是開放的，可以接受公眾的檢討批判。

如果教育實務工作者在學校教室情境遭遇問題，並且也已經規劃解決問題的暫定計畫，則下一個行動步驟便是研擬可能行動策略的研究假設，做為進一步設計具體行動步驟的參考依據。例如：一位小學一年級的級任教師，發現一年級新生入學之後，特別是開學的第一週，學生上課不易專心，造成不易進行國語首冊的注音符號講述教學的問題困擾。此問題的焦點是如何引起學生的注意力，以便繼續進行講述教學。為了解決這個問題，此位教師可能研擬如下的策略，第一種策略是命令學生目光集中，注意講臺上的教師，或第二種策略是警告學生，如果不專心，則下課後將遭受禁足處分，或第三種策略是獎勵某位專心聽講的學生，建立優良典範，以便其他學生模仿學習。上述這三種策略方法都是可以經由實際教學行動，透過教育實驗檢證解決上述問題的行動策略之一。

具體而言，研擬教育行動研究策略，可以包括初步的資料蒐集、確定行動研究策略、擬訂研究假設的行動策略。茲分項說明如次。

一、初步的資料蒐集

教育行動研究者在規劃教育行動研究策略時，應該蒐集相關行動研究的資料，這些資料可用來證明所要研究問題的存在。而且研究者也可以詮釋所蒐集到的資料，進而研擬解決問題的策略之行動研究假設（McNiff, Lomax, & Whitehead, 1996, 71）。

另一方面，在選擇利用何種技術以蒐集證據時，要考慮到自己到底有多少時間可以真正地從事資料蒐集與記錄。而且行動研究者必須考慮把握有限時間進行可行策略之交叉檢驗，以瞭解各種蒐集

資料證據的有用性、務實性、可接受性（Altrichter, Posch, & Somekh, 1993）。因此，教育行動研究者必須仔細考慮自己所擁有「可運用的時間」。譬如，在教室行動研究過程當中，一位教師應該明確地決定必須在何時間和運用多少時間，以監控其下一個行動階段和效果。企圖蒐集太多而超乎個人時間與能力所能處理反應的資料證據，對於行動研究的實質效果並沒有好處。而且，如果自己知道時間非常有限時，則也沒有必要將錄音資料加以全部謄寫出來。所以有多少監控時間，以及利用何種技術來蒐集資料證據，必須根據實際能運用的時間，來進行估計（Elliott, 1991, 83）。

具體而言，教育行動研究者在初步的資料蒐集過程當中，應該留意初步蒐集資料的檢核項目、初步蒐集資料的小秘訣與初步蒐集資料的具體任務。茲分述如下。

（一）初步蒐集資料的檢核項目

就初步蒐集資料的檢核項目而言，首先教育行動研究者應該建立自己的行動研究工作檔案，可以將與您研究相關的資料加以安置儲存，以便來日的分類整理。而且教育行動研究者也要善用資料盒，可以將在行動研究過程中所蒐集到的資料加以分類，特別是可以利用不同顏色的資料盒來區分所蒐集的不同類型資料（McNiff, Lomax, & Whitehead, 1996, 79）。教育行動研究者有可以應用隨身雜記本，作為事件的記錄與個人思考變化的記錄。例如：行動研究者可以用一本小冊子或活頁紙式的小冊子來當札記本，記錄自己的行動與思考的變遷，並且養成定期記錄的習慣，以便獲得定期的資料與證據。教育行動研究者同時也應該建立索引卡，隨時寫下可能有用參考文獻名稱、作者、出版社、出版日期、重要的字句及參考書目。

教育行動研究者透過適當方法蒐集到上述資料之後，究竟應該如何有效率的處理這些資料呢？教育行動研究應該透過系統化的方法。將您所蒐集的資料進行有系統的分門別類，以便能輕易地使用這

些資料。因此，必須考慮：

1. 是否已經決定，您可能蒐集何種類型的資料？
2. 是否已經決定了可能的資料蒐集方法和資料蒐集工具？
3. 是否已經決定了資料的最初分類方式？
4. 是否已經確定，任何必要的科學技術儀器設備都是現成可用的？
5. 是否和別人討論過您可能所要尋找資料的指標類型之相關問題？
6. 是否還有其他事情沒考慮到嗎？

（二）初步蒐集資料的小秘訣

就初步蒐集資料的小秘訣而言，您身爲一位教育行動研究者，應該特別注意如何蒐集資料與儲藏資料等事項（McNiff, Lomax, & Whitehead, 1996, 60），茲說明如下：

1. 蒐集資料

千萬不要以爲需要蒐集任何或所有的資料，您應該小心謹慎地指出並確認主要的研究問題領域，進而蒐集這個問題領域的相關資料，如此才能協助您就此教育實務工作領域方面，進行改善實際情境的工作（McNiff, Lomax, & Whitehead, 1996, 60）。但是切記，不是所有的資料都等於是證據。因此，所有的資料都需要貼上標籤，如此以來才能知道這些資料的類別。教育行動研究者所作的標籤上需要註明時間、地點、問題、人物。您更可以使用顏色來分別這些檔案。教育行動研究者可以利用有兩種主要的分類方式，第一種是依年代（chronology）來進行資料的分類，第二種是依不同場合、地點來進行資料的分類整理。當然，您也可以互相交互使用這兩種分類方式。

教育行動研究者在蒐集資料過程當中，可以妥善運用各種資料盒與檔案夾，假如您蒐集的是不同問題領域的資料，您可以採用不同顏

色的資料盒或檔案夾，以便蒐集整理並區別不同類型的資料。在行動研究方案結束前，千萬別任意丟棄任何的資料，就算行動研究方案結束後要丟棄的資料，也要審慎過濾選擇，不要輕易全部丟棄。列出一張您可能會運用的資料蒐集方法技術之清單，並且依據您的偏好，建立由一到五的優先順序，這項工作將協助您指出並確認您最可能使用的資料蒐集方法技術。您可以選擇使用現場觀察記錄、雜記反思、反省日誌、個案法、問卷調查、訪談與觀察等來進行資料的蒐集。您可以混合或搭配任何上述的技術，然而，不必也沒有必要全部使用所有的資料，更不需同時使用不同的技術進行資料的蒐集（McNiff, Lomax, & Whitehead, 1996, 60）。

但是值得注意的是在蒐集資料的研究倫理方面，特別是在透過錄音或分發問卷進行蒐集資料之前，務必先徵求對方的同意。假如有人拒絕，就不能繼續進行，應該要尊重研究倫理。

2. 儲藏資料

就儲藏資料而言，您身為一位教育行動研究者，應該注意下列要點（McNiff, Lomax, & Whitehead, 1996, 60）。特別是千萬不要認為任何必須的科學技術或儀器設備都是現成可用的。要事先進行檢驗查核，也要和您的協同合作夥伴做好事前聯絡，確認這些技術或儀器都能夠確實加以運用。另一方面，您如果利用電腦進行資料儲存，請您務必做好備份，甚至做備份的備份，隨時進行存檔工作，以避免資料的遺失。

（三）初步蒐集資料的具體任務

就初步蒐集資料的具體任務而言，您身為一位教育實務工作者應該特別留意下列研究重點（McNiff, Lomax, & Whitehead, 1996, 61）：

1. 指出並確認和您一起進行研究工作的是哪些團體，在您進行研究之前，必須徵詢並且獲得他們的同意。

2. 選擇您進行蒐集資料的方式和工具。您必須要確定必要的軟硬體工具和儀器設備都是現成可用的，而且必須要和您的同仁進行交涉協商，以便確實能運用操作這些硬體與儀器設備工具。

3. 指出並寫下您的資料的最初分類類別與方式。將此種最初分類類型資訊放入資料盒或檔案夾，並且善用標籤或其他編碼工具，以便註明並方便日後隨著研究的進展而變更資料分類類型與方式。

4. 根據預定的資料分類方式進行資料蒐集，並將所蒐集的資料分別裝入資料盒或檔案夾。並且在這個階段要和您的指導者及其他的課程指導人員保持密切的聯繫。您可以從他們那裡得到一些回饋的意見。您也可以請他們看看您的分類方式與所蒐集的資料，並且應該和他們一起討論以尋找出判斷有所改善的規準與表現績效的指標。

5. 試著預先想像，所需要的證據，看起來可能會是什麼（Mc-Niff, Lomax, & Whitehead, 1996, 61）。

二、擬訂行動研究假設式的行動研究策略

研究假設，可以源自問題情境事實與某些在情境脈絡當中運作的因素之間的關係。行動研究者宜蒐集相關考驗研究假設的訊息，這些所蒐集的證據，亦可針對問題情境更進一步地解釋說明，導致更多訊息的蒐集（Altrichter, Posch, & Somekh, 1993）。值得教育行動研究者注意的是，儘管研究假設已經經過考驗，並且加以應用，教育行動研究者，還是應該將其視為研究假設，而非結論，因為在行動過程當中難免遇到無法套用的研究假設，必須尋求更為周延的解釋。而且，解釋並非明白地指示行動研究者應該要做什麼；解釋只是建議了行動的可能性，指示提供指引，建議各種可能的變通途徑策略（Elliott, 1991, 72）。

　　許多先前的預備調查研究，乃是根據所要探究的問題困難之處的可能原因之研究假設而進行，這些初步的調查研究，可以進一步地進行研究推理，做為進一步瞭解問題的根源。這些預備調查研究，也可以協助教育實務工作者更主動地參與，並使在確定問題與分析問題步驟期間，更為清楚地釐清其研究假設的焦點。這些預備調查研究，通常可以協助教育實務工作者更清楚地瞭解何種因素影響所要探究的問題，以及問題困難之處的可能原因。此種初期的預備調查研究，有時也可以排除可疑的研究假設，而且可能改變教育實務工作者對問題知覺的可能性。

　　教育行動研究者將所要研究的問題加以確定，並釐清其焦點，不僅可使解決問題的實際效果更具實用價值，更可以協助實務工作者獲得更豐碩的行動步驟與研究結果。研擬研究假設，將可引導更進一步的深入研究。教育行動研究者若能擬定研究假設，將能協助教育實務工作者避免毫無目的地蒐集所有資料，卻無助於問題的解決。例如：教師原先認為有關學生「座位作業」的難題，經過問題的釐清之後，可能變成是一種教師教學方法上的問題。又如，教師原先認為是學生缺乏閱讀興趣的問題，經過問題澄清與確定問題焦點之後，可能變成是教師閱讀教學技巧不當的問題。是以，教育實務工作者進行問題分析，旨在檢驗各種問題的可能性。問題分析的結果應該加以徹底研究，以便將這些問題的可能性加以縮小並加以確定，進而提出適當的研究假設。在研究閱讀速度緩慢的學生問題時，如果先前蒐集資料顯示學生既無心理能力障礙，亦無情緒困擾等嚴重問題，則教師需要謹慎加以探究，將上述兩項可能性刪除之後，尚有兩種可能的研究假設，亦即，學生可能有嚴重錯誤的閱讀習慣，以及學生對閱讀內容的經驗準備度與成熟度有待加強。這些焦點逐漸明確的研究假設，有助於決定何種有關於學生的資料與背景資料是相關的？何者是不相

干的？何種技術與研究設施是適切的？何者不是？此種問題領域的縮小，可以協助教育實務工作者運用可用的能力與時間，去獲取精確與適切的資料，並進行細心徹底的資料詮釋（Altrichter, Posch, & Somekh, 1993）。

舉例而言，關心「學習遲緩」問題的教師，需要針對一些「學習遲緩」的學生進行特定對象的描述個案研究，以便分析「學習遲緩」的學生問題之普遍原因，並將這些原因視爲「學習遲緩」症候群，進而進行更謹慎的檢查學生是否具有生理上的缺陷，研究學生對不同經驗反應的一致性與差異性，系統地指出學生的學習困難之處。

另一方面，進行以學校本位的教育行動研究，可能出現的一些相關的行動研究假設包括下述各項（Elliott, 1979, 55）：

（一）研究假設一：教育行動研究可能涉及了敏感問題

校長或學校教育行政主管往往擔心教師針對校內的敏感問題進行行動研究。

（二）研究假設二：進行教育行動研究的初期需要進行徵詢意見

當教育行動研究的規劃階段，事前並未邀請學校教師參與或向其徵詢意見，則稍後若想獲得這些教師的合作，期望這些教師扮演研究者的角色透過「教師即研究者」的途徑以取得研究資料時，則這些教師可能消極地回應此種要求。

（三）研究假設三：進行教育行動研究需要爭取教師合作

如果在教育行動研究的過程當中，爲了減輕教師扮演研究者的角色，亦即減少「教師即研究者」的日常工作量，然而，卻同時增加其他教師同仁的工作量，則此種作法將適得其反，產生反效果，無法獲得其他教師的接受與合作，更難以取得所要的研究資料。

（四）研究假設四：進行教育行動研究需要學校教師的共同合作

如果將學校教師區分為「作研究的教師」與「不作研究的教師」，則將難以凝聚教師同仁之間的合作，不易透過此種管道獲得所要的研究資料。如果將研究視為一種所有的教師同仁皆能有所貢獻的歷程，則教師之間將更能彼此合作，協助彼此獲得所需要的研究資料。

（五）研究假設五：教育行動研究需要學者專家的外力介入與協助

如果學校教師同仁之間潛伏不滿情緒的暗流，將不利於學校之中的任何個人或團體去發動或維持教師成員之間的協同合作行動研究，或維持學校內部扮演「教師即研究者」的研究教師與其他教師成員之間的合作。在此種情境之下，外來的學者專家扮演「變革的推動者」（change agent）的積極介入是，協同進行教育行動研究的必要條件之一。

（六）研究假設六：教育行動研究可能牽涉到學校行政部門的優先順序

如果學校層面或科系部門層次並未將教育行動研究視為其部門的優先政策，則教育行動研究的合作安排，將不易在學校中獲得維持。

（七）研究假設七：教育行動研究的參與人員需要獲得支持獎勵

如果學校教師無法獲得學校行政主管或資深領導管理人的支持與鼓勵，則教師將不易維持在校內進行教育行動研究的承諾投入。

（八）研究假設八：教育實務工作者是否能獲得減少授課的自由時間，可能會影響教育行動研究的進行

當教師無法獲得「自由時間」以排除上課或其他事物的牽絆，而

優先投入行動研究，則教師原先想透過參與行動研究，解決其所面臨的問題之求知渴望，將無法獲得滿足，更難以達成其原先的希望與企圖。

（九）研究假設九：教育行動研究可能有不同的失敗原因

通常教育實務工作者實施教育行動研究方案的失敗原因，是由於對所採用的範圍、方法與技術的野心太大，以致不切實際，但是每一個失敗的個案，可能導致不同的原因，值得進一步加以探究。

（十）研究假設十：教育行動研究涉及了教育實務工作者的不同角色立場地位

有些教育行動研究可以選擇問卷與客觀測驗的量化資料蒐集方法，而不是自然觀察與晤談的質化方法。但是，大部分的教育行動研究可能採取質化方法，因為大部分的教育實務工作者往往希望透過教育行動研究，瞭解自己的教育實務工作，往往牽涉教育實務工作者個人的實務工作情境，特別是扮演「教師即研究者」的教師，在心理上可能很難區分「研究者」的立場地位角色，與研究者在學校內所扮演的「教學者」或校務執行者的其他角色與立場地位。

總之，在縮小問題範圍與調整研究問題焦距過程當中，教育行動研究者運用適當的研究技術是相當重要的，因此，有必要去發展運用不同類型的研究技術，有些技術如社會心理測量，可以直接加以借用，有些借用的技術則必須加以調整或簡化。舉例而言，教師可以運用社會心理測驗，以測量國中學生的社會心理特質，進而重新規劃活動方案內容，配合學生需求與興趣。這些社會心理測量的資料本身是有限的，然而，教育實務工作者可以充分運用這些資料，進一步用來分析學生社會學習型態，特別是分析其興趣、行為問題、動機與參與等。根據上述這些審慎的研究調查，教育行動研究者可以進而研擬行動研究假設。重要的是，教育實務工作者應該有一種相當明確的觀念，透過適當的教育行動研究方案，以解決所面臨的問題，亦

即，如果學生的困難是肇因於缺乏經驗，或使用文章脈絡線索的習慣不當，則教師將應該研擬適當學習方案的研究假設，以協助閱讀學習遲緩的學生；如果學生學習遲緩的原因是由於缺乏固定時間的規律閱讀指導，則教師應該研擬適當的研究假設，以協助學生避免學習遲緩；如果學生家長非常害怕學校，則教師應該研擬適當研究假設，研議如何與家長建立良好的接觸與溝通管道（Taba & Noel, 1992, 72）。

三、確定行動研究策略

就教育行動研究循環的描述而言，本書作者已經舉例說明教育行動研究所牽涉的活動和研究技術，以及如何研擬教育行動研究方案的研究假設。接下來，作者將提出一些規劃教育行動方案的實際問題，作為確定教育行動研究策略之參考架構（Elliott, 1991, 84）。

（一）教育行動研究者要使用多少時間，完成一個教育行動研究循環呢？

此一問題並無明確的標準答案。如果教育行動研究者最初所預期的研究時程有需要加以延長，但是，如果實際上受到執行時間的限制，卻要強迫縮短這個行動研究方案的結束時間，將會危及此行動研究的品質，不利於教育行動研究的結果。譬如，某種解決問題的方法技術實施效果不佳而被遺棄不用，通常是因為教育實務工作者對問題的膚淺表面分析。但是此種粗淺的問題分析，往往是受限於對教育行動研究實施所需要的時間估計不當所致，因為教育行動研究者往往低估了實施解決問題的行動方案所要的時間（Elliott, 1991, 85）。因此，教育行動研究者必須約略地預估一個行動研究循環究竟需要多久時間才可以令人滿意的完成，但是，教育行動研究者可以根據本身的實際行動經驗，重新調整原來的時間進度。

（二）在教育行動研究螺旋當中，教育行動研究者所進行的嚴
　　　密監控，應該持續多久，以便將研究焦點轉移到其他的
　　　問題領域呢？

　　同樣的，這個問題仍然沒有固定的標準答案；然而，在教育行動
研究得到令人滿意的改善前，必須至少要進行一到兩個循環，而且就
教育行動研究情境而言，此種行動研究循環大約要持續進行一個學期
或一年左右，方能獲得實際的改進（Elliott, 1991, 85）。

　　然而，教育行動研究者可以發現，在進行一兩個循環之後，如果
沒有其他非本研究之成員之合作與介入，則教育行動研究是很難有進
一步的改善的。例如：就教室層面的教育行動研究情境而言，教室層
面的教育行動研究者可能覺得有必要去處理有關與教室教學實務有關
的學校組織情境脈絡的問題，而這些改變是涉及個別教師能力以外的
問題。例如：學校課程計畫的擬定、各科課程表的安排與學生的分組
等等。在此種情況之下，教室層面的教育行動研究者，就必須和控制
此種變革的其他相關人員與學校的各種委員會進行協商，而且通常此
種變革不可能是一夕之間便可達成，必須花費許多時間進行溝通與協
調。

　　當這些外在的溝通與協調正在進行，教育行動研究的焦點就必須
以此為焦點，而不是以教室教學為焦點。但是，教室層面的教育行動
研究者可以利用教室行動研究所獲得的資料證據，作為繼續溝通協調
的依據。

（三）關於監控的一般計畫和決策，應該是由個人進行即可，
　　　或是應該透過小組共同努力呢？

　　這項工作任務取決於從事此項教育行動研究的團體，是進行相同
的一個研究或是進行類似狀況的研究？假如這個教育行動研究團體是
針對相同學生進行「協同教學」，則應該以團體為依據進行行動研
究方案的決策。但是，如果這個團體包括不同班級任教的教師，則

雖然他們同時面臨同樣的問題，卻在不同教室情境進行研究，則應該由個別教師承擔個別行動研究方案的決策責任。然而，儘管如此，這些個別的行動研究者，應該在行動研究過程當中一起協同努力，特別是應該彼此步調速率大約一致，因為如此一來，這些個別的行動研究者，將可以分享彼此所從事的行動策略與經驗心得（Elliott, 1991, 86）。值得注意的是，當一個教育行動研究團體，如果是由不同而相似的個別教室情境的教師行動者所組成，則此團體當中，應該指定一位溝通協調者，進行下述任務之安排與協調（Elliott, 1991, 87）：

1. 召集大約每循環三次小組會議，也就是開學之初，學期中間和學期結束之時。
2. 保留任何經過共同討論通過的「一般計畫」之記錄。
3. 協調個別的小組成員、校長、其他同事與外來的諮詢者之間的談判磋商。
4. 幫助個別行動者分享彼此的觀察心得和研究策略。
5. 協調研究報告和文章的寫作。

通常一個團體所進行的教育行動研究循環之期初會議，首先應該情境分析與問題診斷，亦即掌握「問題情境的澄清分析」，並「釐清所關注問題的焦點」，或許可以經由討論先前行動研究循環的個案研究來達成，而且也應該要討論必須進行何種「偵察與發現事實真相」，以便針對問題情境獲得更深入的理解。期中會議則討論「一般計畫」並將所研擬的行動方案計畫加以定案，而期末會議則可以針對「實施問題與效益」，進行備忘錄的分析研究（Elliott, 1991, 87）。

第三節　設計教育行動研究步驟

從務實的層面而言，教育行動研究的步驟類似於杜威（John

Dewey）主張解決問題的五步驟（Dewey, 1910, 125-127），亦即，
（一）問題意識的發生；（二）確定問題的性質；（三）提出可能的
行動計畫與策略假設；（四）檢討並選擇合理的假設；（五）進行研
究假設的驗證，並提出結論與報告。而且，從理論的觀點而言，教
育行動研究也可以透過適當的程序步驟加以規劃設計。例如：李溫
（Kurt Lewin）就曾經提出行動研究的計畫、實施與反省等循環螺旋
概念。行動研究的基本循環分別是確認一個一般的想法、偵察發現
事實真相、提出一般的計畫、發展第一步的行動、執行第一步的行
動、評鑑與修正一般的計畫（Kemmis, 1992）。遵循這個基本循環的
規劃設計，研究者依螺旋順序進入發展第二步的行動，執行並修正一
般計畫，進而發展第三步的行動，並執行評鑑。但是，執行與實施的行
動步驟未必是容易實行的，對執行範圍的監控也不是一件簡單的任務，
而且「評鑑」行動研究的效益，也是相當複雜的（Elliottt, 1991, 70）。

　　英國東英格蘭大學（University of East Anglia）教育應用研究中
心（Centre for Applied Research in Education）的艾略特（John El-
liott）所提出的行動研究步驟，則據此加以擴大充實，包括：第一
步驟是確認和釐清「一般的觀念想法」（identifying and clarifying
the general idea）、第二步驟是「偵察與發現事實真相」（recon-
naissance）、第三步驟是建構一般的行動研究計畫（constructing the
general plan）、第四步驟是發展下一個行動階段（developing the next
action steps）、第五步驟是執行下一個行動步驟（implementing the
next action step）（Elliottt, 1991, 72-76）。

　　值得教育行動研究者特別注意的是，起初行動研究「一般的觀念
想法」是可以隨著研究過程的進展而加以修正改變的，而且「偵察發
現事實真相」應該涉及分析及事實的發現，更應該在行動研究活動的
螺旋中不斷地重現，而非只有在最開始的階段才發生。教育行動研究
包括一方面檢討現有的教育實務工作，確認所要去改善教育實務工作

的某一個層面，另一方面建構出一種可能的解決問題的行動研究方案，嘗試進行解決問題的行動方案，並且保留記錄所發生的事實經過與結果（McNiff, Lomax, & Whitehead, 1996, 48）。一般而言，可就一般的教育行動研究、教室行動研究、學校行動研究與課程行動研究等不同的教育行動研究類型分述其步驟如下。

一、一般教育行動研究的十個步驟

一般的教育行動研究可能包括下述各項，亦即，首先透過情境分析以定義問題，並進行需求評估，指出可用的資源；其次進行規劃與擬定發展計畫，以因應所遭遇的難題，提出可能解決問題的假設性策略，提出研究假設並加以考驗；進而採取實踐行動，以處理所遭遇的難題，並經由仔細的觀察與蒐集資料，確保所規劃的行動受到監控；並且進行評鑑與批判反省，協助實務工作者本身理解所規劃行動之影響與效能；而且如果未能順利解決問題，則必須以新循環，重複上述步驟，力求問題的解決；教育行動研究的最後步驟乃是進行報告發現結果，因為行動研究者有義務向有利害關係的參與者報告其研究發現。總之，詳細而言，一般的教育行動研究可細分為發現教育行動研究的問題類型領域、初步文獻探討與討論、確定教育行動研究的問題焦點、深入的文獻探討、擬定教育行動研究方案計畫、擬定教育行動研究方案計畫、執行教育行動研究計畫、擬定行動方案、實施教育行動研究方案、評鑑教育行動研究方案的設計與實施、以及修正教育行動研究方案與再實施等十項小步驟（黃政傑，1999，354；陳伯璋，1988，141）。茲分述如次：

（一）發現教育行動研究的問題類型領域

教育行動研究者可以就其實際教育工作情境進行檢討，有何需要改進、解決、乃至於創新的地方。特別是學校教育發生的問題，有待教育行動研究者徹底的去發現問題所在。

（二）初步文獻探討與討論

　　教育行動研究者在發現學校教育的問題後，應尋找相關資料，並與相關人員進行相互討論，以求對問題本質的確實瞭解。換言之，在第一個步驟發現問題類型領域的基礎上，學校教育人員對此問題加以討論並進行初步文獻探討，並尋找相關資料，以求透徹認識問題。此時，應即可結合專家學者的力量，辨識問題並吸取學者專業經驗及理論支持，進而在後來的步驟中，隨時接受學者專家及相關人員經驗之指導。

（三）確定教育行動研究的問題焦點

　　經過初步的文獻討論後，教育行動研究者，應該設法界定問題領域與問題焦點確實所在之處，並討論研究問題的主要目的。亦即，由第二個步驟初步文獻探討與討論，進而確定所要研究的教育問題焦點。

（四）深入的文獻探討

　　在確實訂出研究問題的範圍與焦點之後，應該深入的從過去的文獻中，獲得該問題的目的、方法、程序的啟示。同時教育行動研究者亦可從過去的文獻中更確實的認清問題的本質，或是修正問題的方向，以便擬訂出一份更合乎研究者的行動研究計畫。因此，教育行動研究者應該深入蒐集、探討現有文獻，一方面可以獲得目的、範圍、方法的啟示，另一方面，研究者更可藉此更確認問題或修正問題。

（五）擬定教育行動研究方案計畫

　　根據文獻的探討及研究問題，教育行動研究者應規劃選擇研究目的方法、工具、程序、並確定協同合作進行研究的夥伴對象、樣本及資料處理方法。

（六）執行教育行動研究計畫

　　根據研究計畫，蒐集、分析及解釋資料，執行教育行動研究計

畫，設法解答所要研究的問題。

（七）擬定行動方案

依照研究結果、過去的文獻及當時特定的教育情境之特性，研擬解決問題的行動研究方案。

（八）實施教育行動研究方案

依照行動研究方案，分配學校教育人員應擔任的角色，將教育行動研究方案付諸實施。

（九）評鑑教育行動研究方案的設計與實施

行動研究方案設計是否完美，其執行是否正確，結果是否有效，均應加以評鑑，並指出評鑑方案的有效性、執行狀況與可以改進處。

（十）修正教育行動研究方案與再實施

依評鑑結果提供修正行動研究方案之參考，依需求決定是否進行下一步研究革新，必要的話可再進行繼續進行第二回合的行動研究。

二、學校教育行動研究的九個步驟

在學校教育行動研究的步驟方面，在開始進行學校教育行動研究之前，教育行動研究者應該先考慮檢討現有的學校教育實務工作，並構想出一種可能的解決問題的行動方案與嘗試進行解決問題的行動方案等九個要點；這九個要點描述了學校教育行動研究循環（McNiff, Lomax, & Whitehead, 1996, 47）。

（一）檢討現有的實務工作。

（二）確認所要去改善實務工作的某一個層面。

（三）構想出一種可能的解決方案。

（四）嘗試進行解決問題的方案，並且。

（五）保留記錄所發生的事實經過與結果。

（六）根據已發現的事實，修正原先的計畫，並且繼續進行「行動」。

（七）監控所進行的行動。

（八）評鑑經過修正過的行動。

（九）繼續不斷，直到對實務工作的某一方面感到滿意爲止。

這是一個學校教育行動研究的解決問題程序，具有科學的方法精神（McNiff, Lomax, & Whitehead, 1996, 47），前面的「要點」1-5代表一般教育行動研究當中所謂的「事前偵察階段」（Elliottt, 1991, 72），此一階段的學校教育實務工作者試著要去釐清所關注的問題焦點。但是，學校教育實務工作者卻有可能走入一條死胡同。另外，此一階段學校教育實務工作者所進行的行動監控程序比較不嚴格，以致學校教育實務工作者所蒐集的資料和研究後期蒐集的資料相較之下，此階段所蒐集的資料顯得比較缺乏說服力，因爲這是代表一個「事前偵察階段」的準備行動。而如果學校教育行動研究者繼續地進行研究工作，這一「事前偵察」就會轉變成更適當的行動規劃，行動研究的意向將更爲清晰明確，研究的結果將更可具體的想像，而更有系統的研究階段就從此開始了（McNiff, Lomax, & Whitehead, 1996, 48）。總之，教育行動研究者在進行學校教育行動研究過程當中，在發現學校教育問題之後，必須經由界定問題領域並分析問題焦點，再經草擬計畫，閱讀文獻，修正問題，修正計畫，擬定行動方案、爾後實施計畫，蒐集資料證據，實施評鑑回饋與修正發展，最後才能提出結論報告。

教育行動研究，特別是學校教育行動研究的研究過程，也可以細分爲下列步驟（歐用生，1996b, 142；Cohen, & Marion, 1989；Mckernan, 1991b）：第一：確定並形成問題。所謂「問題」是在日常學校教育情境中被認爲重要的，但不必解釋的過於嚴謹，例如：也可以包括如何在學校既定的規則中採用某種革新。第二：參與團體

的教師、外來的研究者、諮商顧問者和支持者間進行初步討論和磋商，這可能形成研究計畫的草案與待答問題。例如：何種條件最能影響學校教育革新？影響學校教育革新的因素為何？行動研究如何促進學校教育革新？外來的研究者在此步驟當中極為重要，他們可以協助學校教師將所關注的問題焦點呈現地更為具體明顯，探討決定因果的因素，並提議新的方法等。這是非常重要的步驟，因為如果學校教育行動研究參與者對目標、目的和假定沒有共識，或主要的概念未被強調，則行動研究很容易產生偏差。第三：文獻探討，從比較研究中瞭解問題、目標和程序。第四：修正或重新定義所關注的問題，形成可證驗的研究假設，或形成一組引導的目標，讓存在於行動研究方案中的研究假設或假定更為明顯。例如：為了影響學校教育革新，要先改變教師的態度、價值、技能和目標。第五：確定研究程序。抽樣、實施、教材、教學法等的選擇，資料的蒐集，資源的分配和人員的分工等。第六：選擇評鑑程序，使評鑑能繼續實施。第七：進行研究。包括資料蒐集的方法，如開會、記錄、即席報告、最後報告、自我評量、工作管制、回饋傳遞、資料的分類與分析等。第八：資料的解釋、推論和整體評鑑。依據前訂的評鑑標準，探討研究結果，特別要注意到錯誤和有問題的地方，並總結研究結果，提出建議及推廣的方法。

三、教室行動研究的五個步驟

一般而言，教師以教室教學問題作為行動研究的起點，通常會經過下述步驟（Taba & Noel, 1992, 67-73）：

（一）問題的確定（problem identification），亦即，指出所確認的問題。

（二）問題的分析（problem analysis），亦即，分析問題與決定某些具有持久性的影響因素。

（三）形成研究假設（formulating hypotheses），亦即，形成重要因素的暫時性觀念，而且蒐集並解釋資料，進一步釐清上述的暫時觀念，並發展行動的研究假設。

（四）進行實驗與行動（experimentation and action），亦即，展開行動。

（五）評鑑（evaluation），亦即，評鑑行動的結果。

　　教室行動研究可以藉由下面步驟的演進，成為一完整行動行動螺旋圖（McNiff, 1995, 45）。第一步驟是關注問題：當教育價值理想在實際教室情境中遭遇困難產生「實際問題」，討論關心的議題，指出所希望追求什麼？第二步驟是研擬策略：構想一些可能的「解決教室問題的行動方案之策略」。第三步驟是採取行動：依據上述解決教室問題的行動方案的策略並採取實際行動，將策略付諸實施於教室情境當中。第四步驟是反省評鑑：「評估」解決問題的行動方案策略的實際執行結果，評估採取行動後的教室情境實施結果。第五步驟是再度關注：根據評估的結果，判斷是否解決原先關注的教室問題，如已解決，則可關注另一個相關問題。如未解決，則「修正」所關注問題的焦點，研擬更適切的問題解決方案策略，並再度採取行動與進行評鑑，以解決教室情境的問題。

四、課程行動研究的七個步驟

　　教育行動研究的過程，是不斷的循環，直到行動研究的成果有所改進，重點乃在規劃、行動、批判與回饋之間的螺旋循環（McKernan, 1991）。課程行動研究的基本步驟包括發現課程問題、界定與分析課程問題、擬定課程計畫、蒐集課程資料、修正課程計畫、實施計畫與提出評鑑報告等七點（蔡清田，1998a；Oja & Smulyan, 1989）。茲分述如次：

（一）發現課程問題

課程行動研究是要不斷的行動，要從行動中發現課程問題，研究課程問題，並且解決課程問題。課程行動研究的問題通常就是教育實際工作者所遭遇到的課程問題。

（二）界定與分析課程問題

對課程問題給予確認、評價，並且診斷其原因，確定課程問題的範圍。對課程問題範圍的界定要適當，不宜太大，必須將之具體化。

（三）擬定課程計畫

即由教育行動研究者進行初步討論與磋商。在此階段中，擔任計畫發起人的研究者，可以藉其專業知識掌握課程問題核心，確定重要的因素，強調課程研究的關鍵任務。

（四）蒐集課程資料

課程行動研究計畫擬定之後，接下來便是找尋相關的課程研究文獻，以便從前人的經驗中獲得有利的相關啟示。

（五）修正課程計畫

經過了閱讀相關文獻的工作之後，對課程問題也有相當程度的瞭解，再回到「界定與分析問題」將初步陳述的課程問題予以修訂或是重新的界定。

（六）實施計畫

依據先前所規劃的課程行動研究方案內容來實施，在實施的過程中不斷的蒐集各種課程資料，以考驗研究假設，以利改進現況，直到能有效的改善或解決課程問題為止。

（七）提出評鑑報告

根據課程行動研究方案的實施結果，並且提出完整的報告，對整個課程行動研究計畫進行整體評鑑。

簡而言之，課程行動研究可用來描述數個繼續不斷地反省與行動

的螺旋，每個螺旋包含關注分析與確定所遭遇的課程問題、研擬解決
課程問題的可能行動研究策略、執行事前經過規劃的課程行動研究策
略、觀察反省與評鑑課程行動研究方案的結果等階段。茲分段說明如
次。

（一）關注分析與確定所遭遇的課程問題

第一階段是關注和分析一個須改善的課程實務問題，包括：
1. 發現課程問題，不斷地從行動中發現課程問題。2. 界定與分析問
題，對問題進行初步分析、確認、評價，並且診斷其原因，確定問題
的範圍。對問題範圍的界定要適當，不宜太大，必須將之具體化。

（二）研擬解決課程問題的可能行動研究策略

第二階段是有系統地擬定行動策略，以改善課程情況或解決問
題，包括：1. 擬定課程計畫：即由教師進行初步討論與磋商。在此
階段中，特別是教師擔任研究者角色，可以藉其教育專業知識掌握
問題核心，確定重要的問題因素，擬定行動計畫與可解決問題的策
略。強調研究對象以及研究的關鍵任務。2. 蒐集課程資料：擬定計
畫之後，接下來便是找尋相關的課程教學研究文獻，以便從他人的經
驗中獲得相關啟示。3. 修正課程計畫：經過了閱讀相關文獻的工作
之後，對問題也有相當程度的瞭解，再回到「界定與分析問題」將初
步陳述的問題予以修訂或重新界定。

（三）執行事前經過規劃的課程行動研究策略

第三階段是執行行動策略並衡量其成效，亦即，實施課程計畫：
依據先前規劃的內容來實施，在實施過程中不斷的蒐集各種資料，以
考驗研究假設，以利改進現況，直到能有效改善或解決課程教學問題
為止。

（四）觀察反省與評鑑課程行動研究方案的結果

第四階段是針對初步評鑑課程行動效果，提出評鑑報告，特別是
根據行動研究的結果，對整個課程計畫做全面性的評鑑，提出行動研

究報告,理解問題獲得改善的情況,並且進一步澄清所產生的新問題情境,進入下一個課程行動的螺旋。

　　整體而言,並非所有的教育行動研究皆必須依照上述的程序步驟,但是,一般而言,教育行動研究應該包括問題的診斷、解決方案的研擬、行動實施與評鑑回饋修正等主要階段(黃政傑,1999,354)。然而,特定的技巧與明確的方法,並不是行動研究的特色(夏林清與中華民國基層教師協會,1997,8;Altrichter, Posch & Somekh, 1993)。相反地,教育行動研究是一種持續不斷地循環與行動反思的螺旋,協助教育實務工作者致力於行動與反思之間緊密聯繫,促進教育實務工作者反思並進而發展實務行動。因此,上述的各種教育行動研究步驟,只是作為教育實務工作者達成教育行動研究理想與目的的行動媒介,並非一成不變的教條,教育行動研究者可就其實際面臨的實務工作情境需要,加以彈性靈活運用。

CHAPTER 8

協同合作進行教育行動研究

三個臭皮匠，勝過一個諸葛亮。

　　協同合作進行教育行動研究，是教育實務工作者進行教育行動研究的「第三個主要歷程」的重要階段。本章協同合作進行教育行動研究，主要內容分為三節，第一節是尋求教育行動研究的合作夥伴，第二節是尋求教育行動研究的批判諍友，第三節是增進教育行動研究的人際關係。

　　俗謂三個臭皮匠，勝過一個諸葛亮。因此，在教育行動研究過程當中，教育實務工作者應該將經過規劃的教育行動研究方案，向可能的合作夥伴對象徵詢其意見與建議，以便使教育行動研究方案更為周延可行（江麗莉、詹文娟與鐘梅菁，1999）。同時教育行動研究者也應該設法找出可以擔任教育行動研究的「批判的諍友」（critical friend）（Elliott, 1998），特別是請其就目前所擬定的教育行動研究的解決問題途徑方法、行動策略與具體行動步驟等提出可行性的評估與批評，並請其提供改進意見，以便加以修正。茲將其要點整理如表8.1。

✍ 表8.1　教育行動研究的主要歷程三：協同合作進行教育行動研究

協同合作的意圖	教育行動研究者的角色	成功的合作規準
將工作同仁視為共同研究者，協同合作進行研究，而不是被研究的對象。	保持心胸開放。行動研究的價值性，不在於研究別人，也不在於操縱他人。	使教育行動研究者的角色透明化，清楚而明白地說明研究者的角色。
鼓勵教育實務工作同仁，共同分享教育行動研究的寶貴經驗。	行動研究者要隨時準備接受被質疑批判，而且可能使他人一起蒙受此風險。	合作的目的能被理解，而且，也要有具體的合作事實。
尋找具有批判力的工作同仁，邀請其擔任批判的諍友，請其提供批判回饋。	考慮其他人在研究中的角色，協調建立明確的研究倫理，以便共同遵守。	建立與應用教育行動研究的倫理原則。
準備隨時放棄自己獨占教育行動研究的專利，隨時歡迎同事分享教育行動研究經驗或一起共同探究。		

第一節　尋求教育行動研究的合作夥伴

　　行動研究適用在許多專業的工作上，包括教育與在職訓練等等。特別是教育行動研究，也涉及了行政、課程與教學等不同領域的教育實務工作者（Altrichter, Posch, & Somekh, 1993）。由於，教育行動研究涉及了不同實務工作情境的實務工作者，因此，協同合作進行教育行動研究有其意義與重要性。然而，究竟應該如何尋求教育行動研究的可能合作夥伴（Oja & Smulyan, 1989）？本節將針對此問題加以說明，指出教育行動研究過程中可能的合作夥伴對象是誰。

一、教育行動研究的合作夥伴對象

教育行動研究可以獨立進行，但是，教育行動研究不應該是孤立的研究。教育行動研究的參與者可能包括學校教育行政主管、學校教師與課程設計人員等教育實務工作者。參與教育行動研究的學校教師，可以教師身分作爲教育行動研究的主要參與者，以教師的身分作爲一個親身驗證者，可以讓學校教育的相關人士瞭解您進行教育行動研究的目的、作法、行爲，並進一步促使行動研究的歷程與結果對外公開。教師可以根據不同的原因，在校內以各種不同的方式進行研究（夏林清與中華民國基層教師協會，1997）。但是值得注意的是，進行行動研究應該爭取一些可以共同進行行動研究工作的相關人員做爲支持者，特別是徵求校外學者專家、校長、主任、其他教師同仁、指導教授、輔導教師、教學助理等人的支持與贊助（Oja & Smulyan, 1989）；例如：

（一）指導教授或指導教師、輔導教師

在教育行動研究的過程中，通常會產生許多無法事前預測的問題與阻礙，此時就可請教富有經驗的教育行動研究顧問，以減少獨自摸索的時間。這些諮詢顧問可能是您的指導教授或指導教師、輔導教師或專家學者，他們經驗非常豐富，同時這些人往往受過專業訓練，因此其問題意識非常強，當他們對您的教育行動研究提出建議時，如果與您的觀點不符時，此時最好不要完全摒棄這些諮詢顧問所建議的觀點，而自己一意孤行。因爲如此可能得罪這些諮詢顧問，造成日後不易爭取其合作意願。而且如果將諮詢顧問的建議融入您的教育行動研究過程中，如果研究的實際結果不是十分令人滿意的話，也不需責備這些諮詢顧問，因爲教育行動研究的方式就是不斷的修正理論、研究實務工作，努力找出解決實務問題的方法。

（二）同一實務工作情境的工作同仁

在教育行動研究過程中，您如果是一位學校教育工作者，您可以將您所從事的教育行動研究的大概內容，告知其他相關的任課教師或主任校長。一來可得到這些任課教師與校長主任們的配合與協助，二來如果這些任課教師將來也遇到同樣的問題時，彼此可互相合作，共同研究解決問題的方法，或者是彼此分享研究的結果（McNiff, Lomax, & Whitehead, 1996, 31）。

（三）教育實務工作情境當中的學生家長

例如：三民國小的林老師與學校中一群教師團體與家長工作，共同探究如何在「家庭與學校的社區成員關係」當中發展出一套「行為規範」。他們希望能在彼此信任關係當中，制訂理想的行為規範，他們決心進行長期觀察，並且用心記錄有關他們所進行的觀察過程與結果，然後從他們的實際工作中歸納出一套行為規範。在這個計畫中，家長與教師一起在家庭和學校共同進行工作，因為他們都意識到這個行動研究的重要性，不僅可以澄清了他們對學校教育相關概念的疑惑，更可以作為提升他們的教育生活品質的媒介。

（四）教育實務工作情境中的學生

在行動研究中，可能發生在各個單位中。例如在企業中，主管當局想研究何種管理方式可提昇員工的工作態度與效率，因此所面對的研究合作對象是員工。然而，在教育行動研究過程當中，學校教師可能想研究何種教學方式可提昇學生的學習態度與興趣，因此，教師面對的主要研究的合作對象是學生，教師可以透過和學生共同合作改進教學方式。

（五）行動研究的效度考評小組

教育行動研究的效度考評小組（validation group），一般乃是由進行教育行動研究的工作同仁、校長、專家或學者所組成。為了讓別人更確定您的教育行動研究成果，以及是否已改善您的實務工作

問題，使您主張的知識宣稱更具說服力，通常是由教育行動研究的效度考評小組來評估您所進行的教育行動研究成果（McNiff, Lomax, & Whitehead, 1996, 31）。但是，教育實務工作者千萬不要對效度考評小組有著不切實際的期望，不要一味設想教育行動研究考評小組會完全支持您的論點，因為他們將不會接受缺乏水準的研究，而且他們將希望看到實務工作者，能以足夠而堅強的證據支持所主張的知識宣稱。是以對教育行動研究效度考評小組所提出的批評，不消極的逃避或負面的抗拒，而應該積極正面地面對其所提出的批評與建議，並適切地加以回應。因為他們的職責便是確保實務工作者是否能運用真實而明確的證據，支持行動研究效度。本書將在第十章評鑑與反省，深入討論有關教育行動研究效度考評小組的成員與運作方式。

二、尋求可能合作夥伴的協同合作

　　如果想要爭取合作，協同合作進行教育行動研究，可以向學生、家長、學校同仁、輔導教師或指導教授徵詢意見，或向您認為可以信賴而且願意支持您的人尋求協助，向其請益有關規劃解決問題的行動方案與研擬可能策略的行動研究假設，並指出可以透過什麼方法，蒐集到何種可能的資料證據，進而規劃研擬具體的行動步驟，以改善實務工作情境或解決問題。請他們從批判觀點討論您所提出的問題解決方案之可行性，共同研擬可行的解決問題方案。

　　因此，有必要說明合作夥伴在教育行動研究過程中扮演何種角色，對教育行動研究有何影響與貢獻？共同規劃教育行動研究方案，構思可能解決問題之遠程行動途徑；共同規劃教育行動研究策略，構思可能解決問題之中程行動策略；共同規劃教育行動研究步驟，構思可能解決問題之近程行動步驟。進而指出合作夥伴所同意認為解決問題的可行途徑方法、可行行動策略與可行行動步驟，甚至說明合作夥伴所認為可以透過什麼方法蒐集到何種資料證據。

教育行動研究牽涉其他人，主要包括三個層面，亦即，事前爭取可能合作者的行動參與以及行動的後勤支援，並且進一步經由協商徵得合作對象同意進行研究過程當中所要使用的研究計畫構想草案之協定（protocol）。例如：徵得合作對象同意使用「法藍德斯互動觀察分析表」（Flanders Interaction Analysis Chart），做為分析教室內互動關係的研究工具（Stenhouse, 1975, 146）。教育行動研究者必須在規劃階段當中向可能的合作對象徵詢意見（Elliott, 1979）。特別是當要決定所使用的方法時，也有必要徵詢行動參與者的意見觀點。因為考慮方法時，有可能蒐集太多的資料，因此，其目的應該在於蒐集最少數量而有用的資料，以及最簡單而合適的方法。如果教育實務工作者無法決定使用何種方法，則可以計畫進行短期試用，以比較選用各種方法。除非教育實務工作者本身設計研究的方法，否則教育實務工作者往往缺乏考慮其適用性，便輕易地接納並採用別人已經使用過的方法或似乎令人印象深刻的方法技術。但是，不管使用何種方法，皆必須注意兩大問題：第一個問題是此種方法是否適合於參與者，換言之，參與者是否有能力執行？參與者是否喜歡此種方法？第二個問題是此種方法是否能提供必要資訊？因此，在規劃教育行動研究的爭取合作夥伴階段，必須考慮有關隱私權與資訊推廣的問題（Elliott, 1979）。因此，尋求可能的合作夥伴必須特別留意下列項目。

（一）與他人一起合作的檢核項目

如果教師希望在其校內進行某種教育行動研究，其第一項任務便是決定選擇適當顧問人選，以便進行諮詢請益。這項任務，在組織上與倫理上皆有其必要性，因為處理人際關係的外交能力與問題敏感能力是成功地進行任何工作的必要先決條件。更進一步地，這些具體的行動有賴研究的本質、個別教師在學校當中的角色地位、以及學校氣氛而定（McNiff, Lomax, & Whitehead, 1996, 56）。舉例而

言，一位級任教師由於本身的研究興趣，希望在其學校班級當中進行不會影響其班級日常活動的某種研究。儘管進行該項行動研究，該教師無須特別動用其他時間、毋須使用其他額外教材、不會介入或牽涉其他人。儘管如此，為了禮貌的關係，該教師應該知會其主管或相關同仁，更不用說是與該研究有關的其他有興趣的人員（Elliott, 1979）。可見，行動研究可以是獨立的，但不應該是孤立的。必須取得他人的協助與支持，當然其原先的行動研究的初步計畫構想草案，可能已經過諮議請益過程而不斷地修正。因此下述事項是特別值得注意的：

1. 是否已經和指導者確定了一個工作計畫呢？
2. 是否已徵詢並獲得合作夥伴對研究時間表和計畫之同意？
3. 是否已經確定誰是進行研究的參與者？
4. 是否已經確定行動研究的「效度考核團體成員」是誰，並且徵詢獲得到他們對開會時間表的同意？
5. 是否還有其他事情沒考慮到嗎？

（二）與他人一起合作的小秘訣

1. 上述大部分事項，都必須預先完成，雖然其中有部分是計畫進行之後，便會在適當時機完成。但是千萬不要假定別人會完全按照您的意見執行。因此，必須事前徵詢其意見，因為就如同您自己一般，別人也有一大堆事等著要處理。因此，要儘量努力設法使您的研究參與者投入工作之中，並將您所撰寫的定期進度，簡要向其提出報告。
2. 教育行動研究者必須適時撰寫一份正式的進度報告書，提供指導者和行動研究效度考核團體作為參考依據，讓他們瞭解您的研究進度，並讓他們知道您是如何努力地達成整體目標（McNiff, Lomax, & Whitehead, 1996, 56）。

（三）與他人一起合作的具體任務

1. 和您的指導者共同討論協商，研擬出研究工作計畫，並且把它寫下成為具體的書面文件。然而，這是您的責任，不是您的指導者的責任。而且您必須將一份工作計畫的影本交給您的指導者，作為參考依據，並且您也必須在研究期間依據此項研究工作計畫，進行行動研究方案。

2. 一旦確定了您的研究工作夥伴，就應該與他們進行懇談，邀請他們成為您的研究的合作夥伴。並且讓他們知道要參與些什麼，例如：參加多少會議、他們的責任為何等等。

3. 草擬一份必要的會議清單，並且寫一份給不同的參與夥伴對象，清楚地告訴他們會議的時間、地點和集合地點等等。

4. 同時也必須為您的行動研究效度考評小組成員擬出一份會議時間表，並依據研究方案期限的長短，決定會議的次數。其目的旨在研究過程當中，例如：呈現研究資料或提出研究變更的轉捩點等關鍵階段時刻，適時召開會議。這也說明自己必須擁有一份自己可以遵循而且非常清楚明確的工作計畫表。

5. 撰寫定期的進度報告書，並且在會議召開之前將定期的進度報告書送出去，以便與會者事前閱讀。

6. 並且草擬一份重要問題的清單，這是您希望行動研究效度考評小組成員開會時提出解答的問題。把上述的記錄妥為整理保存，成為資料檔案的一部分（McNiff, Lomax, & Whitehead, 1996, 56）。

第二節　尋求教育行動研究的批判諍友

　　研究和行動，兩者原先具有不同的特徵和要求，二者合一，易形成矛盾。尤其是教育行動研究大部分是一種涉及與其他人的團體合作過程，團體中的研究成員雖然關心同一教育問題，但所關注的焦點，所採取的教育行動策略途徑與教育理論研究導向卻可能未必一致，因此，過程中的協商和協調就極為重要（歐用生，1996b，149）。在進行教育行動研究方案過程中，大多尊重教育實務工作者的教育專業自主，而外來的學者專家往往是站在輔助者的角色，但儘可能不妨礙到教育實務工作者的活動歷程之訂定，提供觀點作為參考之用，透過教育實務工作者與行動研究效度檢證小組成員的外界互動交流，瞭解行動研究方案與目標的執行進度情形（Eames, 1991）。

　　教育行動研究過程當中，所謂的「外部人員」（outsider）與「內部人員」（insider）如何劃分？如何區分「第一順位的行動研究者」（the first order action researcher）與「第二順位的行動研究者」（the secondary order action researcher）？教育行動研究者如何爭取「批判的諍友」，進行教育專業對話，以協助推動教育行動研究？這些問題皆是教育實務工作者進行教育行動研究過程中，值得特別關注的。

一、教育行動研究的人員

　　在教育研究當中，教育研究人員又可分為內部人員和外部人員（Elliott, 1991），而在教育行動研究中，內部和外部人員所扮演的角色也有所差異（CARE, 1994），以下將就兩者之間的關係作不同概念的分類。第一類的外部人員可說是一位學者專家，也是一位未實際參與教育實務的外來的研究者；而內部人員則是教育實務活動的執行者。第二類的外部人員可以說是一位參與觀察者；而內部人員則是

可靠訊息的提供者。第三類的外部人員是一位訊息經紀人；而內部人員則是一位提供個人參與經驗及評論訊息的貢獻者。第四類的外部人員是批評的理論學家；而內部人員則是一位具有自我反省檢討能力的執行者。第五類的外部人員是反省的師資培育工作人員；而內部人員則是具有反省檢討的學校教師。

在教育行動研究歷程當中，參與教育行動研究的人員，也可以區分為「第一順位的行動研究者」與「第二順位的行動研究者」（蔡清田，1998b; Elliott, 1991）。「第一順位的行動研究者」是指如教師或行政人員等具有實際經驗工作問題的實務參與工作者；而「第二順位的行動研究者」是指如課程發展顧問、專門從事研究的學者專家等協助「第一順位的行動研究者」進行「行動反省歷程」之促進者。特別是，艾略特（John Elliott）指出由「教師即研究者」所進行的行動研究是「第一順位的行動研究」（the first order action research），所關注的問題焦點是實務工作情境的改善與進步；而擔任「批判的諍友」所進行的行動研究是「第二順位的行動研究」（the secondary order action research），所關注的問題焦點是如何協助實務工作者進行「第一順位的行動研究」之批判反省思考與實踐行動（Elliott, 1992）。

二、尋找批判的諍友

在教育行動研究過程中，教育行動研究的內部人員除了應該要清楚地瞭解自己心中所接受的價值觀之外，也必須爭取其他外部人員與相關人員的協助，請其提供不同角度的觀點與價值，作為進行教育行動研究的參照。特別是「批判的諍友」在教育行動研究過程當中，扮演相當重要的角色。「批判的諍友」是史點豪思的創見概念（Stenhouse, 1975），意旨在行動研究過程當中，能夠協助扮演研究者角色的學校教師（「教師即研究者」）提出批判建議與忠告之研究

夥伴。

換言之，「批評的諍友」，是指在進行教育行動研究過程當中，具有批判能力的實務工作情境同事或外來的學者專家等研究夥伴。就如同「路遙知馬力」一般，更如同「唐太宗需要魏徵」一般，教育實務工作者在進行教育行動研究過程當中，通常需要具有批判能力的諍友之協助，請其針對教育實務工作者的行動研究提出忠實的批評與建議。這些批判的諍友，通常是具有同情理解能力的學者專家，或是教育實務工作者的親朋好友或家人，這些人也是真正想幫助您進行教育行動研究的友人，與他們交談時也不會有壓力，所以對教育實務工作者的研究過程所產生的問題解決，通常有很大的幫助（McNiff, Lomax, & Whitehead, 1996, 29）。

（一）批判諍友的條件

「批判的諍友」應該協助教育行動研究者，協助教育實務工作者在行動實踐與專業成長的過程當中，進行教育專業學習並努力追求專業自主的地位與能力，換言之，「批判的諍友」不可越俎代庖地指揮主導，甚至宰制教育行動研究的進行。因此，除了大學院校的研究學者專家之外，羅門士（P. Lomax）認為具有以下身分的人，或許可以擔任教育行動研究者的批判諍友，針對教育行動研究提出批評與指正的建議（Lomax, 1990）。例如：全時工作的友人、全職的婦女、資深的教師、專業團體的學者、部門的領導主管、接受在職訓練的教師、校長、其他工作情境的教師。

但是，這並不是說每一個人都可以稱職地擔任教育行動研究者的批判諍友，針對教育行動研究提出真正的批判意見，必須有一些相關的配合條件，方能成為教育行動研究者的批判諍友。這些條件至少包括下述各項，亦即：

1. 本人認為自己很適合這項任務。
2. 願意分享他的行動經驗。

3. 對教育行動研究這方面很有興趣。

4. 願意進行教育行動研究的問題探究。

5. 樂於接受挑戰。

（二）批判的諍友之任務

「批判的諍友」在教育行動研究過程當中，具有雙重的角色，一方面，是作為協同進行教育行動研究的夥伴，可以提供支援與協助，協助教育行動研究者充分發揮學習能力；另一方面「批判的諍友」透過提出支持性的批判建議與積極的另類變通思考觀點，協助教育行動研究的進行。儘管「批判的諍友」會對教育行動研究提出建議，更會提出與教育行動研究者不一致的衝突意見，可能令教育行動研究者產生不愉快的情緒，但是卻可以協助教育行動研究者獲得更為寬廣與更為深入的思考觀點與行動角度。其主要的任務工作是：

1. 證明這項教育行動研究，的確如研究過程所描述地確實在進行改進教育實務工作。

2. 對教育行動研究提供評鑑與批判回饋。

3. 給予教育研究者增強勇氣、正面回饋、同理支持等這些精神上與道德上的支持。

4. 幫助教育實務工作者，使整體教育行動研究成為一個經得起考驗批判的教育行動研究報告。

第三節　增進教育行動研究的人際關係

在教育行動研究中，可能一起合作工作的人員包括：（一）教育實務工作中的參與者，如學生、同事等。（二）會對您的教育行動研究提出批評的諍友，如輔導教師、輔導小組成員。（三）您的導師、指導老師與輔導老師等。（四）效度檢證確認小組，如同事、校

長、專家、學者。（五）行動研究的相關人員。特別是上述成員中的學者專家、學校行政人員及學校教師同仁，可能是教師從事教育行動研究過程當中等最重要的三類人員，教師有必要在仔細規劃階段當中向這三類人員徵詢意見（Elliott, 1979），甚至，從事教育行動研究的教育實務工作者也可以從上述三類相關人員當中找出批判的諍友，請其協助推動教育行動研究。茲以下圖8.1說明學者專家、學校行政人員及教師三者與提升教學品質的關係。

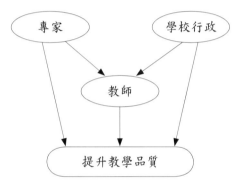

✎ 圖8.1　教師進行教育行動研究的協同合作成員之關係圖

　　教育行動研究常稱為協同合作的教育行動研究，要求教育實務工作者與其他從事相同實務工作的相關人員共同合作進行研究，特別是要求同一機關或同一學校的同事共同研究，有時也要求同一縣市同一地方從事相同實務工作的人協同合作進行研究，甚至家長、社會人士，乃至學生，均為合作的對象。將所有有關人員，包括學者專家與非學者專家均加以延攬納入教育行動研究體系。由於，教育行動研究有賴於團體成員彼此間的互助與合作，才可順利的進行。因此，為使參與行動研究有關人員彼此相互合作，教育行動研究者必須具備良好的人際關係，才能做好溝通協調的工作。因此，必須設法增進教育行動研究者此方面的人際溝通協調能力，特別是有關傾聽的技巧、自我

管理的技巧、合作的技巧、自我改進的技巧、接受多方面意見、語言表達技巧。

一、傾聽的技巧

為培養良好的人際關係，教育實務工作者應該儘量多看、多聽、多學、多做，與別人交談時，要有誠意地傾聽，儘量多說「您」不要說「我…如何」，而且應該目光適當地注視對象，以便表示禮貌與尊重，並且點頭表示贊同與肯定（Altrichter, Posch, & Somekh, 1993）。

二、自我管理的技巧

教育行動研究者如果要管理別人之前，先把自己管理好。對教育行動研究者自己本身的作息時間要安排好，所有與自己所從事的教育行動研究的會議皆要出席且要準時出席，指導者所規定的作業一定要完成並且按時繳交，而且經過協調取得共識的預定計畫的規劃進度要按時執行（McNiff, Lomax, & Whitehead, 1996, 32）。

三、合作的技巧

教育行動研究，通常必須透過教育團體的個別組成分子協同合作，教育行動研究的順利進行，有賴於協同合作者彼此之間的知識合作與學術互助（夏林清與中華民國基層教師協會，1997）。由於教育行動研究參與者眾，每個人都可以有自己的主張與觀點，因此，意見很多而且可能彼此不一致，特別是您的意見觀點不一定要和您的指導教授或學校同事完全一樣，但是，此時就必須透過理性溝通與說服，服從多數，尊重少數，接納歧見與互相衝突的不同聲音，可以針對別人的意見，提出不同的觀點，但不可完全否定或詆毀別人的意見。

四、自我改進的技巧

進行教育行動研究的過程當中，最寶貴而且值得珍惜的資產就是研究者自己本身自我改進的能力（Altrichter, Posch, & Somekh, 1993），對於協同合作夥伴，特別是批判的諍友所建議進行的教育行動研究任務，儘可能不要消極的逃避，不要說自己不能或作不到，應該要強調對自己有信心，也要培養幽默感、想像力，多瞭解自己，對自己能力不足的地方再多加強訓練。

五、接受多方面意見

在教育行動研究過程中必須瞭解每一個個體具有不同的思考方式與行動方式，擁有不同的價值，來自不同的背景。而教育行動研究的完整性係指包括所有的人，而不應該排斥任何人。因此，所有參與行動研究的人，無論其性別、角色如何，都應被公平的對待（Altrichter, Posch, & Somekh, 1993）。對於來自不同方面好的建議都應接受，因為透過集思廣益，將有助於問題的解決（McNiff, Lomax, & Whitehead, 1996, 33）。

六、語言表達技巧

教育行動研究的報告，必須顧及口語和書面文字的語言完整性，不要存有先前偏見而一面倒向特定性別、種族、年齡、宗教等族群對象，以致罔顧其他聽觀眾的權益。避免使用太多的專門術語或艱澀難懂的語彙。在研究過程進行到某個階段，必須報告進度與結果時，儘量以具體明確易懂、較口語話方式說明，讓每個人都能瞭解您所要表達的意見（McNiff, Lomax, & Whitehead, 1996, 33）。

本章說明教育行動研究者如何爭取合作對象，透過協同合作，進行行動研究，以及如何尋求教育行動研究的批判諍友，協助行動研究

的進行。作者進而指出增進教育行動研究的人際關係方法技巧，乃是
協同合作進行教育行動研究過程當中，值得特別留意之處。作者將在
下一章中，闡明如何實施行動研究方案。

CHAPTER 9

實施監控教育行動研究

執行教育實務工作與進行教育研究工作，

兩者是教育行動研究的一體之兩面。

教育行動研究的「第四個主要歷程階段」，是執行與監控教育行動方案策略，亦即實踐事前規劃的教育行動計畫，不僅要依據先前規劃的行動研究方案內容來實施，更要在實施過程中不斷的蒐集各種資料，以考驗研究假設，直到能有效解決教育問題為止，以利改進教育實務工作或改善教育實務工作情境現況。

換言之，教育行動研究的第四個主要歷程是採取實踐行動，以處理所遭遇的難題，並經由仔細的觀察與蒐集資料，確保所規劃的行動，受到監控。進行研究工作與執行實務工作兩者是一體的兩面，皆是「反省的實務工作者」的角色分內工作。教育行動研究者，應該在執行行動研究方案期間，同時蒐集相關資料並監控實施方案的歷程，作為日後進行評鑑證明改進實務工作的有效證據。因此，本章實施監控教育行動研究方案與蒐集資料，分為兩節，第一節是執行教育行動方案實施監控，第二節進行教育行動研究證據蒐集。主要過程整理如下表9.1說明。

📖 表9.1　教育行動研究的主要歷程四：採取實踐行動進行實施

進行實施與採取實踐行動	資料分析與行動監控	成功的實施規準
應該清楚地描述所採取的教育行動策略與步驟，並且仔細地說明教育行動的每個事件以及事件之間的關係。	為了重視行動，必須就所蒐集的資料加以分類與整合，找出資料的類型與主題。這些資料的類型與主題可能有助於發展築基於所描述事件的紮根理論。	清楚地描述所採用的教育行動策略與步驟，確實進行資料蒐集。
持續自我監控，並蒐集行動的各種不同類型資料，從不同觀點加以取樣，從不同觀點瞭解同一事件，以便進行更完整的描述。	必須解釋資料是透過何種方法進行分類與整合？說明資料進行分析的類型與主題，以及為何要進行此種分析？	蒐集完整的資料，比較不同來源的資料，重視研究資料的類型與衝突矛盾不一致之處，批判各種不同的分析方式與結果。
蒐集可以進行深入分析反省的資料，作為增進行動研究效度之「探究證據」。	考慮其他可能的另類變通之分類思考與歸類方式。	提出其他另類變通的分類方法。

第一節　執行教育行動方案實施監控

　　教育行動研究經過第二階段規劃教育行動方案策略與步驟，而且又透過第三階段徵詢請益進行協同合作之後，教育行動研究者應該透過具體實際行動，將上述的教育行動研究方案加以執行，並在實施過程著手蒐集進一步的各種可能資料證據，證明您已經開始努力採取解決問題的具體行動。本節執行教育行動方案策略與監控，主要探討採取實際行動與進行教育實驗、進行監控與蒐集資料、以及持續地監控以蒐集有效的證據。

一、採取實際行動與進行教育實驗

教育行動研究是教育實務工作者進行的一種「實地實驗」（field experiment）（Altrichter, Posch, & Somekh, 1993）。當教育行動研究者進行初步探究之後，便應該提出最可能獲得成果行動研究假設，進而採取實際行動進行教育實驗（夏林清與中華民國基層教師協會，1997，20）。例如重組課程內容，採用新教學法，重新規劃學生分組，強調新的教室活動程序。如果這些教育實驗是依據行動研究假設而進行，則教育實務工作者的特定實驗重點可能例如：（一）閱讀，應該強調字句練習或是強調文章脈絡線索；（二）對情緒困擾學生的最佳處理方式，是寬容的處理或是有規律的提供經驗；（三）學生「課堂作業」，應該是與未來學習的功課有密切關係或者是應該更具體地安排目前的作業內容。

在設計教育實驗時，有必要細心地規劃其教育實驗步驟，以掌握所有的重要教育因素。此種教育實驗步驟的一部分也在於協助教育實務工作者獲得新的技能，以便成功地進行教育實驗，順利規劃這些學習經驗使師生遵循學習歷程的心理順序。在設立教育實驗的研究設計時，也必須考慮到心理要素，因為在進行教育實驗過程當中，難免存在一些心理障礙因素。舉例而言，因為在教育實驗過程當中，進行新觀念的實驗或新教學法實驗時，總是帶有冒險的危機，亦即，嘗試新事物卻無法保證必然成功的危險，發現個人過去所用的方法並不是最佳途徑的危險，可能犯錯的危險。在許多實務工作情境當中，犯錯對個人來說是具威脅性或是專業上相當危險的，此種教育實驗的不確定性會導致相關人員的抗拒，特別是當教育實務工作者不瞭解此種新教育實驗的本質。因此，當我們聽到教育實務工作者沒有興趣研究其實務工作問題，事實上，教育實務工作者可能是缺乏安全感，而且不瞭解進行實驗所需要的新技能（Taba & Noel, 1992, 72）。

　　因此，進行教育實驗必須小心謹慎地加以引導，一方面教育實務工作者必須具有免於犯錯的恐懼之自由，而且教育實務工作者應該獲得保證，即使犯錯也是可以原諒的，而且只要繼續進行學習，則錯誤是可以改正的，教育實務工作者必須要能安然自若地承認自己所不知之處，願意透過徵詢問題意見，尋求可能的協助；另一方面，當然發明與創造對教育實務工作者而言，是相當重要的，然而，教育實務工作者在進行實驗革新時，也要仔細評估革新對學生學習可能的衝擊與影響。總之，教育實務工作者需要協助以進行逐步的行動規劃，並建立檢驗其歷程的方法途徑，教育實務工作者也需要協助以進行新方法技能的練習。所有上述的這些教育行動研究，旨在協助教育實務工作者發展出面對教育實驗與進行實驗的健康態度，避免對教育實驗存著立即獲得成功的過高期望。教育實務工作者必須學會辨別這些改變，有的可能很快就獲得，有的必須花長時間不斷努力方能獲致教育實驗的預期成就。

二、進行監控與蒐集資料

　　任何形式的實施，其最重要的一部分便是持續不斷地監控其進步情形（Elliott, 1979），而且藉由監控行動所得到的資料，可以提供真實的行動描述（McNiff, Lomax & Whitehead, 1996, 19）。教育行動研究的歷程，通常需要一段時間來進行實施監控與蒐集資料，特別是當教育行動研究牽涉到所有參與者的角色行為改變，其所需要的時間可能更長。譬如如果所擬議進行的行動涉及教學角色層面的根本變革，但是如果學生的角色沒有產生改變時，則教師可能相對地沒有辦法改變他本身的角色行為，因為這種改變可能需要時間來進行。然而，進行變革所需實施時間的長短，有賴於教師與學生接觸的頻率，而且也有賴於教師能力是否能夠分析實施問題的因果關係。換句話說，教師可能必須改變，由單純地對實施行動內容的監控，轉移到

進一步地進行「偵察與瞭解事實眞相」，以深入理解行動研究過程當中所經驗到的困難之背後的因果關係。

　　爲了要監控教育實務工作者自己本身的行動，必須在進行研究之前，便明確指出進行行動研究的動機與目的，並且在行動研究的每一階段當中，包括研究過程中與研究後的不同階段，不斷地進行反省檢討，所以首先不論在研究前或更進一步研究前，都必須再確定研究目的和研究動機（McNiff, Lomax, & Whitehead, 1996, 107）。例如：研究計畫目的和研究動機可能已經詳細地記錄在研究日誌（research diary）當中；教育實務工作者可以透過錄影與錄音方式記錄，或自己事後反省作筆記加以記錄；教育實務工作者也可以正式地徵詢工作同仁協助對於上課過程進行教室觀察記錄，或要求學生填答問卷內容，或進行學生訪談等等方式。這些蒐集資料的方法將可以協助教育行動研究者從不同的觀點角度，提供教育行動研究的參考資料。

　　（一）撰寫研究日誌

　　對一位教育行動研究者而言，繼續不斷地撰寫日誌，是一種相當有用的蒐集資料證據的技術。教育實務工作者撰寫日誌的目的，在於記錄實務工作日常生活的行動、思考與感情，以便於記憶監控與分析親身經歷過的特定事件。在教育行動研究架構中，這些日誌的記錄，可以提供許多解決問題的線索（McNiff, Lomax, & Whitehead, 1996, 107）。日誌可以包含個人有關「觀察」、「情感」、「反應」、「詮釋」、「反省」、「直覺」、「研究假設」和「解釋」的相關記錄報告。對於一些軼事、主觀印象、有趣現象的評論、甚至會議及上課過程與內容的描述，都可以利用日誌記錄下來。教育實務工作者記錄研究日誌的起初目的是爲了描述生動的事件，但日後可以作爲進行資料分類選擇的依據，並且可以協助教育行動研究者專注於某一特定事件的某一關鍵要點，並針對此點進行深入說明論述（Winter, 1995, 21）。

　　這些行動研究者的研究日誌與記錄報告，並非只是報導這些「情境的表面事實」，而是應該傳達一個在參與實際行動之後將會是什麼樣的感覺，以及日常生活事件的口語對話互動之文字敘述，因此，諸如個人情感、態度與動機的內在層面的描述記錄，與對事件情境的反應之理解，這些描述記錄，將有助於重新建構事件發生當時的情境。值得注意的是，日誌的內容應記錄日期，而且在教育行動研究範圍中，像形式、時間、主題與內容等細節，都應該註明其引證的出處（Elliott, 1991, 78）。如果教育實務工作者曾將最初的想法記錄在研究日誌當中，則將能有助於確定研究問題領域與釐清所要進行研究的焦點（McNiff, Lomax, & Whitehead, 1996, 107）。

　　對某些教育實務工作者而言，記日誌並不是一件自然的活動，因此，教育行動研究者的第一步可以從訓練自己開始寫日誌。但是，在著手撰寫日誌時，教育實務工作者應該考慮下述要項並作成相關的決定：

1. 是否需要一種以上的日誌來因應不同的目的？
2. 是否應該把日誌區隔，分為數個段落，進行不同類型的事項記載？
3. 單一日誌的不同部分之間，或是不同目的的日誌之間，是否需要發展出一套前後交叉對照系統？
4. 是否應該用活頁本記日誌？
5. 日誌可否採用完全不同的形式，如同卡片索引體系般依項目歸類？或如「話本日誌」，即錄音帶摘記，以做後續發展、融會瞭解之用？
6. 每頁如何設計？是否騰出空間以便日後進行額外的摘記？
7. 日誌中是否有記錄個人反應的意見部分，和撰寫日後可公開的部分？
8. 是否用日誌記錄由其他研究方法如觀察、訪談等蒐集而來的

資料？

9. 何時記日誌？把日誌寫作視為與自己的契約，並且間隔一段時日再繼續記錄日誌，這是很不錯的觀點。記住，寫日誌的人也需要暫停，以便反省所寫過的內容，需要定期回顧，然後再動手寫。

10. 記小抄，快速筆記，這種筆記後來可轉為主要的日誌。

11. 定期回顧和簡摘日誌，這對於證明資料的相關型態與關聯性頗為重要。

12. 養成閱讀某些日誌事項給「批判的諍友」聽的習慣，並且邀請對方討論（McNiff, Lomax, & Whitehead, 1996, 91）。

（二）個人日誌的類型與目的

教育行動研究者的研究日誌，可能充滿著可以進一步分析的原始資料，這種日誌的內容必須經過優先項目的篩選，並根據具體明確化的選擇規準加以選用（Altrichter, Posch, & Somekh, 1993）。教育行動研究者應該要有規律地寫下行事記錄，甚至要養成寫研究日誌的習慣，將研究日誌與反省每日行動的間歇時間相結合起來。教育行動研究者需要一個有規律的行事表，或許不需要天天記研究日誌，但是可以隔日記或三日記或週記，重要的是留下事件記錄與反省檢討感想（McNiff, Lomax, & Whitehead, 1996, 90）。值得注意的是每一種類型日誌的內容，皆有其獨特性質功用。例如：

1. 大事年表的研究日誌

第一種是大事年表的研究日誌，此種類型的研究日誌，具有清晰的時間先後順序，詳細記錄每項事件發生的日期時間，並且摘記該事件的特定情境脈絡。有規律且系統化地記錄事件事實訊息的日誌，可以利用人、事、時、地、物，作為標題來組織研究日誌。所記錄的資料要有益於建構編年體裁的大事年表或重新建構事件，以便清楚地描述過去發生的相關事件（McNiff, Lomax, & Whitehead, 1996, 90）。

在檢視資料和處理分析的問題上，此種研究日誌是一個分析考驗資料與問題的工具。此種研究日誌可以是有系統的計畫、行動、評鑑、再規劃等等的記錄，同時也可以指出前述各式記錄之間的連接環節。可以包括研究過程當中不同時期用的研究問題，也可以記下行動研究的不同呈現方式，如圖解、模型或插畫等。

2. 說明事件要點的研究日誌

第二種是說明事件要點的研究日誌，此種類型的研究日誌，綜合歸納事件的要點，具有「深厚篤實的描述」，可以引起讀者產生同理心與共鳴。例如：教育行動研究者的隨想手記式研究日誌，可以記錄發生事件摘要，作為日後反思研究之用的研究觀點。特別是對特定事件、情境的細節描述，此種記錄可提供豐富的描述性資料，以備日後面書面說明之用。或是針對軼事、偶然的觀察、非正式的對話，與主觀印象等等大多未事先規劃過的記錄。這種類型的記錄，要記下正確的用語，以便日後說明時加以引用。

3. 記錄進步的研究日誌

第三種是記錄進步的研究日誌，此種類型的研究日誌，記錄行動研究的進步流程圖表，包括成功與不成功的行動，以及個人從行動過程當中的反省所獲得的學習。日誌是個人進步歷程的文件，包含描述、分析和判斷等等在內，教育實務工作者可以據此而發展一套定期評鑑研究是否進步的規準。內省式的自我評鑑說明，記錄個人的經驗、思想、情感等，並以某種觀點嘗試瞭解自己行動的記錄。這種記錄可提供自我學習的進步歷程當中，強而有力的說服證據，並可指出行動與結果之間的關聯。換言之，也就是指出教育實務工作者在教育行動研究循環周期的邏輯順序中，不易於解釋的部分。可見日誌是深思反省的記錄，這種研究日誌的目的是要反省檢討經驗，以文字敘寫的方式行之，以便更妥善地深入瞭解所親身體驗的經歷。這包括自己對特定事件的暫時觀察和事件詮釋。當教育實務工作者能處理所有不

需公開的個人詮釋時，反省式的記述很有用的。這種研究日誌的記述也可以是很有創造性的，它包括省思經驗的新方式，然而，往往這種經驗太具暫時性以至於不能馬上公開。此種研究日誌，特別是在需要傾訴負面經驗，而又不能在當下直接處理的時候，往往是使教育行動研究者感到慰藉的好夥伴。教育行動研究者可記錄下當時的事件和情感，留待些許時日之後，情緒上較能處理的時候再來處理。

三、持續地監控以蒐集有效的證據

　　教育行動研究的重要結果之一，是協助教育實務工作者瞭解專業實務工作的變革，教育實務工作者必須在經歷一段實施時間流逝之後，能夠清楚地描述並解釋本身發生變革的原因。因此，系統地蒐集資料，也是教育行動研究過程的一個步驟，可以讓教育實務工作者本身精確地指出本身因進行教育行動研究而獲致的新見識與新的理解。

　　特別是在執行教育行動研究實施過程中，採取實踐行動，以處理所遭遇的難題，必須透過監控行動，觀察行動的影響結果。但是由於教育行動研究的資料是包羅萬象的，然而，並不是所有的資料對所進行的教育行動研究，皆有重要意義（McNiff, Lomax & Whitehead, 1996, 18）。就證據（evidence）而言，一方面，您身為一位教育實務工作者，應該可以和您的工作同仁進行討論，決定何種指標能夠顯示您已經在這個實務工作情境造成改變。這些具有改變跡象特色的實際情境，將成為您從事行動研究的「證據」（McNiff, Lomax, & Whitehead, 1996, 61）。因此，應該根據教育行動研究計畫的關注問題焦點類型，進行系統地蒐集資料，而不是任意的蒐集任何資料。特別是經由仔細的觀察與系統地蒐集資料，確保所規劃的行動，受到監控，並且合乎行動研究問題的需要。監控行動，意指蒐集資料以作為反省的基礎與評鑑的依據，以作為重新規劃下一階段行動研究計畫的

參考。而且，教育實務工作者可以藉由系統地監控行動（monitoring the action），明確地指出發生在自己本身的教育專業成長（Altrichter, Posch, & Somekh, 1993）。

因此，進行教育行動研究的資料蒐集過程中，應該特別注意監控下列各點：

1. 指出所要蒐集的資料證據是什麼？例如：訪談記錄、教室觀察記錄、學生輔導記錄、學生考卷、學生作品、教學活動照片、自我省思雜記、日誌等。

2. 舉例說明這些證據的內容是什麼，如學生發問的次數增加、學生回答問題的正確比例增加、學生更熱烈參與上課討論的內容、學習考試成績的進步、師生互動頻率的增加等。

3. 指出如何透過觀察、訪談或評量，進行資料證據的蒐集？以及說明利用何種工具進行資料與證據的蒐集？如觀察表、訪談表與評量表等。

4. 進而指出這些證據可以證明達成何種目的或解決何種實際問題？

總之，教育行動研究者以採取實際行動為手段，執行經過規劃的行動研究方案，一面進行蒐集資料與證據，一面進行行動研究的歷程反省。但是，儘管這項行動步驟很容易地履行實施，此一歷程可能產生許多副作用，此時需要馬上回饋進入「偵察與發現事實真相」階段步驟，以設法瞭解那些副作用問題的起源。此種行動轉變與研究迴旋，導致必須針對最初的「一般的觀念想法」與「一般的計畫」進行某種程度的修正與改變。當教育行動研究者從單純地監控行動的實施之步驟，轉變為進行「偵察與瞭解事實真相」的階段步驟，教育行動研究者必須從琳瑯滿目的監控技術當中，選擇適切方法技術，以進行監控或偵察瞭解事實真相。而值得注意的是多重技術（multi-techniques）的實施與資料蒐集，將有助於教育行動研究者對於教育

實務工作情境更能獲得全盤掌握與深入理解。

此一階段步驟，也是教育行動研究者嘗試進行「分析性質的備忘錄」（analytic memos）的一個關鍵時刻，也是反省檢討行動時間表的重要時刻。教育行動研究者如果從「偵察與瞭解事實真相」的階段當中，發現必須修改原訂的「一般的計畫」之時，便著手蒐集相關資料並開始撰寫「個案研究報告」（case-study report）的草稿，將能有助於教育實務工作者發展未來下一階段的教育行動研究（Elliott, 1991, 77）。

第二節　進行教育行動研究證據蒐集

蒐集資料證據，可以告訴教育實務工作者事前所未知的資訊。例如：一張全校教師的合照，即使是泛黃了的，但對於教育行動研究都極有價值，因為從照片中可看出教師數、性別、年齡、服飾、學校環境等，這些資料可以推知學校規模與權威結構，並且對解釋問題或現象會有某些事前無法預期的啟示。因此，教育實務工作者要用心觀察，隨時發問，努力記錄，縝密思考，蒐集相關資料，做為行動研究的證據（歐用生，1996b，147）。

更進一步地，蒐集證據的主要目的是為了確認教育行動研究者所提出的行動研究假設是否有誤？做為未來判斷行動研究方案成效的依據。本節進行教育行動研究證據蒐集，主要說明蒐集進一步資料的注意事項、蒐集證據的技術和方法、與三角交叉檢證法。茲分別說明如下。

一、蒐集進一步資料的注意事項

教育實務工作者往往只憑藉著回憶來描述其所觀察的事物，而且

教育實務工作者通常也會憑藉直覺印象的事物，作成記錄。因此，教育實務工作者自己本身認為理所當然的事情，可能受到觀察角度與時間因素的干擾，不一定與實事相符，是以，教育行動研究者有必要請教其他相關人員的意見，作為蒐集資料的來源（Winter, 1995, 20）。教育行動研究者進行資料蒐集應該注意進一步資料蒐集的檢核項目與進一步蒐集資料的具體任務。

（一）進一步資料蒐集的檢核項目

就進一步蒐集教育行動研究資料的檢核項目而言，這是繼規劃教育行動方案與研擬行動策略所進行的第一回合初步蒐集資料之後，進一步進行第二回合資料蒐集。教育行動研究者可以利用與第一回合相同的蒐集方法和工具，也可以運用不同的方法工具，在此第二回合的資料蒐集過程當中，應該特別注意下述事項（McNiff, Lomax, & Whitehead, 1996, 63）：

1. 您身為一位教育實務工作者，是否已經在實施教育行動研究方案的執行過程當中，決定所希望蒐集的第二回合資料種類為何？

2. 是否已經決定要透過何種方法和工具，進行第二回合的資料蒐集？

3. 是否已經決定第二回合中所要蒐集資料的類別為何？

4. 是否已經決定第二回合中所要蒐集資料的指標類型，以及準備用來顯示改善情境的重要關鍵事件的類型？

5. 是否和批判的諍友與具有批判力的工作同仁徹底談過這些觀念構想呢？

6. 是否還有其他事情沒考慮到嗎？

（二）進一步蒐集資料的具體任務

教育行動研究者，除了必須反省檢討在規劃階段所進行的文獻探討所蒐集的相關資料之外，尚須蒐集進一步的資料（Altrichter,

Posch, & Somekh, 1993）。就進一步資料蒐集而言，第二回合所蒐集的資料，其存放資料的盒子或檔案夾，可以塗上不同顏色或編排不同的號碼，俾做區別第一回合與第二回合所獲得的「資料證據」（Mc-Niff, Lomax, & Whitehead, 1996, 63）。就進一步資料蒐集的具體任務而言：

1. 如同第一回合一般，將第二回合所蒐集的資料與證據分別裝入不同的檔案夾或資料盒當中。
2. 將蒐集資料的焦點，著重在那些能夠清楚顯示已經改變了實務工作情境之指標，並且和您的批判諍友或具有批判力的工作同仁一起討論這些指標與證據資料，並將討論的結果作成記錄。

二、蒐集證據的技術和方法

教育行動研究者所要蒐集的資料是相當多元的，所聽、所聞、所想、所感都是可以蒐集的資料，不可放過。但是，教育行動研究要盡可能使用第一手資料，因此，觀察、深入訪談、文件分析等皆為主要的資料來源，文件又包括日誌、田野雜記、自傳、隨筆、心得、報告、考卷、作業、錄音（影）帶、照片等，都可隨機蒐集，以便日後使用。

教育行動研究者可以邀請外來的觀察者扮演非參與觀察者（non-participant observer）的角色。外來的觀察者，可以是一位行動研究的相關人員，或是未參與此項行動研究的學校教師同仁，甚至是一位來訪的學者專家。外來的觀察者可以在教育行動研究中擔任蒐集情報的工作，並透過下述方式將相關訊息傳達給教育實務工作者（Elliott, 1991, 80）。例如：拍照片，甚至可以加上註解與評論；進行錄影拍攝，並將其認為重要的片段播放給教育實務工作者回顧檢討；或者詳盡記錄所觀察內容的筆記，作為提供教育實務工作者閱讀的簡短摘要

報告內容；甚至接受被觀察的教育實務工作者進行訪問，並且透過錄音或筆記以瞭解其過程與內容。總之，這些蒐集資料證據的多元方法至少包括觀察、訪談、問卷、照片證據、現場速寫評述、特寫檔案、錄音帶／錄影帶記錄、文件分析、分析的備忘錄、假想練習的影子研究等，茲說明如次。

（一）觀察

如果有系統地注意看所發生的事件，便是在運用觀察技巧。往往研究者在使用這種觀察技巧時，都會站在中心位置，但是這並不是一個很好的觀察位置。或許，教育行動研究者可以採取合作原則，尋找並邀請同一工作團隊的同仁來協助觀察。觀察記錄如同研究日誌一般，起初看來也是一般的印象與綜合描述記錄而已，但日後教育實務工作者會發現，可用來當作分析指標，用來確認一些特定事項，及用來觀察某些類型的行動出現之時間及頻率（Winter, 1995, 21）。

教育實務工作者運用觀察技巧時，可以同時進行多種的觀察方法，以便獲得更真確的結果。然而，教育實務工作者在進行觀察之前，應該先為自己設計適合自己使用的觀察表格及觀察方法。就設計觀察表格的原則而言，重要的是要清楚地知道觀察的目的是什麼？想要發現的是什麼？所要觀察的是哪一個行動片段？在這片段中的所有行動都同等重要嗎？這個資料如何使用？資料是否合乎需要？就常用的觀察表格和觀察方法而言，可分為數人頭計次數法、互動圖、歷程分析、互動過程分析等，說明如次。

1. 數人頭計次數法

對一特定事件發生次數的計數（或計次）法。這是一種極為直接簡單的過程，用來計算特定事件發生的次數。這種方式不可能在一特定情境中專注觀察多種行為，所以必須有所選擇少數甚至一項行為，而且在一小段時間內觀察某些片段。以表9.2法藍德斯互動觀察分析表（Flanders Interaction Analysis Chart）分析教室內的互動關係

爲例（Stenhouse, 1975, 146），可作爲透過教育行動研究蒐集資料的
觀察方法之一部分。

✍ 表9.2　法蘭德斯互動觀察分析表

	學生類型						總計
	高能力者		學習困難者		以英語爲第二語言者		
	男	女	男	女	男	女	
學生發起的互動	5	5	2	1	1	1	15
教師發起的互動	2	1	3	4	2	3	15
總計	7	6	5	5	3	4	30

　　上例中，非參與觀察者採用簡單的計數方式，計數不同類型學生
的互動行爲，這些互動行爲部分是由教師主動引起，部分是由學生主
動發起的。外來的觀察者按四類觀察項目，把觀察時段中所看到的互
動行爲記錄下來。這四類觀察項目是 (1) 性別、(2) 學業成就能力高
者、(3) 學習困難者，以及 (4) 以國語做爲第二語言者（經常使用母
語溝通者）。教師根據分析的結果，協助教師能回想課堂上所發生的
情況，以瞭解新的教學方式是否能成功地促進學生的參與，並且進而
採取修正行動。

　2. 互動圖

　　互動圖是以簡單的圖示，標示觀察對象之間的互動關係。下面圖
9.1的參考圖中，箭頭線段中間出現的短的線段劃記，是表示次數。
箭頭方向是表示對何人說話。例如：以乙爲例，乙對甲與甲對乙各互
談三次，對丙說話一次，對丁也說話一次（McNiff, Lomax, & White-
head, 1996, 95）。

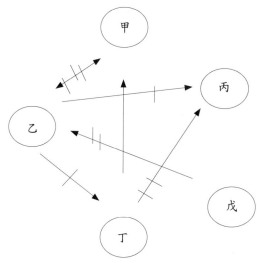

✍ 圖9.1　人際互動圖

3. 歷程分析

　　這種方法要先草擬一個議程表、或特定事件的時間計畫表,然後再在表格內塡上行動及互動時間。例如在表9.3當中,蔡老師想要找出班級會議當中哪一位學生說話說得最多,他先把班上學生名字一一列在表格的最左欄之中,觀察記錄與開會者的說話時間量。同時,由於他本身也是參與者,爲了正確起見,也透過錄音輔助觀察的進行(McNiff, Lomax, & Whitehead, 1996, 96)。

✍ 表9.3　參與式觀察分析(班級會議)表(1999年9月29日)

與會者名字	時間長度(分、秒)	占全部說話時間的%
林成德	18.41	49.7
王國新	9.29	25.2
陳慶成	2.25	6.4
蔡儀玲	3.35	9.5
李慕欣	1.19	3.5

(續)

與會者名字	時間長度（分、秒）	占全部說話時間的%
龔懷易	1.10	3.1
黃信義	0.13	0.5
黃大仁	0.02	0
王小華	0.23	1.0
林明同	0.17	0.7
蔡宜厚	0.00	0
總　計	37.34	100%

4. 互動過程分析

這種互動過程分析（interaction-process analysis）的技巧，能適用於不同的互動行為。但是，採用這種技巧的教育行動研究者，必須集中注意力，要熟悉所觀察的行為分類屬性以及行動意義。如果要瞭解對話當中所發生的許多種互動種類的話，可以使用下面表9.4的參考表格（McNiff, Lomax, & Whitehead, 1996, 97）。

📝 表9.4　互動過程分析表

行為分類	以一分鐘為間距的觀察				
	一	二	三	四	五
微笑	3	4	1	1	2
碰觸	2	3	3	5	4
點頭	6	7	4	7	8
帶動會話談話	1	1	3	2	3
傾聽	3	3	2	2	1
產生共鳴	1	2	1	2	2

此種技巧和表格對於某些時間內的行為變化是相當有用的，可用在教師自己和學生團體之間的互動，或用於學生之間的關係。教師可以用這種觀察表進行一個學期或定期地觀察。特別是當教師能適當地

運用錄音機或錄影機等視聽記錄，或一人以上的協同進行觀察，則可以增進觀察技巧與效果。

（二）訪談

教育行動研究者並可對同事、對家長、對一群學生進行訪談（Altrichter, Posch, & Somekh, 1993）。訪談是經由其他觀點看待實際工作情境的一個好方法。個別訪談的目的，就是要讓受訪者有機會去思考學習事件的衝擊時，與他們深入的討論。訪談比用問卷更有益，因為訪談可以獲得更豐富、可以進一步探索的回饋。實施口頭訪談時不僅可以獲得學習者的立即性反應，更可讓學習者講出他們所關心的事並且提供改進的建議，並協助行動研究者獲得澄清或進一步的資訊等優點。特別是如果依據課程內容進行口頭訪談，將可以允許教育行動研究者問較有深度的問題並且澄清學習者的答案。

教育行動研究者可以根據不同的研究目的，要求被訪者回答一些問題，或以教育實務工作者自己的方式做些簡單的反應測試。這種持續的交互作用可使教育行動研究者獲得不同角度的理解，漸漸地發現細節並釐清真相（Winter, 1995, 21）。訪談的範圍，從完全結構式到相當開放式的形式都有。是以訪談可以是完全結構化的，半結構化的，沒有結構化的。在完全結構化的訪談當中，訪談的問題是由進行訪談者所預先設計的封閉式問題。而在未結構的訪談過程當中，相關主題和訴求則由被訪者所提出。在教育行動研究的初期，如果想要對問題的相關訊息留下開放的空間，則非結構化訪談或許是最好。接下來，當弄清相關資訊的種類時，就可以朝向結構化的方向來進行。但訪談者仍然要保留被訪談者提出他們自己的主題和訴求的空間（Elliott, 1991, 80）。但是，教育行動研究者需擬定大致的訪談架構。這樣能確保蒐集到所有想要的資料。行動研究者可能會問探測性的問題，試著先前決定探測問題的方向，否則可能或蒐集到一堆無用的資料。因為往往從無結構性訪談所得的資料難以系統化的整理。

特別是就完全結構式的訪談而言，此種訪談幾乎像是面對面口頭式問卷一般，訪問者必須精確的提出所要訪談的問題，如同訪談表上書面所寫的預定問題一樣。其目的是要訪問者以同樣的次序及方式，精確地提供同樣的問題給所有的受訪者。就開放式的訪談而言，此種訪談有個訪談目標，但訪談者事前並不嚴苛界定訪談問題程序，受訪者可自由隨興談話，只要合乎訪談目的與問題架構即可暢所欲言。可見，教育行動研究者可依不同的研究目的，選擇封閉或開放式的訪談。如果是爲了評鑑，使用的方式可能會比建立情境目的所用的方式，更具結構性（McNiff, Lomax, & Whitehead, 1996, 101）。

特別是在進行教室行動研究過程當中，必須經常要對學生進行抽樣的訪談。因爲教師具有權威地位，因此，一開始要引用眞實可靠的訪談報告內容並不容易，是以若要克服此種限制的途徑之一，便是尋求外來的顧問的協助，以進行初步的訪談。在徵得學生同意的情境之下，外來的顧問將訪談學生的錄音資料，轉交給教師進行聆聽並討論學生所提出的問題。如果教師在討論過程當中表現出心胸開放與公正立場，則學生將逐漸願意直接和教師進行對話溝通與開誠布公。在此種情境之下，外來的顧問就可以逐漸退出。另一種變通的方式是讓學生彼此之間進行訪談，並在徵得學生同意情境之下，將訪談的錄音資料轉交給教師進行聆聽與討論（Elliott, 1991, 80）。

因此，如果要進行有效度的訪談，則事前訓練訪談技巧是必要的，特別是進行訪談，有其值得注意的指導綱領：

1. 應該有計畫地記錄訪談內容要點，例如：使用筆記本、錄音、錄影，但是應該要事前便讓受訪者知道並同意你如此記錄訪談內容。

2. 要有清楚的訪談之研究倫理，要讓受訪者知道訪談的有關主題，而且不要爲了獲得重要訊息而誤導甚或欺騙受訪者。如果受訪者要求保持隱私機密，則一定要確實做到保護受訪者

的隱私與機密。

3. 培養傾聽技巧，行動研究者必須培養自己的傾聽能力，主動積極的傾聽包括控制肢體語言，以便溝通聯繫您所感到興趣與珍視的訊息，而且尊重對方所談論的內容。

4. 要拋磚引玉，鼓勵受訪者暢所欲言。

5. 為了協助受訪者持續他所談的內容，要適當重述受訪者所談論的內容。

6. 必須要能同情受訪者的立場與感受，以便使受訪者詳述其所談論的內容。

7. 要能接受訪問過程當中的片段沈默，因為這是受訪者彙集思緒或鼓舞產生勇氣的重要空檔。

8. 盡可能的提出問句，以使訪談能夠繼續進行。例如：

    (1) 澄清問題：澄清受訪者所談論的內容，例如可以問「請問，我是否可以查證一下？」

    (2) 探索問題：探究受訪者所提出的議題，例如：「您可不可以更深入地討論這件事呢？」

    (3) 特定脈絡的問題：例如：如果要檢核受訪者是否可以自由自在地談某個特定問題，則你可以問「我們是否可以談論這件事」？如果要確定受訪者是否瞭解此問題，則可以問「可否請您以自己的話來說明這個問題」？如果是要檢核受訪者是否因為所使用的語言感到不舒服，則您可以問「不知道我所說的話是否正確」（McNiff, Lomax, & Whitehead, 1996, 102）？

（三）問卷

教育行動研究者可以針對教師或同學的態度、期望、經驗，進行問卷調查，有機會去詳細地詢問學習者問題，而且可問任何接續問題。此種方法使用一個事前設計好的問題，專注於所想要的蒐集的特

定領域問題。工具可由簡短的答案或數量化的問卷。一般而言，問卷可以檢核如下之領域：課程材料、教學品質、教學媒體、行政措施、學習期間的傳遞方法、教育事件以及材料的使用等。就問卷的建構或設計問卷而言，應該沒有所謂絕對正確的問題，只有適當的問題。從適當的問題回應而來的答案，可使教育行動研究者向前邁進一步。因此研究者要常常自問：「這個問題是否適當？是否會幫助教育行動研究者向前思考的回饋」？

問卷通常有二種問題形式，即封閉式和開放式。問卷調查可用開放的問卷形式，請填答者寫下對問題的意見與回應，這一般常用在探究某個教育實務工作情境，找出合理的解釋範圍。相對的，如果研究目的是確認某種解釋或在各種解釋之間進行選擇，則可以使用封閉式問卷，讓填答者從問卷設計者預定的選項當中挑選一項或依順序排列（Winter, 1995, 21）。封閉式問題的好處是不需要太多空間給填答者，而且填答者也易於作答，它的限制是沒辦法獲到所設定範圍之外的回應。開放式的問題寫法通常為：「你認為……」或「你覺得……」。這種問卷回收之後，分析頗為耗時。

問卷建構是一種專業技術的事務，必要時應該要閱讀專門手冊。教育行動研究的新手，通常會匆匆忙忙地一頭就栽進問卷設計當中，事前並沒有充分考慮清楚所要研究的議題。這是非常危險的，因為多數的問卷並不中立。這些問卷可能在無意間影響了問卷的填答者，並且潛在地傳遞一些問卷填答者在此之前從來沒有想過的觀點。例如：在問卷中詢問學生家長是否知道學生在學校受到恐嚇？則學生家長得到的觀念是：學校當中正發生恐嚇事件。事實上，問卷可能誤導填答者的知覺，因此從問卷得回的回應，有時是被錯誤引導的。甚至部分學者指出：「如果今天我問學生在學校是否過得愉快，我可能會得到60%的答案回答肯定的答案。如果明天我又問同樣的問題時，結果會減為50%。此種遞減的情形，可能是由很多方面的

因素造成的」（McNiff, Lomax, & Whitehead, 1996, 98）。因此，有必要提出一些關於問卷設計和使用問卷的基本常識，例如除非有好的理由，如想要發現基本資訊，而這個訊息是使用其他方式不能獲得的，或者想要評鑑「介入」所造成的影響，而這又不適合用其他方式獲致回饋時，否則不要輕易使用問卷。

1. 使用問卷，則應該注意下列幾點提示

(1) 確定為何要獲得這個資訊？這個資訊對研究方案是否非常重要。

(2) 如果你已經知道這個問題答案，則不必使用問卷。

(3) 如果能從其他地方獲得資訊的話，則不一定要透過問卷問問題。如果填答者必須回答太多問題，他們可能將不會擲回問卷。

(4) 若是採用郵寄問卷調查，要記得附上回郵信封？不要忘記發出提醒信函，催問卷回收。

(5) 如果需要具有代表性的抽樣樣本，就必須閱讀有關抽樣過程的專書。

(6) 是否事前得到對方的允許，以接近問卷填答者？

(7) 若要發問卷給工作同仁，要確定使用問卷是獲得問題答案的最妥當方式。

2. 應該注意執行問卷的步驟

問卷初步編製之後，應該先行檢驗問卷內容，將設計的問卷交給指導教師或具批判力的諍友過目，請其提供意見，修正之後，並經預試階段，才能正式施測。因為如果使用不當問卷，甚至會破壞原有的研究方案。因此，應該注意下列重要步驟（McNiff, Lomax, & Whitehead, 1996, 99）：

(1) 提示：先決定所要發現的資訊，然後選用已經過設計好的、可用的現成問卷或重新建構問卷。而且要注意在問卷首頁的

頂端，應該要有適當的提示。

(2) 禮貌：禮貌地請參與者協助，問卷結束之處應該要道謝填答者的協助。而且要告訴填答者，如果想知道結果的話，事後將會知會他們。

(3) 隱私：問卷設計者應該要有明確處理問卷的隱私性之因應策略，並讓問卷填答者明白問卷設計者會如何保護填答者的隱私性。

(4) 清晰：問卷要繕寫清楚，或用打字。要預留足夠的空間以便填答，使答卷者能輕易地填入答案。要有清楚的標號，或者註解題目。要使用品質好的紙質。對於問卷的內容與外貌都要謹慎小心注意細節部分。

(5) 複本：如果影印複本，要確定複本是否清楚可辨、可讀。

(6) 正式實施問卷前先進行預試：問卷設計好之後，先給少數人試做，請對方惠予批評並提供回饋意見。試著分析問卷的回應，以瞭解是否能獲得到所要蒐集的資料。

(7) 問卷的實施：問卷實施時，要給填答者一段固定的時間擲回問卷。並在問卷上註明希望對方擲回的時間底線。問卷應當為學習者提供匿名。在某些情況下，教育行動研究者也許會要求一群人代為蒐集問卷，將他們放於信封中再還給你。如果希望要填答者將問卷寄回，則不要忘記要提供郵資及回郵信封，如此將會提高回收率。

（四）照片證據

照片能獲得一個實務工作情境的視覺層面概念。在教育行動研究中，攝影（照相）越來越受歡迎。此法最明顯用在記錄行動上，可以是監控和評鑑策略的一個部分。攝影（照相）用於研究或評鑑，是一種工作方法，而不是做為圖示而已。拍攝照片或幻燈片可在暗中進行，但需要有一個攝影師（除非是教師負責拍攝學生的活動），

可以全心記錄細節的片段，可當作回顧整個活動經驗的起點（Winter,
1995, 22）。例如：在教室行動研究情境當中，照片可以捕捉到原先
未預期的視覺效果（Elliott, 1991, 79）。例如：學生在教室中進行學
習工作任務時，教室的物質外貌形式與實際布置情境如何？在「教師
背後」到底發生什麼事？又如學生是進行團體活動或個別的單獨活
動，或者排排坐著面對教師？以及教師對學生談話時的外貌姿勢和實
際位置，教師是站在講臺上或是站在學生旁邊或是坐在座位上？這些
資料皆可以顯示教室情境中的社會組織形式。上述這些照片資料，可
以提供與行動研究相關人員進行討論的依據，這些證據可以藉由一位
觀察員的幫助來達成蒐集資料的任務，但是也有一些證據資料是可以
經由教師本身便可以進行蒐集。更進一步地，

1. 照片可顯示歷時的變遷。例如：某位小學校長在半年期間進
   行教育行動研究，並分別就六個班級拍下了數學教學的教室
   活動景象，這期間校長和教師們一起努力建構以學生為中心
   的課程。在這些為學生而設計的數學課程活動裡，照片呈現
   了重要改變的證據。

2. 照片可呈現學生參與活動的品質。例如：五年級的韓老師可
   以利用相機照下了學生活用教師設計的英語材料，盡情學習
   英語的景象。

3. 照片可用來刺激回憶，引導學生與教師討論其實際的經驗，
   而且可以搭配訪談的進行，以激起回憶。

4. 照片可以用來證明事件確實發生的有力證據。

5. 照片可用在自我研究，作為解構個人回憶之焦點。

6. 研究者可以使用同一事件的不同的照片，刺激受訪者談論其
   所看到的，而不是談論其所期望看到的內容（McNiff, Lomax,
   & Whitehead, 1996, 103）。

（五）現場速寫評述

　　某些時候在實際的情境當中，參與者可以停下來觀察到底發生什麼事，並進行現場速寫評述。特別是，如果教育行動研究者因為受到某種限制導致無法進行觀察訪問的錄音錄影時，這提供一個機會針對事件進行現場評述。例如：在教學情境當中，教育行動研究者可以利用此項有用的技術，觀察一個學生或學生團體正在從事一項學習任務時的情境。但是，值得注意的是，觀察至少持續五分鐘，而且千萬不要介入那些正在忙碌的學生，儘量坐靠近學生，但是應該從另一個角度來觀察學生，避免面對面地觀察，並且儘量避免強調學生正在被觀察，儘量以文字具體地寫下所說與所做的內容，並且注意語調與姿態，儘量以描述方式記錄所作的現常描述評論，避免價值判斷與高層次的詮釋，因為如此一來便難以說明實際所發生的事實（Elliott, 1991, 81）。

　　另一方面，教育行動研究者，也可以進行某一對象的特寫描述，特寫描述是指在一段長時間之內，針對一個情境或一個個人的觀點加以詳盡的描述。在教學情境當中則可以記錄課堂的特寫描述檔案，或針對特定學生能力的特寫描述檔案，也是一項蒐集有效資料證據的方法（Elliott, 1991, 79）。

（六）錄音帶／錄影帶記錄

　　在行動研究過程當中，行動研究者可以利用錄音帶或錄影帶來記錄教室當中的教學情況。錄音帶是最常用的一種視聽器材，教育行動研究者可以把小卡帶型的錄音機隨身帶著，用做談話日誌，也可以用做捕捉非正式談話的方法。訪談與教師上課的內容都可用錄音機直接錄下來，而學生的談話通常只有在小組討論時才比較方便進行錄音。錄音提供了一個客觀的記錄，而且可反覆聆聽並且轉譯成為書面文件。所以平時未加以注意的互動型態及一些不經意的小事情都可以被找出來加以分析詮釋與評論。當然，雖然有些人會因為錄音機的出

現，而顯得不自在，因此他們的行為會被隱藏或被扭曲，但是常常有的情況是在錄音進行了一段時間之後，由於投入了討論過程當中而忘卻錄音機的存在，但是，仍有些人感覺在有錄音機的情況下，卻能自在地進行訪談與討論（Winter, 1995, 21）。使用錄音，可以加以整理成為文字稿，如果整個談話記錄經過整理之後，可以協助教育行動研究者掌握其中的涵義。錄音時也可使用記數帶，它可描述帶子所包括的時間區間，教育行動研究者只要稍加整理所需要的區間內的內容就可以了。此外，最好能在不同的場合多次傾聽這個錄音帶，以便深思錄音所捕捉到的訪談內容。另外也可將錄音片段播放給具有批判力的諍友聽，並徵詢其建議（McNiff, Lomax, & Whitehead, 1996, 103）。

另一方面，錄影能捕捉非語言和語言的生動訊息，對掌握個人和群體兩者的變遷方面，比上述兩種方式更好。設定好鏡頭，錄下所觀察的行動，會使教育行動研究者獲得許多平常未注意的行為舉止與情境變化。教室或其他活動可用攝影機錄影下來，如此可從其他不同角度來觀察，就如同錄音談話內容一樣。可以反覆查看，並可注意到在當時忽略的行動面向或重點。要注意的是錄影機往往只能錄到現場情況的一部分，只錄到某特定活動，而忽略了其他同時進行的活動。而且，錄影機是一個很明顯的侵入物，不像小麥克風一樣易被人遺忘，所以教育行動研究者要先假設錄影所得的影片是可能被扭曲的（Winter, 1995, 22），因此必須小心謹慎地加以詮釋。

教育實務工作者可以從聽或看錄音（影）帶的過程當中，獲得更多的記錄，並且將有趣的和有關的片段加以逐字口譯為書面資料，可以協助教師針對教學事件進行前瞻與回顧。然而，用口譯謄寫錄音或錄影的稿件是非常花時間的，不過卻可以協助教師深入瞭解某一項教學事件的細節（Elliott, 1991, 80）。

（七）文件分析

文件提供有關研究中的相關議題與問題的訊息情報。因此，可以

利用幾星期，幾個月或甚至一年的時間針對某一種教學方法的資料進行蒐集，或對於兩種不同型態學習者對於某一科目的學習成果的蒐集。譬如，在教室行動研究情境當中，有關文件包含（Elliott, 1991, 79）：

1. 課程綱要與課程表和工作計畫摘要。
2. 學校工作小組與課程發展委員會的學校課程報告書。
3. 所使用過的考卷或測驗卷。
4. 學年或學科部門會議的記錄等等。
5. 工作卡與指定作業分配單。
6. 教科書的指定教學內容段落。
7. 學生書面作業的樣品。

（八）分析的備忘錄

分析的備忘錄包括對所蒐集資料的系統化思考，進行教育行動研究通常必須定期寫下分析備忘錄，而且通常都是在監控或者「偵察與發現事實真相」期間結束時進行寫作。這些備忘錄可記錄如下的事項（Elliott, 1991, 83）：

1. 在教育行動研究調查過程當中，已經逐漸浮現對研究情境重新加以概念化的新方法。
2. 已逐漸浮現的教育行動研究假設，以及教育行動研究者可以進一步加以考驗檢定的行動研究假設。
3. 指出教育行動研究者未來需要進一步蒐集的資料證據，以便使逐漸浮現的概念與行動研究假設，獲得更為堅實的基礎。
4. 在教育行動領域當中所逐漸浮現的問題和議題的敘述。

這些備忘錄的分析，或許只是短短的一兩頁，仍應與他們的相關證據基礎作相互交叉參考，例如研究日誌的某些部分引註出處，或者錄音帶／錄影帶的口語轉譯的部分。

（九）假想練習的影子追蹤研究

觀察者可以對單獨的學生或教師或其他對象，進行一段長時間的觀察記錄，並可將活動區分為幾個不同的類別，這樣某一組的研究參與對象如教師，才不至於受到其他組的研究參與對象（如學生）的影響（Elliott, 1991, 81）。影子追蹤研究（shadow study）是一種運用各種人物、資訊管道密集並持續追蹤個案，一蒐集其詳細行為適應資料的技術（陳惠邦，1999, 75），可不受到傳統組織制度上的時間界線之束縛，而揭露不經意的類型組合，以穿越這些傳統組織邊界的束縛（Winter, 1995, 21）。例如：經過長期觀察不同科目教學，發現每一個科目皆有上課內容不連續的現象，或不同的觀察者在不同時間持續觀察同一教室一段時間後，卻發現一個愛打瞌睡的學生，發現他在英文課時打瞌睡，在數學課打瞌睡，在理化課裡也會打瞌睡。

當教師進行教育行動研究時，如果能有一位觀察者伴隨著，則該位教育實務工作者將有機會利用諸如假想練習的影子研究等其他方法蒐集資料，進行更為精確的研究調查。在假想練習的影子研究當中，觀察的重點是長時間集中在一個個體或一個小團體之上。換言之，在假想練習的影子研究當中，觀察者長時間地觀察一位學生或一個學生團體或一位教師。當進行假想練習的影子研究時，觀察者要盡可能地接近被觀察的對象（特別是學生團體），但是觀察者並不成為被觀察團體的一份子，也不參與此團體的工作任務（夏林清與中華民國基層教師協會，1997，119; Altrichter, Posch, & Somekh, 1993, 93）。

參與者在一段期間內被當成是進行假想練習的影子研究對象，並且持續地對其行動與反應進行現場速寫評述。在教室情境當中，被當成假想練習的對象，可能是一位在教室課堂情境現場經常出沒的教師或學生，而進行假想練習的觀察者，可能是一位外來的顧問或校內的教師同仁。此種假想練習的觀察記錄，可以進一步作為行動研究

團體成員間彼此分享的資料，而且參與行動研究的團體成員，也可以在不同的時段輪流參與假想練習，以練習觀察所要觀察的對象，事後，參與行動研究的團體成員可以開會共同審視其個別假想練習觀察結果。參與假想練習的觀察者，應該被告知所要觀察研究尋找的事項，而且其假想練習的影子觀察結果記錄，也應該提供行動研究者作為參考（Elliott, 1991, 81）。例如：羅老師觀察一個一位女孩在學校的頭三天行為表現，此項觀察的進行，由每天學校正式上課之前的二十分鐘開始，一直到學校下課後的二十分鐘為止，羅老師一直作詳盡的觀察記錄。根據羅老師的研究發現，此位女學生一開始到學校的第一分鐘就非常渴望從事學習任務，但是由於這位女學生被指定去從事無聊而一再重複的學習任務，因此，她的學習熱忱一下子便被澆了冷水。根據羅老師研究，「學生一到學校，學生就開始變得疏離」。此項研究也導致學校校長與教師重新調整新學校學年度開學的方式（夏林清與中華民國基層教師協會，1997，119；Altrichter, Posch, & Somekh, 1993, 93）。

三、三角交叉檢證法

在有了上述各種不同的資料之後，便可以對教育實務工作情境可用進行多層面多角度與不同方法的研究，每一種方法皆可用來和另一種方法進行比較，透過多種不同的方法分別使用後，可以從不同面向瞭解實務工作的整個情境。一般說來，最好要用三種以上的方法來比較並描述，才可以獲得比較正確的結論，這是因為用三個角度來探究，比較不易將注意力集中在某一個單一方向，而導致忽略了另一方向，而且經由三個不同的觀點對照，更可以從兩個對立的觀點以外的第三個觀點來協調折衷其間的對立與差異，甚或提出更圓融的觀點（Winter, 1995, 23）。

特別是如果從事的是強調協同合作的教育行動研究計畫，可使用

三角交叉檢證的三角測量法（triangulation）（Elliott, 1991, 82）。所謂三角測量法，是指對同一事件使用一個以上的來源的資料，並且透過使用不同資料、方法與人員，進行交叉檢核。三角交叉檢證的三角測量法之校正是一種藉由多方檢證，以減低研究者偏見的一種方法，是質化研究不可或缺的工具。有方法的三角交叉檢證、資料來源的三角交叉檢證、分析者的三角交叉檢證的三角測量法等校正類型：

（一）方法的三角交叉檢證

採用多種蒐集資料的方法，以檢驗研究發現的一致性，包括進行訪談、觀察、文件資料蒐集等多種方法的校正。

（二）資料來源的三角交叉檢證

在同一種方法中，檢證不同資料來源的一致性。以觀察的方法而言，包括教學觀察記錄、研究者省思札記。訪談方法部分，可以教師或實務工作者本人分享的觀點為主，參照研究者的訪談記錄與省思等。

（三）分析者的三角交叉檢證

透過不同分析者的角度來審視研究發現，如邀請其他專家、研究者、訪談對象來檢視研究內容，對內容做建議或指正等。

例如：(1) 研究者和協同研究者一起工作，雖然自己記錄日誌，但是可以透過共同省思檢核研究日誌記載的事項，以便交叉檢證事件的不同詮釋。(2) 研究者和協同研究者在共同相關而獨立的情境脈絡中工作，研究者用自己的日誌記錄，去比較不同的情境和回應。甚至有些研究者運用互動式日誌（interactive diary），彼此回應反省部分，並互相寫下彼此的評論。

除主要研究者之外，研究者或許會要求行動中的其他參與者也記錄日誌，以便檢核自己的詮釋。要求參與者記錄研究日誌，要獲得對方的允許才能使用他的記錄。為了評鑑行動結果，有需要這樣做。

自己若是行動的外部人員，在與內部人員的關係性質上，要特別小心謹慎。必須小心的是，利用內部人員的資料時，要儘量光明正大而公開，要確定他們的確同意你對那些資料的使用方式。在這方面，強調教育行動研究者需要有嚴謹的研究倫理行為。例如：教育行動研究者若是被允許使用他人的日誌，必須以可被接受的方式來使用這些資料，甚至研究者必須將所要提出的研究報告，事前交給當事人檢視和徵詢首肯。如果提供資料的人想要匿名，或者想要具名接受表揚，教育行動研究者都要事前徵詢其意見（McNiff, Lomax, & Whitehead, 1996, 90）。就徵詢同事的意見與判斷而言，有必要詢問其對於你所進行的研究以及所造成的改變之看法。必要時，甚至應該將對話內容錄音下來，而且當你將錄音稿謄寫轉譯成為書面文件時，將那些能夠作為代表進步指標的對話內容加以特別凸顯標示出來，這些對話內容部分將構成顯示你進行改變與改進的具體證據，其餘的錄音謄稿文件部分也要妥善歸檔保存起來，以便作為三角交叉檢證分析參考之用（McNiff, Lomax, & Whitehead, 1996, 63）。

由於教育行動研究非常重視教育實務工作者與其相關人員之間行動的妙微反應變化。例如：寫研究日誌時，可以是很有感覺的、自我內省式的日誌；描述研究對象時，也可以是「深厚篤實的描述」。運用觀察法時，重點在於指出人際互動的質變之處，而非單單記錄一項行為的發生。訪談時，訪者對受訪者的情境引導，更關係著訪談的進行。可見，教育行動研究的資料處理，並不只是字面上的「資料」處理，更是指研究者蒐集原始資料的方法，同時還包括處理參與者的態度品質、人際相處、人的成熟度等等層面的方法。這正是教育行動研究可以讓教育實務工作者不斷深化利用與不斷進行自我監控的重要特點。

總之，本章說明了如何實施監控教育行動研究，特別指出教育實務工作者如何執行教育行動方案實施監控，以及如何進行教育行動研

究證據之蒐集。作者將在下一章闡述如何進行教育行動研究的評鑑與
回饋。

CHAPTER 10

評鑑回饋教育行動研究

事前規劃用心，事後評鑑無愧於心。

教育行動研究的「第五個主要階段歷程」，是評鑑所蒐集的資料證據與考驗行動研究方案，以瞭解教育行動研究過程所遭遇的問題，與所遭遇的困難是否已經由行動研究方案的實施而加以解決。如果行動的影響或結果產生偏差，則須再進一步修正教育行動方案計畫，再次實施修訂的行動研究方案。

　　教育行動研究，不像傳統的學術研究只討論抽象的理論概念，教育行動研究鼓勵教育實務工作者接觸並勇於面對實際的教育問題，並引導其進行務實的研究與合理性的評鑑（Hopkin, 1985）。因此，如果事前能用心規劃行動方案與細心監控實施歷程，事後評鑑將能無愧於心。但是，更進一步地，教育行動研究必須透過第五個主要歷程，進行評鑑與批判反省，協助教育實務工作者本身理解所規劃行動之影響與效能。如果未能順利解決問題，則必須以新循環，重複上述步驟，力求問題的解決。

　　教育實務工作者實施教育行動研究的發現結果，可能引發再度關注與更進一步的研究，如此便涉及更進一步的磋商協調與修正，形成繼續不斷的歷程（Elliott, 1979）。本章評鑑回饋教育行動研究，分

爲兩節，第一節是進行教育行動研究評鑑反省回饋，第二節是確定教育行動研究效度與再關注。茲將此主要歷程表列說明如表10.1。

✎ 表10.1　教育行動研究的主要歷程五：評鑑回饋教育行動研究

進行評鑑與回饋修正	宣稱主張的效度檢證考核	成功的評鑑規準
教育行動研究的結果重要嗎？對誰重要？為什麼重要？您喜歡這種結果嗎？	有無指出您所宣稱的主張與各種假設衝突對立之處？還有其他的可能性嗎？	指出重要的主張宣稱，如改進行政措施、課程內容、教學策略、教育理念。
有沒有造成實際的改變與影響？這種改變是有價值的教育改變與進步嗎？	所提出的證據是否足以支持您的主張宣稱，以便進行充分而適當的解釋？	能提出真實而充分的證據與確實具說服力的解釋。
您是否透過教育行動研究獲得專業成長？	您的研究夥伴或專業同仁支持您的主張與證據？	個人的行動研究發現與專業判斷有關，提出可再繼續深入追蹤探究的問題。
您的教育行動研究是否具有正當性？是否合乎教育實務工作者的專業倫理？	您是否可以根據您的證據與主張宣稱等研究發現，進行專業論辯？	產生進一步值得深入探究的問題。

第一節　進行教育行動研究評鑑反省回饋

　　評鑑是監控教育行動研究過程的一部分，教育實務工作者可以利用所蒐集的資料針對教育行動研究進行評鑑。教育行動研究者，必須透過評鑑以瞭解是否達成預定教育行動目標？是否獲得教育實務工作者的專業成長？是否遭遇新的問題？並且加以回饋修正（Altrichter, Posch, & Somekh, 1993）。茲就教育行動研究的評鑑、評鑑所實施的

教育行動研究方案、評鑑可能的影響與重要性、以及評鑑的制度化等說明如次。

一、教育行動研究的評鑑

評鑑，是教育實務工作者在實際工作情境當中，進行教育實務革新的一個層面，此種評鑑包括由實務工作者自己本身所發動的變革（self-initiated change）之反省監控歷程（self-reflective monitoring）（Elliott, 1998）。就教育行動研究的評鑑而言，評鑑是一種繼續不斷的自我反省監控歷程，而且也是實踐並維持實務革新的必要條件（Altrichter, Posch, & Somekh, 1993）。在教育行動研究過程中，評鑑不只是在固定週期的短期間內進行，而且在規劃實施行動研究整體歷程中，評鑑也是教育行動研究的整體歷程不可或缺的一部分。特別是規劃、實施與評鑑不一定具有固定的時間先後順序關係。例如：實施不一定必須等待擬定周詳計畫之後才開始，換言之，可以一面實施一面擬定並修改計畫。同樣地，評鑑也不一定必須等待實施結束之後才進行，事實上是可以一面規劃實施並且同時進行評鑑，甚至，可以先進行初步評鑑，再進行規劃與實施，因為有時候當計畫正式進行實施之時，計畫當中早就已經過非正式的初步評鑑，並且記錄了初步的實施策略與評鑑之道。是以規劃、實施與評鑑不一定具有固定僵化的時間先後順序關係（Elliott, 1998, 181）。

結構功能主義觀點，往往傾向將研究與評鑑區分為兩個不同的獨立部門，但是，在教育行動研究的情境脈絡當中，研究與評鑑往往是二合為一的歷程，因為改進工作實務的指標，是一種評鑑行動事後的結果，而不是進行評鑑行動之前預先設定的固定指標，事實上，在教育行動研究過程當中，評鑑是進行轉化與革新的自我反省監控之行動（self-reflective monitoring of actions）。

評鑑可以蒐集證據，支持教育實務工作者判斷其特定情境下的

教育行動之價值性與重要性。此種行動，必須根據其實際行動的情境，才能決定其價值性的多寡與重要性的高低。特別是進行行動研究的過程中，必須形成行動研究假設，而且必須根據實施過程所蒐集的證據資料，進行教育行動研究的研究假設之考驗與評鑑。在行動研究的情境脈絡當中，評鑑資料的蒐集，並不是根據事前預先界定的指標結構進行，教育行動研究的評鑑資料蒐集，是教育實務工作者進行行動研究的整體行動作為的一個面向，旨在發現指出並描述說明特定實際要素層面的品質。

教育行動研究的評鑑焦點，是以教育情境當中的互動為主，包括師生之間的互動與學生同儕之間的互動，而且也包括資料的取得與資料的分析。教育行動研究的評鑑目的，旨在改變學校教育的實務措施與行動，因此，監控教育行動研究革新的評鑑標準，應該取自教育專業文化當中的教育專業價值。而且，教育行動研究評鑑的結果，可以指出情境行動策略之教育專業實踐價值。

二、評鑑所實施的教育行動研究方案

教育行動研究具有自我評鑑的性質，在教育行動研究過程當中，教育實務工作者必須不斷地進行檢驗、修正與改進，而且教育實務工作者必須同時扮演研究者、觀察者、訪問者、分析者等角色，集各種角色於一身，更要隨時反省自己的角色，不僅要做技術的反省，更要做實務批判的反省，才能不受到實務工作場地性質的侷限，而將教育行動研究置於整體的社會情境脈絡中加以詮釋理解與批判（夏林清與中華民國基層教師協會，1997，219）。

教育行動研究的過程，主要顯示尋找問題解答的啟蒙過程。教育行動研究的主要問題是：「我如何才能改進……？」，而且教育行動研究是依循環方式而不斷進行辯證的，每個循環萌生出下一個循環所要解決的問題。每個循環都有其一般常見的組合型態，諸如：「指出

並確認所要研究的問題」、「構想解決問題之道」、「實施解決問題的方案」、「蒐集探究證據」、「評鑑解決問題的方案」、「修正實務工作」等。然而，實際的教育行動研究情況卻不見得是如此地千篇一律，因為教育行動研究方案有可能只採用一個循環，或由一個循環發展成為數個循環。教育行動研究經由每個循環的過程，教育實務工作者可以透過改善實務工作情境的進步報告形式，提出獲得改進實務工作的主張宣稱，並提出證據支持所提出的主張宣稱。這些進步報告可以構成教育實務工作者的「形成性評鑑」，亦即在教育行動研究過程當中，繼續不斷地進行評鑑，以檢核是否經逐步地回答自己事前所提出的研究問題。而且在每個循環結束時，教育行動研究者必須提供一個「總結性評鑑」的陳述，顯示是否已解答了預定的研究問題或解決自己所提出的問題。

是以，如果整個計畫包括數個循環，教育實務工作者必須在研究過程的適當時機，不斷地提出進度報告與形成性評鑑的陳述。如此第一個循環的總結評鑑，也可以成為整體教育行動研究過程的形成性評鑑或成為第二個循環的起點。因為整體而言，教育行動研究是繼續不斷轉化的連續體，而每個循環的分析旨在協助教育實務工作者更清楚地瞭解整個研究歷程，而評鑑正是協助教育實務工作者反省檢討教育行動研究的重要機制（Altrichter, Posch, & Somekh, 1993）。因此，下述有關教育行動研究的評鑑事項有其特別的重要性。

（一）評鑑教育行動研究方案之檢核項目

就評鑑教育行動研究方案之檢核項目而言，教育實務工作者應該特別注意下列事項，例如是否已經考慮過，從事此教育行動研究方案對您自己的學習具有任何意義嗎？是否已經考慮過您的學習將會如何影響他人？是否已經徵詢過您的研究參與者之意見？是否已經徵詢過您的組織機構當中其他人的意見？是否想過，如何以不同的方式來評鑑您的教育行動研究方案？未來如何以不同的方式來評鑑教育行動研

究方案（McNiff, Lomax, & Whitehead, 1996, 67）？

（二）評鑑實施方案之小秘訣

評鑑時必須考慮下列兩種重要的行動學習，亦即，從過去的研究領域當中，學到了什麼？實施此一教育行動研究方案的過程當中，從自己身上學到了什麼？這些學習是有價值的嗎？別人如何從您的親身經驗當中獲得學習呢（Altrichter, Posch, & Somekh, 1993）？在撰寫教育行動研究報告時，必須具體明確而且清楚地呈現這些重要的議題。

（三）評鑑實施方案之具體任務

就評鑑實施方案之具體任務而言，教育實務工作者應該特別注意下列事項：

1. 寫下您從事此教育行動研究方案的經驗是如何協助您對實務工作獲得更多的理解？

2. 反省別人對您實施此一教育行動研究方案的反應，並且將之納入您的研究報告當中。

3. 清楚地知道從此一教育行動研究方案當中學到什麼，包括主題內容領域和自己的學習。

4. 說明可以透過何種方式和別人分享您的行動學習，以便別人也能夠從您的經驗當中獲得學習（McNiff, Lomax, & Whitehead, 1996, 67）。

三、評鑑可能的影響與重要性

評鑑與回饋修正，是教育行動研究的重要歷程之一，經由評鑑與回饋修正，是探究教育實際與預期理想之間差距的工具（Altrichter, Posch, & Somekh, 1993）。教育實務工作者透過評鑑歷程，可以經由這個逐步縮小差距過程當中，亦將會漸漸的走入問題癥結核心，進而學會如何掌握解決問題關鍵之道。也許所要探究的問題並非原先想像

的那般單純，也許這個問題只是另一個大問題的一個小小的漣漪，也許這只是一個兩害取其輕、找尋平衡點的兩難困境問題。因此，進行評鑑與批判反省，可以協助教育實務工作者本身理解所規劃行動之可能影響與效能（Winter, 1987）。是以如果教育實務工作者若未能透過教育行動研究的第一循環順利解決所面臨的問題，則必須進行第二循環的教育行動研究螺旋，修正原先擬訂的初步教育行動研究方案，重複上述步驟，力求實際問題的解決。可見反省評鑑回饋是行動研究的必要成分之一，這是一個修正機制，也可以計畫下一個新的教育行動研究方向。

　　經過初步評鑑教育行動研究方案之後，可以進一步澄清所產生的新問題或欲改善的新工作情境條件，並進入下一個反省和行動研究的螺旋，亦即針對初步評鑑行動研究效果，提出評鑑報告。特別是可以根據初步教育行動研究的結果，對整個課程計畫做全面性的評鑑，提出整體的教育行動研究報告，理解原先問題獲得改善的情況，並且進一步澄清所產生的新問題情境，進入下一個階段的教育行動螺旋（McKernan, 1996）。

　　通常在過去的許多行動研究實驗過程當中，評鑑是一項弱點，因為往往教育實務工作者使用的新方法與新內容經過測試使用之後，卻未能明確說明其實際結果是什麼（Elliott, 1998）？而且往往在許多過去的行動研究評鑑當中，主觀評估與客觀評鑑也混淆不清。通常在過去的行動研究當中，評估的範圍是比較有限，並未包括所進行實驗或行動的主要具體目標，或只以數量簡易測量這些實務工作領域的明顯可見革新，而且通常看不見的革新結果，往往是最容易受到忽略的評鑑對象，這是由於過去缺乏簡易可行的評鑑技術，以描述這些教育行動研究的結果。但是，往往有的教育實務工作者極易忽略客觀精確的評鑑，而且只用快樂、興趣或氣氛等抽象名詞來描述其教育行動研究個案的結果，甚至，許多教育實務工作者開始進行研究之初，並未

建立適當的評鑑規準，因此也無法透過適切的衡鑑，闡明教育實務的改進發展歷程與結果。

例如評鑑的一個非常重要的部分，是同時去記錄學生反應的改變，並記錄所使用的歷程方法，或使用材料的改變。在進行教育行動研究實驗過程當中，此種歷程方法與內容必須接受嚴厲的考驗審查。但是，教育行動研究實驗是否成功，必須根據學生是否產生可欲的學習效果而加以衡量判斷其效能，因此，必須清楚地理解教育行動研究實驗歷程與學生改變之間的關係。對教育行動研究實驗歷程的不正當描述，將導致無法瞭解學生改變的原因，對結果的不正當衡鑑，通常導致不當的態度，亦即，毫無理由偏好擁護某種方法或程序，卻罔顧學生學習的效果。

雖然不能忽略教師對學生發生改變的主觀判斷，教育實務工作者也應該設法取得客觀證據，諸如學生表現記錄、測驗結果資料、以及其他確實的資料，以便進行仔細比較分析。重要的是在進行教育行動研究實驗的過程中，開始進行研究與研究結束時，皆必須獲得上述的記錄與評鑑資料，因為取得繼續不斷的記錄是印證學生發展的必要證據（Taba & Noel, 1992, 73）。因此，教育實務工作者進行教育行動研究的評鑑時，應該特別留意下述的評鑑檢核項目、小秘訣與評鑑的具體任務。

（一）評鑑可能的影響力之檢核項目

就評鑑可能的影響力之檢核項目而言，教育實務工作者應該注意下列事項。特別是是否已經指出並確定那些評鑑指標「可以用來表示變革的歷程」？是否強調那些能夠具體地表達那些已經改進實務行動的重要關鍵事件？是否將這些能夠具體表達已經改進實務行動的重要關鍵事件從資料當中抽離出來，並且和具有批判力的同仁們一起分享這些事件與理念？而且教育實務工作者也必須細心顧及是否還有其他事情沒考慮到嗎（McNiff, Lomax, & Whitehead, 1996, 64）？

（二）評鑑可能的影響力之小秘訣

就評鑑可能的影響力之小秘訣而言，教育實務工作者應該留意下列事項。特別是這是您提出證據的階段。因此，要經常記住下述這些問題：「您如何顯示那些發生改變的事情是隨著您而發生的？」、「您如何證明是您的影響力促使了情境發生改變？」、「誰能證明您所說的話呢？」、「您的重要關鍵證據是什麼呢？」、「您如何證明它是重要的關鍵證據？」。教育行動研究者應該巧妙地運用「重點強調」的想像手法（Altrichter, Posch, & Somekh, 1993）。運用心靈強調顯著筆觸，將構成改變的清晰證據之重要內容挑選出來，進行重點強調。特別是當一面進行教育行動研究計畫過程時，便應該一面將上述的顯著改變部分整理成為書面記錄，保存起來，作為強調的重點。

（三）評鑑可能的影響力之具體任務

就評鑑可能的影響力之具體任務而言，教育實務工作者應該注意下列事項：

1. 決定何者才是證據，並且仔細思考如何加以呈現。從資料中萃取出那些可以做為清晰指標的部分，同時寫出實務工作情境當中最顯著的特質和最重要的關鍵事件（Altrichter, Posch, & Somekh, 1993）。

2. 要特別注意訪談錄音轉譯謄寫的書面資料文件。這些書面文件可能是強而有力的證據，特別是，如果您要求參與者一起思考、反省與您一起研究的整個工作過程，或者邀請他們談一談是否他們也覺得情境已經得到改善，這些訪談內容將是十分重要的證據。而且不要忘記可以將完整的訪談對話錄音謄寫轉譯書面稿件，列為您的研究報告後面的附錄。

3. 開始整理編撰一份有系統的證據記錄，並且要建立一個「證據盒」，蒐錄任何各種不同而重要的研究資料，並且也要確

定已經在證據上註明時間日期和編碼，以便顯示該證據是屬於整個研究方案當中哪個階段的證據資料（McNiff, Lomax, & Whitehead, 1996, 64）。

四、評鑑的制度化

評鑑之各種不同的途徑，蘊含著個別教育工作者實務與社會組織體系之間關係的不同觀點（Elliott, 1998）。例如：不管是經由學校行政主導的團體組織體系的系統反省檢討，或是經由個別教育實務工作者個人所進行的自我反省檢討，皆有可能對教育的實務問題與品質產生顯著的影響。學校行政人員與外來的學者專家可能促進或阻撓「評鑑」之有效歷程之制度化。但是，可以經由跨越不同組織體系的個人間之網際網路，共同合作，根據所蒐集的相關證據資料，進行評鑑反省與回饋。因此，教育行動研究者進行教育行動研究的評鑑，必須特別考慮下列問題。

一方面，如果個別教育實務工作者缺乏機會和其專業同儕的相關重要人士進行專業討論與對話，則個別教育實務工作者無法光憑個人單獨孤立的努力，便能顯著地改進教學實務（夏林清與中華民國基層教師協會，1997）。但是，另一方面，如果嘗試經由科層體制式的控制途徑之教育變革，企圖透過由上而下的高壓方式改變學校教育體系與教師教學實務的作法，將會遭到抵制並且可能導致失敗（Altrichter, Posch, & Somekh, 1993；Elliott, 1998, 179）。因為科層體制通常是由透過由上而下的權力來決定評鑑的方向與方式。有權力的人訂立規則，就成了訂定規則的守門員，決策者有認可知識有效的獨立權力，這是一種控制的形式，但這種由上而下的高壓方式不容易融入被控制的下層文化中（McNiff, 1995, 1996）。

總之，教育行動研究的評鑑之各種不同的途徑，蘊含著個別教育實務工作者教學實務與學校社會組織體系之間關係的不同觀點。

不管是由上而下地經由學校行政主導的組織體系的系統反省檢討，或是由下而上地經由個別教育實務工作者個人所進行的自我反省檢討，皆有可能對學校教育的實務問題與品質產生顯著的影響（Elliott, 1992）。特別是學校行政人員與外來的學者專家，皆可能促進或阻撓教育行動研究評鑑之有效歷程之制度化（Elliott, 1998, 179）。但是，可以經由跨越不同組織體系的個人間之網際網路，結合由上而下與由下而上的網路，協同合作，共同針對自己本身實務工作情境問題進行教育行動研究與評鑑，將可以進一步促成教育行動研究評鑑之制度化。

第二節　確定教育行動研究效度與再關注

教育行動研究的一個重要階段程序，乃是透過評鑑與反省回饋，以便進行修正與獲致結論（Elliott, 1992）。過去許多教育問題未能獲得適當的解決，便是因為許多研究人員一開始便有偏頗的假設立場，並且刻意選擇特定資料，加以證明支持其原有的立場（Elliott, 1979）。因此，教育行動研究者進行評鑑分析時，必須避免刻意安排預先指定的結果。教育行動研究者不應採取單一而固定僵化的偏見，因此在教育行動研究過程中，必須允許更多的討論空間，有必要確保並尊重不同的價值與觀點，以呈現未被注意到的論點（Altrichter, Posch, & Somekh, 1993），甚至，接納挑戰研究方案的既有共識。

教育行動研究者在評鑑與回饋階段，應該納入其他相關人員的評鑑觀點。如此，則將能增加不同的省思角度。特別是，如果所研究的問題是一個具有爭議的問題領域，則若能囊括涵蓋「較少投入」（less involved）的人士參與最後的評量衡鑑，則其結果可能將更讓

人接受（Elliott, 1979）。因此，教育行動研究者必須注意教育行動研究效度的重要問題、確定教育行動研究的效度、評鑑教育行動研究效度的考評團體、證明「已改善問題」的宣稱具有效度、以及再關注與修正實務工作。

一、教育行動研究效度的重要問題

教育行動研究效度的重要問題而言，下列的問題將有助於釐清行動研究的效度（蔡清田，1998d; 1999a）：

（一）您在行動研究結束之後，提出了何種結論主張與結果宣稱？

1. 您的結論主張與結果宣稱是什麼？
2. 您認為是否解決了您所關注的問題？
3. 您認為是否改進您的實際工作？
4. 您認為是否改善您的實務工作情境等？
5. 您是否增進本身對教育專業的理解？請說出您的心得與收穫。

（二）您根據何種教育專業規準來判斷您的主張宣稱的有效性？

1. 您在哪個層面獲得教育專業成長？
2. 您有無舉出證據支持自己的論點？
3. 您所舉出的證據適當嗎？
4. 您所舉出的證據充分嗎？
5. 您的合作對象是否認同您的行動研究成效？

（三）再關注（下個行動研究的準備與暖身）

通常從事教育行動研究的人員會事前設定期望與理想，但是真正進行研究之後很快就發現實際與理想的差異，必須涉及更進一步的磋商協調與修正。因此，可能必須改變原先的觀念或想法。實際

上，教育行動研究也是從不斷行動與反省修正中逐步獲得預期的成果
（McNiff, 1995）。從第一循環的行動研究實施，可能引發第二循環
的教育行動研究，如此便形成繼續不斷的歷程（Elliott, 1979）。教
育行動研究應該是開放的，不斷依據行動研究證據與結果，持續進行
發展修正與重整，進而形成更進一步的再度關注問題的焦點（Winter,
1987）。因此，您應該根據評鑑的結果，判斷是否解決原先您所關注
的問題。

　　您身爲一位教育實務工作者應該確定您是否已經解決了您所關注
的問題了嗎？如已解決，則可以關注另一個相關衍生的教育問題，作
爲下階段另一個行動研究計畫的起點。如未能解決原先問題，請您說
明目前的失敗情形與失敗的可能原因，並請繼續努力，作爲下階段行
動研究繼續探究的問題，必須「修正」原先所關注問題的焦點，研擬
更適切的方案，並再度採取行動與評鑑，有效解決問題。

二、確定教育行動研究的效度

　　就教育行動研究的效度而言，教育實務工作者進行教育行動研究
的效度是什麼（Winter, 1987）？此問題的答案，或許也可以回答下
列的問題：教育行動研究有何優點？教育行動研究方案的介入，導致
何種改變？教育行動研究最後是否眞正能造成所經驗問題的改變？學
生的學習是否變得更好？教師的教學是否變得更有效能？特別是教育
行動研究方案增加了學生、教師與行政人員何種教育利益（Altrich-
ter, Posch, & Somekh, 1993）？教育行動研究的問題解決方案之「處
遇的方式內容」，可以類推應用到其他的問題情境嗎？教育行動研究
的結果是否可以引導教育知識的建立，並建立課程教學通則的可能性
嗎（McKernan 1991, 158）？

　　教育行動研究能給予教育專業知識合理的解釋，教育實務工作者
可以直接提出宣稱已經在教育實務工作上促成進步與改善實務工作情

境，並提出支持的證據加以說明，但是除非其他人同意您的宣稱主張與證據，否則您的研究仍不足採信。所以要準備將研究結果公開呈現在眾人面前，徵詢其贊同，或者若未獲贊同，則您可以問明其原因及建議作以為修正之參考依據，例如：有無必要提出更多的證據，或舉出不同性質的證據以便加以補充說明（McNiff, 1995）。

例如：教育行動研究者可以公開地說：「您們說得沒錯，但是請看看我的實際教學工作，我希望能證明學生們的進步，確實是因為與我在一起共同努力才發生的，我可以提出有利的文件證據來說明我如何察覺自身實際教學工作尚待改進之處、如何確定改變是必須的。此外，我也有錄影帶可說明學生們認為透過共同參與的過程確實可以獲致學習的進步，學生的進步情形可以從上學期與這學期所拍攝的課堂教學錄影帶中得到證據。而且老師與學生們也一致同意獲得此種進步的發展。」可見，教育行動研究是一種協同合作共同經驗的分享。

具體而言，教育行動研究者依據不同的規準，並且可以透過不同的形式，考驗教育行動研究的效度。

（一）判斷教育行動研究品質的標準

評鑑並判斷好品質的教育行動研究，難免引起爭議，因為所謂「好」的定義是依據特定的效度規準（Altrichter, Posch, & Somekh, 1993）。規準意指某件事被判斷的指標。因此，教育行動研究者應該考慮評鑑的效度可能因不同的評鑑規準，而產生不同的評鑑效度。特別是：

1. 由誰進行評鑑與判斷？
2. 評鑑者進行判斷所採用規準是什麼？
3. 由誰決定誰有資格進行評鑑與判斷？

教育行動研究的評鑑者往往根據其偏好的價值觀，界定所謂「好」的定義，作為進行評鑑與判斷的規準，換言之，評鑑效度規準的設定是因人而異，因此家長、社會人士、行政人員或學術研究人員

所設定的規準和學校教師設定的規準可能就不一樣。例如：上述人員對工作經驗之價值判斷可能界定為幾種：(1) 根據教科書內容知識生產量的累積價值進行判斷，(2) 根據拓展實際生活技能的寬廣經驗作為評鑑判斷依據，(3) 根據提供正統學校教育之外的另類變通經驗作為評鑑判斷的依據（McNiff, Lomax, & Whitehead, 1996, 115）。

不同的人根據不同方式並根據不同的標準進行評鑑判斷。例如：工廠經理往往根據就業市場情況所需的基本能力作為評鑑學生的標準，家長則以升學率作為評鑑判斷學校教育的標準，而學校教師則往往根據不同的生活教育經驗作為評鑑判斷學校教育的參考標準（Altrichter, Posch, & Somekh, 1993）。教育實務工作者往往根據我們所擁有的價值觀為依據，設定所要進行評鑑判斷的標準，這些評鑑判斷的標準通常也與所處的實務工作情境環境有著密切關聯。如果希望教育行動研究工作能成功，則上述評鑑判斷的標準認定便不容忽視。

（二）考驗教育行動研究效度的各種形式

考驗教育行動研究效度的各種形式至少包括教育實務工作者自我認定的效度、教育實務工作者同儕認定的效度、上級行政主管認定的效度、學生所認定的效度與教育學術界認定的效度，茲分述如次：

1. 教育實務工作者自我認定的效度

身為一個有責任感的教育實務工作者，您可以展現並判斷對自己所進行的行動研究結果是否滿意？就此種由教育實務工作者自我認定的效度而言，是教育行動研究的最基本的效度之一。您是否能展現出您已經運用系統的探究方式，幫助自己比更有效率地根據自己的專業價值理念從事實務工作？而且是否能對自己所進行的專業學習，提出合理而正當性的說明（McNiff, Lomax, & Whitehead, 1996, 108）？

2. 教育實務工作者同儕認定的效度

身為一個有責任感的教育實務工作者，您能不能說服工作同仁接受您所宣稱的知識主張？就教育實務工作者同儕認定的效度而言，您

的工作同仁們是否同意您的表現是一種具有責任感與優越的教育專業行動？能否對自己的教育專業工作向您的工作同仁們提出清楚而明確的評鑑規準，並根據這些規準向您的工作同仁們，提出一套具體的證明呢（Altrichter, Posch, & Somekh, 1993）？

3. 上級行政主管認定的效度

身為一個有責任感的教育實務工作者，您能不能讓行政主管或權責單位認定您已經努力改進您的教育實務工作。而且就上級行政主管認定的效度而言，您努力改進教育實務的方式，也可以進一步被您的主管採用為整體組織發展計畫的一部分（Elliott, 1998）？

4. 學生所認定的效度

就學生所認定的效度而言，如果您是一位採取教育行動研究的學校教師，則與您一同進行研究的學生是否同意並支持您所進行與他們利益相關的教育行動研究？您是否參考學生所期望的方式來進行研究？學生的學習生活是否因您的教育行動研究介入而改善（McNiff, 1995）？這些也是教育行動研究的重要效度之一。

5. 教育學術界認定的效度

就教育學術社群而言，教育學者專家是否同意您所從事的教育行動研究有助於教育知識的重組與建構。您從事教育行動研究，必須提出並展現您的研究結果是否合乎教育學術社群所建立的評鑑形式（McNiff, Lomax, & Whitehead, 1996, 108）。對於希望透過教育行動研究，獲得學位的教育實務工作者而言，此種教育學術界認定的效度更有其重要價值。

三、評鑑教育行動研究效度的考評團體（VIVA勝利成功）

教育實務工作者在進行教育行動研究過程中，有必要具體說明進行的教育行動方案結果是否真正有效？為了讓別人更確定您的教育行動研究成果，以及是否已改善您的問題，使您主張的知識宣稱更具說

服力，通常是由教育行動研究的效度考評小組（validation group）來評鑑您所進行的行動研究成果（McNiff, Lomax, & Whitehead, 1996, 31）。教育行動研究的效度考評小組可以包括由進行教育行動研究的學校教師同仁、校長主任、專家學者所組成。特別值得注意的是，教育行動研究效度考評小組的角色如何呢？他們是教育行動研究的評量者或促進者？教育行動研究效度考評小組在什麼時機進行行動研究的引導，對行動研究達成目標較為有用？而何時又會干擾到教育實務工作者的計畫、觀察和省思的過程呢？為適應不同的情況，似乎有不同的方法，然而可否找出一些通則呢？以下茲就組成教育行動研究效度的考評小組、進行考評小組會議、教育行動研究考評會議的任務與目的、以及教育行動研究效度考核小組會議記錄加以說明。

（一）組成教育行動研究效度的考評小組

教育行動研究的效度考評小組一般是由進行教育行動研究的同事、校長、專家或學者所組成。教育行動研究效度考評小組的成員，也可以包括指導教師、輔導教師、具批評能力的諍友與來自另一個團體的獨立公正人士等。就教育行動研究的評鑑而言，通常包括聘請一組相關人員對您所提出的教育行動研究報告內容進行效度考核的判斷。這些人員可能是由上述的團體成員，以不同的方式組合而成。教育行動研究效度考評小組成員，需要以同理心面對所提出的研究內容，而且要能提出具批判力的回饋建議。由於評鑑是一件高難度的挑戰，因此，教育行動研究的評鑑可能產生兩難衝突，因為一方面既要保護研究人員的原有創意，另一方面又要同時提出批評，引導教育行動研究者思考未來的進一步繼續發展。所以沒有必要找具有敵對仇意或漠不關心您研究的人成為考驗行動研究效度的成員。進行教育行動研究的評鑑，最需要的是能組成一個具批判力的觀察小組，避免不必要的誤解，而且您的研究本身也應該要具有經得起考驗的特色優點。因此，有必要網羅一些您的教育行動研究小組成員以外，但是具

有批判力的觀察者，以便請其就批判眼光提供謹慎細心的建議回饋（McNiff, Lomax, & Whitehead, 1996, 110）。

如果能在行動研究方案開始時，就能明確指出您希望網羅到哪些人成為您的教育行動研究效度考評小組成員，並邀請其參與批判貢獻，則他們將對您的研究將有極大助益。但是，您應確定此一效度考評小組的規模有助於您所要完成的教育行動研究。這個評鑑行動研究效度考評小組成員應不要超過十人，通常三至五人即可發揮其應有得功效（Altrichter, Posch, & Somekh, 1993）。而且在教育行動研究方案結束時，寄一份最後的總結報告書給行動研究效度考評小組成員，表示感謝其投入參與協助與支持。這對您來說是很容易做到的，而且您往後說不定可能還會需要他們的幫忙呢。

最理想的情況是在整個研究的過程中，有同一組效度考評小組，邀請其長期針對您的研究進行評鑑，就您的重要成就進行比較對照之後，評論您的進步成長與提出各種指正建議。因此，您可以先列出希望考評小組進行評鑑會議的日期表，間隔多久依您的研究工作完成情況與考評小組成員的意願及時間而調整，但是最好至少每二個月應該開一次會進行進度檢討。如果評鑑行動研究的考評小組成員同屬一個服務，會議的召開比較容易安排，如果成員屬於不同機構，而且必須經過長途旅行才能前來開會，則必須作好事前的會議規劃與安排（McNiff, Lomax, & Whitehead, 1996, 110）。

（二）進行考評小組會議

教育行動研究效度考評小組成員在會議之前，應有機會得到教育行動研究者的短篇報告等相關資訊。教育行動研究效度考評小組成員所要扮演的角色，應該仔細審視證據，聆聽教育行動研究者的報告內容，提出問題質疑探究，最後評鑑探究證據夠不夠說服力與效力，是否能支持教育行動研究者的論點。教育行動研究效度考評小組成員扮演具有同理心與批判力的角色，不是無條件的支持者（Altrichter,

Posch, & Somekh, 1993）。因此，教育行動研究者不應該對效度考評小組有著不切實際的期望，不要一味設想效度考評小組會完全支持您的論點，因為他們將不會接受缺乏水準的研究，而且考評小組應該期望您能以足夠而堅強的證據支持所主張的知識宣稱。是以對教育行動研究效度考評小組所提出的批評，不應該消極的逃避或負面的抗拒，而應該積極面對其所提出的批評與建議，並適切地加以回應。因為他們的職責便是確保您是否能運用真實而明確的證據，提升您的行動研究效度（McNiff, Lomax, & Whitehead, 1996, 31）。

在進行教育行動研究效度考評小組會議之前，教育行動研究者一定要徵得指導教師的同意。因為指導教師有責任，確定教育行動研究者所提出的主張論點有足夠的說服力，特別是判斷其是否具備學位論文的資格，可以作為學位論文的價值。教育行動研究效度考評小組會議的日期亦應先徵詢指導教師的意見，也應將日期、時間及地點加以公告。在開會前的一天或幾天，準備一份短篇報告給教育行動研究效度考評小組成員，以便使其瞭解研究的脈絡與目的，其內容大致包括最初研究計畫構想如下：

1. 教育行動研究者所關注的主要問題是什麼？
2. 為什麼關注此主題？
3. 做法如何？
4. 結果如何？
5. 應該列出教育行動研究者主要的論點主張，而且應在會議中提出有關支持研究主張的報告與有利證據。

（三）教育行動研究考評小組的任務與目的

評鑑教育行動研究考評小組的一項重要工作，便是評鑑整體報告與所需的證據，亦即進行總結性評鑑報告（Elliott, 1998），當效度考評小組全體同意您所提出的知識主張是有效的宣稱時，亦即指出您進行的研究是可信可靠的，您所提出的知識主張宣稱，可以增進教

育整體知識，也可以被採納接受（McKernan, 1996）。甚至，有時評鑑行動研究考驗效度的程序，可以被安排為正式學術發展與專業進修計畫的一部分，配合碩士或博士學位考試，提供效度考評小組成員必要的指引，並且依據重要規準呈現行動研究的報告內容（McNiff, Lomax, & Whitehead, 1996, 110）。

　　評鑑教育行動研究的效度考評小組會議目的，是經由教育行動研究者向具有同理心與批判力的聽觀眾提出證據說明，並考驗其所提出的主張宣稱在教育專業領域所達成的變革歷程與結果。成功的會議結果應該可以增進教育行動研究者對研究的理解程度，協助其對研究方向有更清楚的觀念。

　　教育行動研究效度考評小組會議應至少進行一個小時。研究人員應仔細聆聽、記錄會議內容，現場錄音是不錯的方法。會議記錄也可以納為研究論文的附錄之一。然而，決定如何召開評鑑行動研究的會議是因人而異。您可以指派一個人為程序中立的主持人，也可以自己親自主持此項集會，或邀請效度考評小組成員主持會議。召開會議旨在完成下述原則：1. 提出進步成果報告與整體成果總結報告，說明達成的成果與特別傑出的部分；2. 整理適當而具體的證據，以支持報告中所提出的知識主張與宣稱；3. 針對自己所從事的行動研究進行批判分析，例如指出並比較哪些證據與您所提出的知識宣稱主張有關，或針對實務工作的各種層面進行意見徵詢（McNiff, Lomax, & Whitehead, 1996, 110）。

（四）教育行動研究效度考評小組會議記錄

　　教育行動研究效度考評小組會議及其相關會議記錄，可以作為教育行動研究的評鑑過程之一部分。在教育行動研究效度考評小組會議結束時，教育行動研究效度考評小組會議的記錄也應完成，並由會議成員簽名。指導教師應確定研究人員也有一份備份，以便日後列入正式研究論文中。但是仍應注意下列事項：

1. 教育行動研究人員做進一步的研究工作之前，行動研究效度
   考評小組會議應清楚的告知研究人員，目前的研究成果如
   何，是否與原來的研究主題相符合，證據具不具有說服力。
   如果教育行動研究效度考評小組會議欲建議研究人員做改
   變，相關事項均應在會議提出。

2. 教育行動研究計畫中，證據不足的地方，如果經由研究人員
   的解說，可以讓證據不足的部分清楚的話，研究人員仍可繼
   續研究工作，但這些均應仔細記載於會議記錄之後。日後，
   如果研究方向改變與以前的情況不同，研究人員應取得指導
   教師的同意，一併將改變的情況登錄於會議記錄中。

3. 在研究內容中，證據不足的地方或者研究計畫的基本主張需
   要大幅修改時，研究的腳步應先暫緩，並且重新檢視計畫重
   新使研究具有效力。

四、證明「已改善問題」的宣稱具有效度

　　傳統的研究品質好壞分別在於如果使用同樣的方法，是否能比別
人獲得相同的結果或類推到其他的情境？而且研究人員可以預測未來
的結果，並透過操作、改變變項來控制結果。上述的這些傳統研究規
準，不一定適用於教育行動研究。行動研究的目的是要獲得理解而
不在於預測，教育行動研究的目的在於解放而不在於控制，因此，
教育行動研究並不強調知識的可複製性及可類推性。傳統的研究以他
人為研究對象，但是教育行動研究以自己為研究對象，而不以他人為
研究對象，為的是瞭解自己的教育實務工作並改善其實務工作所在的
社會情境脈絡。教育行動研究者提供其個人親身經歷的真實故事，舉
出增進自己的理解與改進實務工作的真實故事。教育行動研究者強調
這些真實的成長故事之共同分享，不是要競爭，而是互相合作。這種
集體分享的學習，可以建構「集體的知識」（collective knowledge）

（McNiff, Lomax, & Whitehead, 1996, 106）。

傳統的研究，將知識的主體建構在可複製性與可遷移類推性的基礎之上。教育行動研究則將知識主體建構在個案研究的基礎當中。教育行動研究者將自己的故事告訴別人，別人再將原創者的故事重新加以詮釋，成爲詮釋者自己的故事（Connelly & Clandinin, 1990），教育行動研究經由個人故事的累積，展現了集體學習的文化（McNiff, Lomax, & Whitehead, 1996, 107）。如果每位教育行動研究者皆願意提出自己對知識的宣稱主張，並且勇於接受別人所提出的批判，以確定其主張的知識宣稱是合理適當的（Winter, 1987）。因此，儘管教育行動研究有時被批評爲「在方法論上放棄個人責任」。但是，其實這種批評並不公平，因爲教育行動研究所要求的是心智上與學術上的獨立（intellectual independence），重視誠實及責任感，因此，教育行動研究也認爲知識的主張，可以經由最嚴苛的規準考核其效度（McNiff, Lomax, & Whitehead, 1996, 107）。是以，下述有關教育行動研究效度的考驗項目有其重要價值。

（一）證明所提出的宣稱具有效度之檢核項目

就證明所提出的宣稱具有效度而言，教育實務工作者應該特別留意下述檢核項目。特別是是否已確定了您的教育行動研究「效度考評小組」的成員，並且擬妥和他們一起開會的時間表？是否已妥善整理資料，可以提出具體明確的證據，來支持「已改善了實務工作情境」的宣稱？是否已指出並確定了一些可能的規準，以便提出您的主張宣稱？是否考慮過其他的可能規準，以便於進行協商？是否還有其他事情沒考慮到嗎（McNiff, Lomax, & Whitehead, 1996, 65）？

（二）證明所提出的宣稱具有效度之小秘訣

現在是您正在想辦法呈現證據，以顯示您已經改善了問題；同時，現在也是您徵詢別人同意或不同意您所提出的宣稱之重要時刻（Elliott, 1979）。您必須記住下列的問題：「您所宣稱已經達成的

是什麼？」、「您認為您已經達成何種改善？」「您如何證明此種改善具有價值性與重要性？」、「您希望利用何種規準來判斷您的實務工作情境是否獲得改善？」、「您能和別人共同協商出這些判斷的規準嗎？」

（三）證明所提出的宣稱具有效度之具體任務

就證明所提出的宣稱具有效度而言，教育實務工作者應該特別留意下述具體任務事項：

1. 將您的證據加以整理組織。特別是仔細核對資料，俾能指出並明確顯示您所達成的改善（McKernan, 1996）。

2. 從重要的關鍵事件當中舉出具體的證據，並說明您能夠如何改善實務工作情境中的實際問題。

3. 說明您所提出的宣稱具有重要性與價值性。

4. 安排和行動研究「效度考評小組」成員進行會議討論。要寄給他們一份您的教育行動研究進度報告，並且要舉出您所蒐集的證據。而且在會議過程當中，應該要邀請「效度考評小組」成員提供批評意見與回饋建議（McNiff, Lomax, & Whitehead, 1996, 65）。

五、再關注與修正實務工作

評鑑教育行動研究，一方面旨在透過各種不同的效度確定您所宣稱已經完成的研究任務，另一方面您也在尋求回饋以瞭解自己的努力是否已經達成。如果效度考評小組不如此認為，則可藉此機會請其提供改進的參考建議（Elliott, 1998）。

您的第一回合的教育行動研究反思循環，到此告一段落。您已經經歷整個行動研究循環，但是這個教育行動研究仍然沒有完全結束。您已經過第一回合的循環，目前正要邁向下一回合的教育行動研究循環（McNiff, 1995）。如果您的行動研究效度考評小組成員同意

您已經達成您所提出的知識主張宣稱，您的研究成果已經過審慎嚴密的考驗測試，而且您已經達成預定的目標，而且您的知識宣稱主張是有效的。您就更有資格更有信心地進行下一個您所選擇的行動方向（McNiff, Lomax, & Whitehead, 1996, 111）。

　　教育行動研究要經過多少人認可才算有效？教育行動研究效度考評小組要建立自己的程序，經過一再地討論他們身為評鑑者的角色，並深入討論所進行的研究之歷程與結果。如果完全沒有人同意您所提出的知識主張宣稱呢？換言之，如果若未能達成預期目標，就有必要修正所關注的問題與相關實務工作。那就要審慎反省檢討自己所提出的知識宣稱與主張，並且再重新提出證據與新的主張論點，因此您必須完全承擔行動研究之所有責任，勇敢地檢討錯誤與失敗所在，並且務實地繼續從事下一回合的教育行動研究螺旋（McKernan, 1996）。

（一）修正教育實務工作之檢核項目

　　就修正教育實務工作之檢核項目而言，教育實務工作者應該留意下述事項：

1. 是否仔細反省過「效度考評小組」所提出的回饋意見與批評建議（McNiff, Lomax, & Whitehead, 1996, 66）？

2. 是否考慮過，您所採取新的實務工作形式是否更合乎您的價值觀？

3. 是否構想出新的方法途徑，並且可以和他人共同分享（Elliott, 1979）？

4. 是否構想出新的方法途徑，對您的組織機構更有貢獻，並且將這些方法途徑和其他人一起分享（Elliott, 1998）？

5. 是否已經指出並確認新的實務工作有哪些方面仍是需要特別注意的？

6. 是否還有其他事情沒考慮到？

（二）修正教育實務工作之小秘訣

目前您正邁入最後的整個教育行動研究方案的最後階段，而且即將公開呈現您的研究發現結果（McNiff, 1995）。因此，必須和教育行動研究的重要他人一起核對是否一切正確無誤？假如有必要，可以再次和他們交涉協商任何他們覺得不適切的部分（McNiff, Lomax, & Whitehead, 1996, 66）。

（三）修正教育實務工作之具體任務

評鑑反省教育行動研究與再關注的修正實務工作階段，最後便是要以書面具體寫出您改變實務工作的歷程方法，確實反省檢討「效度考評小組」對您的研究所提出的回應，並且設法將其納入到口頭報告和書面報告當中。特別值得注意的是在正式進行寫作之前，安排與行動研究的重要他人進行討論，邀請他們評論您的行動研究工作可能帶給這個組織機構何種衝擊與影響（McNiff, Lomax, & Whitehead, 1996, 66）。

如果您覺得目前進行的教育實務工作方式比您以前所使用的方式更好，您很可能持續沿用目前這種新的方式。不過，它仍然具有改善的空間；或許還有其他面向值得關注，甚或需要繼續努力。您可以用具有說服力的方式證明您已改善了某個面向的教育實務工作，或者您已經促成了進步而且達成令人滿意的結果；這些辛勤努力的研究成果對於您往後更進一步的研究是一個相當大的激勵（McNiff, Lomax, & Whitehead, 1996, 69）。

總之，本章說明了教育實務工作者如何進行教育行動研究的評鑑回饋，以及如何確定教育行動研究的效度與再關注研究問題。作者將在下一章指出如何呈現教育行動研究報告。

CHAPTER 11

呈現教育行動研究報告

11

我思故我在，我寫故我在。

　　教育行動研究的「第六個主要階段歷程」是呈現教育行動研究報告。研究成果的呈現發表是行動研究者最好的回憶記錄。教育行動研究的呈現，幫助教育實務工作者分享彼此的經驗，累積教育實務工作的智慧結晶與延續教育文化的遺產，並且證明「我思故我在」與「我寫故我在」的存在價值。因此，教育行動研究報告宜強調研究者對自我的故事之敘寫（McNiff & Whitehead, 2009, 30），涉及不同時間一系列事件之描述，因而在教育行動研究報告的呈現上，是比較偏敘事的（narrative）報告形式（Winter, 2002），而且教育行動研究報告的架構可以參考「緒論（包含研究目的與研究問題）、文獻探討、研究方法與設計、研究結果與討論分析、研究結論與建議、參考文獻與附錄」等這六項常見的報告名稱與論述的先後順序（蔡清田，2010）。然而，甄曉蘭（2001）就指出任何研究報告都應涵蓋這幾個項目，只不過行動研究者可以運用能彰顯自我的探究歷程之章節名稱與組織方式，以增進研究報告的可讀性及研究脈絡的清晰性與完整性。而且，教育行動研究宜進一步提供關心教育革新的社會各界相關人士進行心智交流，並就其所提出的教育問題與所採用的問題解

決途徑，進行討論對話與理性論辯（Elliott, 1998, 156）。

　　行動研究者有義務向有利害關係的參與者報告其研究發現。行動研究之所以成為研究，必須是系統的、自我反省批判的探究，而且也必須是公開於眾人之前的（Stenhouse, 1981）。這是對所獲得的問題解答與研究假設，採取自我質疑立場的一種研究倫理（McKernan 1991, 157）。如果一項教育行動研究可被視為是嚴謹的研究，那麼從事此教育行動研究的教育實務工作者必須呈現其研究報告（Ebbutt, 1983）。特別是如果教育實務工作者能夠清楚明確地呈現其教育行動研究報告，以一種富有創意的手法撰寫行動研究報告，並且對外發表甚至加以出版，將能協助更多的相關人士瞭解整個教育行動研究的過程與研究的結果（Lomax, & Paker, 1995）。本章呈現教育行動研究報告的主要內容分為兩節，第一節是撰寫教育行動研究報告，第二節是公開教育行動研究報告。茲將其主要歷程表列如表11.1。

✎表11.1　教育行動研究的主要歷程六：呈現教育行動研究報告

教育行動研究報告之呈現	清楚而具體地呈現	成功的研究報告呈現規準
誰是教育行動研究報告的聽讀者？他們會用何種規準來判斷這份報告？	具體地呈現所解決的問題，釐清呈現教育行動研究報告之目的。	清楚地瞭解聽讀者對象是誰？報告內容有清楚的參考架構，結構組織嚴謹。
您是否呈現教育行動研究報告的重要內容？	您是誰？您的身分是什麼？您研究什麼內容？	運用最低限度的專業術語。
您的教育行動研究報告內容是否精簡而且完整？	就上述階段規準而言，您的教育行動研究報告是否具有高水準的內容？	能以精簡而完整的方式呈現報告內容，清楚地描述研究的優點與限制。
依時間順序作成報告內容相當有用，但如能將情境活潑生動化也是重要的。	是否作成研究結論？並允許利用其他資料來源，就此結論進行批判對話？	指出教育行動研究的啟示，並運用其他相關資料來源進行對照與批判評鑑。
對聽讀者而言，所呈現的教育行動研究報告內容形式與用語措詞是否適切？	是否提供聽讀者足夠的資訊，以便引導其進一步追蹤考驗資料與繼續探究？	提供足夠資訊，以便聽讀者就其興趣與關注的議題繼續進行追蹤探究。

第一節　撰寫教育行動研究報告

　　進行教育行動研究的目的，一方面是爲了解決教育實務問題，另一方面也是爲了拓展教育知識（Elliott, 1998）。特別是進行教育行動研究的過程當中，可以開創新的知識領域。因爲透過教育行動研究報告，呈現教育行動研究的主要成果，就像在提出對於教育知識的宣稱主張，公開地告訴聽讀者，您身爲一位教育實務工作者已經做到了改進教育實務工作，改善教育實務工作情境。因此，教育行動研究的目的，一方面不只是爲了改善某一個特定教育實務工作情境；另一方面更由於您身爲一位教育實務工作者經由親自與學者專家共同努力合作，和工作同仁進行磋商交涉，不僅可以增進自己對教育實務工作的理解，更可以向協同合作對象夥伴與其他相關人士進行溝通說明與澄清解釋「您進行教育行動研究的意義」，並且可以進而建構自己經由教育實務工作情境當中所獲得的教育知識，並且透過實際行動增進拓展個人與集體合作開拓的教育知識（McNiff, 1995）。

　　人類累積了大量沈寂的「潛在知識」（tacit knowledge）。「潛在知識」是一種強大的內在資源。例如：在交談中，別人還沒開口之前，您可能就已經知道對方要說什麼內容。教育行動研究則可以將個人沈寂的「潛在知識」加以公開揭露，因爲進行教育行動研究目的之一，不僅可以鼓勵教育實務工作者分享「潛在知識」，再進一步將知識清楚明白地加以表達，亦即先分享彼此的價值觀，再找到可以表達「潛在知識」之方法。就個人的層面而言，教育實務工作者必須先指出認定一個需要改善的實務工作情境，目的旨在釐清教育實務工作者對此一問題領域的理解，亦即，將您沈寂的「潛在知識」加以具體而直接地呈現出來。透過教育行動研究，可以有意識地增進您對自己沈寂的「潛在知識」之瞭解，對自己的行動提出合理的解釋說明，並且

分享他人的集體智慧與價值。就此而言，教育行動研究報告可以顯示教育實務工作者的行動績效，也可說明這些行動背後的倫理基礎，更可說明如何將教育實務工作（practice）轉換為教育道德實踐行動（praxis）（McNiff, Lomax, & Whitehead, 1996, 106）。

　　對於教育行動研究記錄的保存方式，或許口頭報告所引起的問題會比較單純，而書面報告的撰寫可能相當複雜並且曠時費日，但是書面報告的撰寫，不但可以幫助教育行動研究者進一步釐清研究主題與目的，也可留給關心教育的相關人員一個可供參考的研究文獻。此外，完整詳盡的書面報告和討論記錄，能夠滿足不同聽讀者求知的需求。因此，撰寫教育行動研究的報告，有其獨特意義與無法被取代的價值與功能。但是，教育行動研究者撰寫教育行動研究報告時，應該注意描述真實的教育行動研究、解釋教育行動、確認教育行動研究的聲明、呈現教育行動研究的要點、撰寫教育行動研究結果的個案報告等撰寫綱領要點。

一、描述真實的教育行動研究

　　教育行動研究的報告內容都是以事實的描述為根據，這些報告是以討論、或會議的轉譯、或者是問卷、或訪問的資料為基礎，可以用錄影帶或錄音帶作為記錄資料的工具。而且教育行動研究成果內容的描述，也可能是根據以日誌或是個人反應或觀察為基礎的主觀報告，這些主觀的報告可能顯示出個別的教育行動研究者的獨特觀點。但是，許多教育行動研究者也會以其杜撰的人名與地點，呈現其所進行的教育行動研究實驗的真實過程與實際結果，以保障匿名的參與者。而且教育行動研究者在其研究成果報告中，也可能以研究者自行杜撰的人物故事，或改變故事背景，以隱藏參與者的真實身分，藉以保護教育行動研究的參與者。

二、解釋教育行動

在仔細地描述教育行動之後，另一項重要的工作就是解釋教育行動的工作（McNiff, Lomax & Whitehead, 1996, 20）。基於教育實際工作者本身就是教育行動研究者，教育行動研究相當重視研究者本身對實際情況的掌握。因為教育行動研究者在教育實際工作中進行研究，對問題的瞭解程度應該比情境外的學者專家還高，所以由教育實務工作者所做出的評鑑或反省將對問題的解決有相當大的幫助。因此，「自我」角色一直在教育行動研究中占了舉足輕重的地位（Winter, 1987）。但是，教育行動研究也十分重視成員之間的團結合作度，若能收錄合作團體客觀的批評與意見，將更有助於行動研究所要完成的進步或改善。但是，要提供證據來證明教室中學生的學習品質確實有改善，並不是一件容易的事。雖然由教育實務工作者的教師所撰寫的報告中可看出學生的進步，儘管教育實務工作者的教師們本身非常肯定這個進步的事實；然而，要找出證據來證明這個事實比想像中還要困難。

解釋的工作必須包含理論與實務工作的敘述評論。從教育行動研究的觀點而言，理論是一種可以被否證而處於邁向成熟發展階段的「概念架構」，會隨著實務工作情境的條件不同而改變，因此，教育行動研究的效度，必須置於教育實務工作的生活世界脈絡情境中來加以考驗，根據證據來評鑑並修正行動的先前概念架構（Elliott, 1998）。換言之，教育行動研究的理論本身是開放的，不是封閉的觀念，所以理論和實踐的關係是在動態辯證的過程當中相互影響的（陳伯璋，1987，276）。

三、確認教育行動研究的聲明

確認教育行動研究的聲明的步驟，包括發表聲明、批判地根據證

據來解釋這項聲明、以及虛心接納他人所做的批評（McNiff, Lomax & Whitehead, 1996, 24）。教育行動研究報告的撰寫，必須明確地指出此項教育行動研究的主要聲明，考慮其分析的資料與方法，並且確定這些主要的聲明是獲得適當證據的支持。確認教育行動研究聲明的目的，是爲了能夠充分檢驗證據的明確性，進而獲得修改建議（Elliott, 1998）。然而，確認教育行動研究聲明時，必須留意一些常見陷阱，例如：忽略將陳述與解釋分開；疏忽將行動自教育行動研究中區分出來；混淆了數據與證據間的分別；只呈現原始的資料，而不是總結的資料；欠缺將重要會議過程內容記錄下來，或忽略將事件視爲研究過程的一部分來加以描述。

四、呈現教育行動研究的要點

　　撰寫教育行動研究報告時，應該以特定的實際資料爲基礎，呈現教育行動研究的事實，將可以幫助解釋教育行動研究的發展。但是，呈現整個教育行動研究過程，是一個具有相當高難度的挑戰工作（Lomax & Parker, 1995），因此，教育行動研究者必須利用科學的方法描述教育行動研究的歷程與結果，並且，選擇最重要且確實的途徑呈現教育行動研究的結果要點。例如：個案研究便是一種公開教育行動研究報告的方式（Elliott, 1998）。理想上，個案研究報告必須根據分析的備忘錄，作爲撰寫報告的基礎，而且當教育行動研究者決定要結束一個教育行動研究的螺旋時，並且將研究焦點轉移到一個截然不同的問題或議題之時，應該要寫至少一篇完整的教育行動研究報告（Elliott, 1991, 88）。教育行動研究的個案研究報告重點可以包含下述的內容：

　　（一）教育行動研究的最初「一般的觀念想法」是如何隨著時間演變。

　　（二）教育實務工作者對工作情境問題的理解，是如何隨著時間

而變化。

（三）教育行動研究者在改變對工作情境問題的理解之後，採取
　　　何種行動步驟來進行教育行動研究。

（四）所擬議的教育行動方案之實際實施的情形與影響範圍如
　　　何，教育行動研究者如何因應處理實施的相關問題。

（五）所擬議的行動方案之預期與未預期的效果如何，並且解釋
　　　其發生的原因。

（六）說明教育行動研究者所選擇有關蒐集訊息的技術，特別是
　　　有關：

　　　1. 問題情境與其成因。

　　　2. 教育行動研究者所採取的行動與效果。

　　　3. 任何有關教育研究倫理的問題，特別是有關資料取得
　　　　 與流通應用的溝通協調問題，以及教育行動研究者如
　　　　 何解決這些研究倫理的問題。

（七）教育行動研究者和其他人員進行溝通協調的行動步驟當
　　　中，所涉及的任何問題，或者是行動研究過程當中有關時
　　　間、資源與合作的協調過程當中所產生的任何問題。

　　　總之，教育行動研究者，應該設法具體地呈現隨時間而變化的相
關實務工作概念，說明研究者表達出對教育行動研究過程及進展的感
想，包括實務與理想矛盾的反省、懇談與討論、事件的描述與故事經
過、經驗的技巧、行動研究螺旋（McNiff, Lomax & Whitehead, 1996,
20）。

五、撰寫教育行動研究結果的個案報告

　　　就教育行動研究而言，「個案資料」是指由教育行動研究者所蒐
集的錄音（影）帶、口語翻譯書面資料稿、日誌、筆記與照片等等證
據資料。「個案記錄」則是包括教育行動研究者從「個案資料」當中

所選擇出來一系列有秩序的證據，並且經由與個案研究的所處理問題之相關性質加以組織（Stenhouse, 1975）。而「個案研究」則是教育行動研究者依據本身的實際經驗與證據所進行的分析報告，而且教育行動研究者必須交叉分析其所依據的「第一手資料來源」（primary sources）證據（Elliott, 1991, 88）。

　　教育行動研究，協助教育實務工作者進行自我反省檢討與評估，可以達成教育專業發展的責任與目的。經由教育行動研究所產生的個案研究和個案記錄，可以提供一種實務基礎，協助教育行動研究者與相關的學校內部人員或者學校外部的學者專家進行有關建構教育實務之專業討論對話。例如：就學校內部的個別教師層面而言，教師可以使用其本身的教育行動研究之班級教室個案研究報告，做為在學年科目領域部門會議與工作同仁討論其課堂班級教學實務的依據。又如，就學校內部層面而言，校長或教務主任可以要求學校內部進行行動研究的特定領域或年級之負責人員，請其報告學校所關心而且經由學校同仁所進行的教育行動研究，則教育行動研究的主要負責人，便可以根據某特定領域或年級之工作同仁所完成的「個案研究」或「個案記錄」的考察結果，加以彙整，並提出工作報告，以便和校長或教務主任進行討論與對話。特別是，就學校外部要求的層次而言，當上級政府要求學校做有關「學校教育問題」的報告，則校長便可能請求校內教育行動研究的負責人員來綜合完成此項報告。該學校的教育行動研究主要負責人員，可能必須比較校內各領域與年級彼此的「個案研究」和「個案記錄」，然後擷取「一般的共同議題」（general issue）。然後各領域與年級的研究小組成員提出一份簡短的「一般的共同議題報告」（general account），並且協調由一位主要負責人員加以整理組織成為完整的學校教育行動研究報告（Elliott, 1991, 89）。下述各項的檢核項目，將能有助於教育實務工作者進行教育行動研究報告的撰寫（McNiff, Lomax, & Whitehead, 1996）。

（一）寫出教育行動研究報告之檢核項目

最好的思考或寫作時機，往往並不是教育實務工作者可以事前計畫的，它可能發生在任何地點，如上課前、下課後、甚至候車、深夜或凌晨等。而任何裝備也比不上一個教育行動研究者本身覺得舒服的地點，因為每個人的觀念不同，習慣也不同，所以一切寫作的條件要以自己覺得舒適為主（McNiff, 1995）。寫作，本身即是一個思考的工具，基本上有助於改進對教育實際問題的觀點與澄清解決問題的想法，避免思想混淆（McKernan, 1996）。因此，教育行動研究者應該注意：是否已經騰出預留的足夠時間以便撰寫研究報告？是否已經整理好寫作的流程時間表？在研究工作即將完成之際，是否安排好電腦打字或文書處理的事宜呢？是否已經安排好裝訂、複印等相關事宜呢？是否已經系統地整理文書夾、磁片、索引盒和資料檔案等，以便必要時可以迅速取得資料與證據（McNiff, Lomax, & Whitehead, 1996, 68）？

（二）寫出教育行動研究報告之小秘訣

就寫出教育行動研究報告之小秘訣而言，教育行動研究者，應該留意：不同的教育實務工作者可能各有不同的寫作方式與風格。有些行動研究者十分有規律地按照原訂計畫進行，每天要固定寫作幾個小時。有的行動研究者要依賴靈感，只有培養好心情時才有辦法從事寫作。因此，個別的教育行動研究者必須決定自己的寫作風格方式，不過千萬不要拖延寫作時間（McNiff, 1995）。因為寫作可能需要一段花很長的時間，所以千萬不要拖延到最後時間底線才匆匆忙忙地猛趕進度，導致容易造成疏落鬆動等寫作品質欠佳的情事。

如果寫作過程碰到困難，可以嘗試把自己的故事向好朋友述說，或者可以透過使用錄音機對自己盡情訴說故事情節，並且將之錄音謄寫轉譯成書面文件（McKernan, 1996）。也可以和您的指導者一起討論，是否有其他不必寫作的發表方式，或許效度考評小組成員可能

同意您使用錄音錄影而非書面的方式進行報告嗎（McNiff, Lomax, & Whitehead, 1996, 68）？

（三）寫出教育研究報告之具體任務

就寫出教育研究報告之具體任務而言，下列事項值得教育行動研究者特別留意：教育行動研究者應該組織整理一份寫作工作計畫流程表，並且將它具體寫成書面文字，瞭解工作時間流程，而且嚴格掌控自己的寫作時間，不要輕易拖延（McNiff, 1995）。您身為一位教育行動研究者，必須用心整理您的寫作工作場所，儘可能讓它成為有利於寫作的工作情境，讓各種所需的資料、證據與工具皆隨時可以輕易取得。

教育行動研究者必須有所準備可能要多次修改研究報告的草稿。第一次草稿通常可能文句內容冗長，往後每次修改都讓它的焦點更為明確具體，直到寫成一份精鍊的研究報告文件為止（Altrichter, Posch, & Somekh, 1993）。而且撰寫行動研究報告時也應該想一想，誰是您的教育行動研究報告之主要聽讀者？如何能夠讓您的教育行動研究報告出版發行更為廣大流傳（McNiff, Lomax, & Whitehead, 1996, 68）？這些都是教育行動研究者撰寫行動研究報告時，也應該同時注意的檢核項目。

第二節　公開教育行動研究報告

教育行動研究者撰寫教育行動研究報告之後，便應該考慮如何將教育行動研究結果加以公開，對外呈現。首先，作者申論公開教育行動研究報告結果的重要性，進而說明教育行動研究報告的公開方式，特別是向學術社群公開報告教育行動研究結果與向社會大眾公開報告教育行動研究結果。

一、公開教育行動研究報告結果的重要性

就教育行動研究結果的呈現與推廣而言，公開發表是非常重要的。教育行動研究之所以成為研究，必須是系統的、自我反省批判的探究，而且也必須是公開於眾人之前的（Stenhouse, 1981）。這是對所獲得的工作情境問題解答與研究假設，採取自我質疑立場的一種研究倫理（McKernan, 1991, 157）。將教育實務工作者的教育行動研究公開化，不僅只是將所發現的結果刊登在期刊上，更重要的是要讓其他人能夠分享您的成果，並且評斷教育實務工作者所發現的成果的公正性與精確性（McNiff, Lomax & Whitehead, 1996, 26）。

但是如何呈現結果，將有賴於所期待希望的「事後效應」。除非是企圖讓別人使用原始資料以自行建構結論，否則，教育行動研究者最好儘可能地以簡單明瞭的方式呈現研究報告（Altrichter, Posch, & Somekh, 1993）。教育行動研究者應該仔細考慮如何呈現資料，而不應只是注意由誰進行呈現，而且也更應該同時慎重考慮其最有效的時間、態度與地點。例如：如果是在週休二日之前一天的週五下午的緊密議程當中，安排簡略的呈現，恐怕很難引發熱烈的討論與關注（Elliott, 1979）。

二、教育行動研究報告的公開方式

在教育行動研究過程進行到某個階段，必須報告進度與結果時，儘量以具體明確易懂、較口語話方式說明，盡可能讓每位聽讀者都能瞭解您所要表達的意見（McNiff, Lomax, & Whitehead, 1996, 33）。既然教育行動研究是從行動參與者的角度，省察教育實務工作情境；因此，教育行動研究將透過教育實務工作者所使用的日常語言，來描述與解釋個案所發生的事情；亦即，利用日常生活語言以描述與解釋日常生活的人類教育實務行為與實際情境。由於上述的此種

特性，教育行動研究內容的效度可以經由參與者的對話加以檢證。因此，如果教育行動研究報告內容充斥著太多抽象的學科知識，就應該不會是一份好的教育行動研究的成果（Elliott, 1992, 122）。而且教育行動研究的報告，應該避免使用太多的專門術語或艱澀難懂的語彙，而且必須顧及口語和書面文字的語言完整性，不要存有先前偏見或意識型態，而一面倒向特定性別、種族、年齡、宗教等族群對象，以致罔顧其他聽觀眾的權益。

教育行動研究者，有義務向有利害關係的參與者報告其研究發現。教育行動研究者在說明教育行動研究效度之前，應該先與研究的聽觀眾溝通，瞭解聽觀眾的期望是什麼，並且設法先知道其判斷的形式與標準或規準是什麼，如果可以事先與聽讀者進行溝通，教育行動研究者就可以根據其形式標準而調整設定自己的標準，也就可以適度地依照自己考量決定的規準做為報告的參考形式。是以教育行動研究者也可以自行設定與研究有關的判斷模式，例如說明其教育行動研究計畫有何不同的特色？對研究問題的發展，能否提出特定的說明或能說明不同之處的意見？甚至提出建議，進行批判回應（Altrichter, Posch, & Somekh, 1993）。

教育行動研究當中最重要的是透過參與者扮演研究過程中主動角色，針對其所置身的教育實務工作情境，進行自我反省思考。既然教育行動研究是從參與實務工作者的觀點，看待教育實務工作問題，因此，教育行動研究可以透過教育實務工作者不受到束縛宰制的溝通對話（unconstrained dialogue），而檢視其效度（Elliott, 1992, 122）。因此，教育實務工作者與學者專家之間有關研究的詮釋與解釋的溝通對話，應該是教育行動研究報告內容的一個不可或缺的重要部分。

三、向學術社群公開報告教育行動研究結果

如果從事的研究，不打算公開發表，就可以隨心所欲的進行探

究，否則就應該將應用系統方式進行探究的結果加以公開，這是研究工作的特色之一（McKernan, 1996）。若是要將教育行動研究結果工作進行公開發表，也不一定要採用向學術社群發表所依據的學術規準。如果想向學術社群進行發表，則需要提出知識主張的宣稱，並且經由具有批判力的團體進行效度認定才能產生效力。如果所進行的教育行動研究是可以授予學位的課程之一環（Elliott, 1998），則教育行動研究也必須合乎學術認可的規準，而且也要依學術社群所制訂的取得學位之規則進行。在教育行動研究總結報告當中，必須讓教育行動研究的效度考評小組或學位考試會的委員們看到您在該領域內的研究是最新穎的研究，以增進其對教育行動研究結果的好印象（McNiff, Lomax, & Whitehead, 1996, 58）。或許部分人會認為這種情況或許不公平，其可能遭遇的困難如下：

（一）如果教育行動研究是授與學位課程的一環，則授與學位之學術評鑑往往依據研究結果報告的品質，做為評鑑判斷的依據，而不是依據教育行動研究報告描述的實務工作品質進行評鑑判斷（Elliott, 1998）。因此，必須遵守學術報告寫作的既定格式來撰寫，而且也要能同時顯示教育實務工作情境的改善，甚至，前者有可能比後者更為重要。

（二）授與學術學位之評鑑，通常根據學位考試委員事先設定的規準為評鑑依據，不是教育行動研究實務工作者所交涉磋商之後才制訂的規準，因此評鑑判斷的結果也往往與教育行動研究實務工作者的想像不盡相同（McNiff, Lomax, & Whitehead, 1996, 116）。

（三）通常授與學位之學術評鑑者所擁有的價值觀，不同於教育行動研究實務工作者的價值觀，授與學術學位之評鑑者，可能以改善社會情境作為評鑑判斷研究價值的主要依據，而教育實務工作的行動研究者可能旨在呈現個人理解的

改善，作爲主要訴求的依據（Altrichter, Posch, & Somekh, 1993）。

（四）評鑑者可能根據不同的標準進行判斷。學位授與考試的評鑑者可能運用學術標準來判斷教育行動研究報告的優劣與否，而教育行動研究的實務工作者則可能依據人道標準，建立標準以瞭解其教育實務工作是否有助於人類情境的改進（McNiff, Lomax, & Whitehead, 1996, 116）。

四、向社會大眾公開報告教育行動研究結果

教育行動研究效度的最後認定團體，則是廣大的一般社會聽讀者（McKernan, 1996）。是以如何讓教育實務工作者的教育行動研究報告面對社會大眾的考驗？特別是如何出版？並針對特定聽讀者群需求加以出版？將是持續值得繼續注意的。

在人類互動的領域裡，皆有所謂溝通的輸出傳遞者與接受的聽讀者。當代社會當中，從有線電視的轉播與各種新聞媒體的報導，大多數人皆可與權力擁有者分享權力與選擇思考方式。有趣的是，由誰來決定誰說？誰聽？然而，更值得教育實務工作者注意的是，一方面，要使教育實務工作者的努力被人接受是需要時間的，因爲優良作品的創意想法，必須經過一段時間才會慢慢醞釀成熟，而且另一方面，教育行動研究結果好壞，就如同政治事件一般也牽涉到評鑑典範與判斷規準的變遷遞嬗，更牽涉到誰能主導流行並擁有一群追隨的仰慕崇拜者。但是值得注意的是教育理念的考驗，不是對個人進行價值判斷，而是瞭解教育理念是否能持久地接受考驗及其考驗的程度，以及教育行動研究結果如何促成人類的改善（Elliott, 1998）。因爲個人可能會被遺忘，然而，好的教育理念，會隨著的教育實務的存在而不斷地延續發展，成爲人類經驗所累積的智慧（McNiff, Lomax, & Whitehead, 1996, 109）。

　　總之，本章旨在說明教育實務工作者如何呈現教育行動研究報告，指出教育實務工作者如何撰寫教育行動研究報告，以及如何公開教育行動研究報告。特別是如果教育實務工作者能夠清楚明確地呈現其教育行動研究報告，並且對外發表，甚至出版，將能進一步推廣教育行動研究的過程與研究成果。

PART 3

第參篇　教育行動研究的配套措施與
　　　　時代意義

CHAPTER 12

教育行動研究的
配套措施與行動綱領

工欲善其事，必先利其器。

　　本章教育行動研究的配套措施與行動綱領，旨在說明教育實務工作者在教育實際情境當中，如能透過相關的配套措施，獲得政府支持與行政支援，打破進行行動研究的社會障礙，進行規劃解決問題的教育行動研究方案，不僅可以協助教育實務工作者實踐教育理想與目的（Elliott, 1998, 156），促成教育專業發展與學校教育革新（歐用生，1999a，1），更能進而促成國家教育的全面革新與整體進步。然而，工欲善其事，必先利其器。因此，作者提出教育行動研究歷程之行動綱領，作為促成教育實務工作者達成其教育理想的行動指引，打破進行行動研究的心理障礙與促成教育革新的觸媒轉化器。本章的內容，主要區分為第一節教育行動研究的配套措施與第二節教育行動研究的行動綱領，茲分述如次。

第一節　教育行動研究的配套措施

　　臺灣的教育行政當局每年皆鼓勵或補助教育研究之進行，然而，學校教育仍有許多層出不窮的實際問題，因此，中央政府的教育部與國家科學委員會、地方教育當局與學校本身，可以研擬具體辦法，打破進行行動研究的社會障礙，進一步鼓勵教育實務工作者採取教育行動研究，針對教育實務進行研究，改進教育實際問題。

　　教育行動研究是研究者親自參與真實教育事件的運作過程，分析所遭遇的實際問題，提出教育行動革新方案，加以實施執行監控，系統地蒐集資料，仔細地評鑑考驗教育革新方案的影響。教育行動研究是教育實務工作者在教育實務行動過程中進行研究，在研究過程中採取實際革新行動，非常適合教育實務工作者使用，特別是如果由學校教師研究自己教室教學的情境，不僅能解決實際的教育問題，並能從教育行動研究經驗當中獲得教育專業成長，由下而上地全面進行教育革新，獲得整體的教育進步與發展。因此，政府有必要採取相關的配套措施，加強推動教育行動研究，改進教育實務工作，改善教育實務工作情境。

一、政府的應有角色

　　臺灣地區由於過去受到升學聯考、統一命題、統一分發與國立編譯館統一編輯教科書的傳統制度束縛影響，大多數的學校教師往往認為課程是政府所頒布課程標準的行政命令或依此規定編輯發行的教科書，或是民間出版社根據政府頒布課程標準規定而編輯且經政府審查通過的教科用書。此種觀點認為課程是政府官方規定的書面內容或教科書出版社編輯的物質產品，甚至認為教科書就是課程的全部，往往容易忽略了課程的計畫、目標與經驗等層面的意義（黃政傑，1991），而且往往認為教師的角色只在於將別人所研究發展的課程

產品內容加以照本宣科，進行忠實的課程實施（歐用生，1996a）。不僅未能從情境的觀點界定課程（黃光雄，1996），忽略課程實驗在當代社會教育革新的重要地位（Elliottt, 1998），更漠視課程涉及教育實務反省批判歷程的必要性（McKernan, 1996）。

　　在此種傳統的課程簡化定義與教師角色的狹隘界定之下，臺灣地區的中小學教師並未感受到政府的積極鼓勵參與課程研究發展，不易主動針對學校課程進行創意革新與彈性調整（黃政傑，1999）。由於課程研究發展的任務，往往被認為是政府及「學者專家」的專利與職權，因此，主動積極針對學校課程進行長期研究的中小學教師並不普遍，教師的角色也往往被認為是消極被動的，只要照本宣科便可進行忠實的課程實施，不須進行課程研究發展。因此，從教育專業的觀點來探討教師的課程專業工作和學校課程發展與專業文化的研究，僅處於萌芽的階段，而且由學校教師自己進行研究，更屬鳳毛麟角（歐用生，1996b）。

　　近年來，臺灣在中央研究院長李遠哲博士領導行政院教育改革審議員會，結合官方與民間力量，積極推動教育改革，提出《教育改革諮議總結報告書》（行政院教育改革審議員會，1996）。教育部更組成「國民中小學課程發展專案小組」，公布《國民教育階段九年一貫課程總綱綱要》（教育部，1998），全力推動國民教育九年一貫課程改革，進行國民中小學課程改革（林清江，1998），進行學校本位課程發展（陳伯璋，1999a），鼓勵教師進行教育行動研究（歐用生，1999c），進而促成教育專業發展（蔡清田，1999a）。國內的此種教育改革趨勢，不僅合乎世界各國教育改革潮流，順乎歐美各國的教育行動學者所主張的「課程發展就是教師的專業發展」教育理想（McKernan, 1991），甚至呼應教育改革學者所指出的「沒有教師發展，就沒有課程發展」教育理念與實踐（Elliott, 1991, 54）。由於教育行動研究已成為教育實務工作者的教育專業發展、課程發展和教育

改革的重要手段之一（Elliott, 1992）。因此，一方面，中央政府的教育部與國家科學委員會有必要加強扮演下列的角色，推動教育改革：

（一）課程領導

即將於2001年實施的九年一貫課程改革，歷經林清江前後任教育部長主導與現任部長之推動，秉持前行政院教育改革審議委員會與教育部推動教育改革之理想，經由教育部聘請前行政院教育改革審議委員會委員、民意代表、工商企業代表、婦女界、家長代表、民間教改團體、專家學者、行政人員、校長、主任與教師代表等，共同組成「國民中小學課程發展專案小組」，一改過去聘請不同工作小組分別修訂《國民小學課程標準》與《國民中學課程標準》的作法，企圖透過人員統整，避免國民教育階段的課程內容缺乏連貫與不當重複的積弊（林清江，1998），改進國民中小學課程的一貫性與統整性（陳伯璋，1999a；歐用生，1999a；Beane, 1998），深具時代意義（蔡清田，1999b；1999c）。

教育部國民教育司依據《教育基本法》第十三條、國民教育法第四條、教育部指定中等學校及小學進行教育實驗辦法暨《國民教育階段九年一貫課程總綱綱要》有關規定，訂定九年一貫課程實驗相關辦法，於民國88年7月22日正式對外公布《國民教育階段九年一貫課程試辦要點》，將於88年9月開始試辦九年一貫課程改革。

政府可以領導並指引教育實務工作者具有教育價值的教育革新願景，激發教育實務工作者願意承諾進行教育變革的革新熱忱，將變革視為一種具有價值意義的課程實驗（Elliott, 1998）。例如：政府可以利用具有彈性的課程綱要之最低規範，取代僵化制式的課程標準，鼓勵地方學校教師善用彈性空間，發展學校課程特色，引導教育變革的願景。透過此種開放的變革結構，政府的課程領導可以協助教育實務工作者根據其教育行動研究的結果，不斷繼續進行教育變革並

付出專業貢獻，不斷地建構與更新教育變革之願景。

（二）贊助研究

　　除了扮演課程領導的角色之外，政府也有必要支持並贊助教育實務工作者進行教育行動研究，協助教育實務工作者針對政府所推動之教育改革理想願景與教育目的，透過教育行動研究，在教育實際情境當中加以實踐。例如：一方面，就九年一貫課程改革的課程實驗試辦實施原則而言，教育部在《國民教育階段九年一貫課程試辦要點》當中特別重視行動原則，為提升新課程試辦效果，並及時解決相關問題，鼓勵各參與試辦學校盡可能結合「教育行動研究」計畫，同步進行試辦與研究工作。另一方面，教育部更積極擬訂「課程實施行動研究計畫」，其目標旨在透過行動研究，針對九年一貫課程相關概念，發展實用的教學策略與示例，進而落實並提升國中、小學教師「教育行動研究」之專業知能，期望透過實際問題探討，研析其解決策略，增進實施新課程的能力。

（三）協調回饋

　　教育部除了一方面需要協調建立課程綱要架構的發展、指引教育變革的理想與願景之外，並且更需要積極協調學術研究與出版事業單位，獎助鼓勵教育實務工作者透過教育行動研究之證據與結果，不斷進行回饋與繼續研究發展。另一方面，教育實務工作者也要實際參與研究，才能提升教育行動研究能力。因此，一方面政府除了要積極協調，擴充教育實務工作者參與研究進修的管道，協助教育實務工作者能夠身歷其境；另一方面，教育實務工作也應該在實務工作情境中進行研究與行動，並親身體驗教育專業成長。特別是，教育實務工作者除了參與大學與師範學院研究所學位進修撰寫碩、博士論文之外，尚可考慮下列途徑：1.與大學教授、學者專家協同合作研究，促進彼此的教育專業成長；2.參與研究計畫或專案，磨練研究技巧；3.申請國科會、教育部的研究專案，進行小組或獨立研究；4.出版研究

成果，申請獎助，如教育部自然科學教育及人文社會科學指導委員會之獎助，5. 參加各類學術研討會、座談會、學會等，發表論文或吸取經驗；6. 充分運用學校或其他單位提供的發表園地，發表研究成果等（歐用生，1996b）。總之，政府應該積極協調學術研究單位擴充教育實務工作者的進修與發表園地，鼓勵實務工作者充分運用以上途徑。

二、教育行動專業組織與網路的建立

傳統的「教育實務工作者的在職訓練」，一如目前政府提供給學校教師的一樣，通常都是透過舉辦短期研習活動來施行。在研習活動中安排學者專家的演講，或是新的教學方法的介紹。然而，這類的研習往往流於形式，歸咎原因，一方面固然是因為大部分教師自己本身並沒有充分準備去接受學者專家的意見，但另一方面也是因為教師們急欲獲得的知識是關於自己在日常實務工作中所面臨的實際問題。教育實務工作者往往認為崇高的教育理念固然重要，但解決當下面臨的問題更是當務之急（蔡清田，1997e）。是以，如果進修研習的內容只有抽象的理論，將缺乏實用價值。因此，有必要將教育行動研究的觀念融入教育實務工作者的在職進修研習訓練課程當中，同時透過研習進修與外來學者專家的協助，裝備必要研究知能，協助教育實務工作者為一位教育行動研究的研究者，協助其透過日常觀察與發現，解決在實際工作情境所面臨的實際問題（蔡清田，1998d；1999c）。

教育行動研究，實際上提供教育實務工作者在職訓練一個有效的方式，它鼓勵教育實務工作者，在平常時間的教育實務工作情境中對教育工作情境進行觀察與研究，藉以評鑑自己的教育實務工作成效，並作為日後改進的參考。而要特別注意的是，以教育行動研究作為教育實務工作者在職訓練，必須發展教育實務工作者有關教育行動研究的知識與技巧，並培養教育實務工作者自動自發去發覺自己工作

實務的實際問題，及對教育專業成長的渴望。

　　教育行動研究的實施，以小組合作方式為宜，藉由多數教育實務工作者的參與，可以群策群力，貢獻更多的意見與建議，比較容易邁向成功之路。當然，如果能獲得外來的研究諮詢協助與各種支援，則教育行動研究的成效應當更為可觀（黃政傑，1999，357）。因此，鼓勵教育實務工作者建立一個相互支援的系統與教育行動研究社區或教育行動研究社群，對推動於教育行動研究是相當有幫助的，這個教育行動研究社區系統需要具有以下幾項配套措施：

　　（一）成立支援教育實務工作者進行教育行動研究的專業組織
　　　　　　機構，如縣市教師研究中心或教師進修研習中心，或教
　　　　　　育行動研究學會

　　這個教育行動研究社區系統，不論是政府組織或是民間機構，最好是由學者專家、行政人員、校長、主任以及教師等教育實務工作者與團體組織，甚至是關心教育的地方人士所共同組成，並且廣泛蒐集各類教育相關資源，以使教育實務工作者在從事教育行動研究的過程中，能夠透過此研究社區系統，可以協助教育實務工作者進行資料的蒐集與分析，並且在教育實務工作者遭遇困難時能有一個可以諮詢求助的管道。

　　（二）建立溝通網路，提供教育實務工作者之間彼此交流的管
　　　　　　道

　　如果從事教育行動研究的教育實務工作者，能夠彼此互相交流，交換研究心得，分享研究成果，並且形成相互支持的社群力量，那麼教育行動研究的過程將更為順利（McKernan, 1996）。所以建立的教育行動研究支援機構，必須要在學校與學校之間、地區與地區之間建立合作群體與研究社區的支援功能，以供教育實務工作者交換心得、互相討論及問題討論的交流途徑。

（三）發行教育行動研究刊物，蒐集並推廣教育實務工作者的
研究成果

教育行動研究的成果，雖然主要是爲了應用於問題產生的實際教
育情境，但是教育行動研究的方法與內容，卻是相當值得其他教育實
務工作者或是研究人員的參考與進一步推廣（Elliott, 1998）。如果
教育實務工作者在研究完成解決問題之後，並沒有把研究的記錄保留
下來，那麼便白白的浪費了許多珍貴的教育資源。所以這個教育行動
研究社區的支援機構，要能夠出版教育實務工作者的研究成果，進一
步地加以推廣，藉以提供相關教育人員的參考之用。

第二節　教育行動研究的行動綱領

臺灣地區的教育實務工作者已經逐漸認識行動研究，而且教育行
動研究越來越受到重視，教育團體也已逐漸將行動研究視爲在教育研
究上，除了傳統理論爲基礎的研究方法之外，一種實際有用的另類選
擇的變通方案（McKernan, 1996）。教育行動研究，不同於一般傳統
教育研究上所注重的教育社會學、心理學、歷史起源與教育哲學等理
論的探究（Winter, 1995）。教育行動研究，將教育視爲一種整體的
行動，對教育實務工作者而言，其本身可以說是自身教育經驗的最佳
評鑑者。以往，教育理論與實際教育情境之間，往往存在著無法縮短
的差距，而教育行動研究即是能消除這種差距的有效途徑，此種革新
途徑，兼顧教育行動與教育研究，鼓勵教育實務工作者，從實際教育
工作情境中進行建構與實踐，增進教育理論與教育實際的動態辨證關
係（McNiff, 1995）。

從事教育行動研究，雖不一定需有精深的統計知識，深厚的電腦
素養，或瞭解艱澀的研究術語，但是，至少要熟悉教育研究的基本技

巧。師資培育機構可將教育研究法，特別是教育行動研究，列為教育
實務工作者的在職進修課程與職前教育的重要課程；另一方面，教育
實務工作者可以參閱教育研究基本書目，用心體會；或組成研究小組
或讀書會，安排系列講座，一起檢討某篇研究報告，或請原作者來經
驗分享等。當教育實務工作者熟悉了教育行動研究的基本概念或技巧
之後，實施教育行動研究就比較容易了（歐用生，1996b，147）。
由於教育行動研究是協同合作的，教育實務工作者除可獨立研究以
外，最好組成小組，特別是學校教師可利用教師研究會共同研討，協
同研究，共享心得經驗，促進成長（歐用生，1996b，148）。

　　另一方面，如果沒有發展出教育行動研究的行動綱領（action
guideline），便不易打破進行行動研究的心理障礙，則教育實務工作
者從事教育行動研究的熱忱，不易轉化為具體行動，卻可能容易流
於轉變成為口號標語，或虛無飄渺的陳腔濫調（Winter, 1995）。因
此，行動綱領，是教育實務工作者從事教育行動研究探究不可或缺
的指引。行動綱領，是進行教育行動研究的程序原理，應該是開放
的，教育實務工作者可以不斷依據行動研究證據與結果，持續進行
發展修正與重整，進而形成更進一步再度關注問題的焦點（Elliott,
1998）。因此，教育行動研究者應該瞭解教育行動研究的行動綱
領，不斷促成教育革新。就教育行動研究的行動綱領而言，教育實務
工作者不僅是教育行動研究者，必須增進教育實務工作者覺知問題的
洞察力，而且必須將課程視為有待考驗的教育行動研究方案。茲分述
如次：

一、教育實務工作者即教育行動研究者

　　由於教育實務工作者，特別是學校教師在教育專業團體中具有多
種角色，其中最重要之一是從事研究，促成教育變革，以適應外在社
會環境的需要（林清江，1996a）。因此，教育實務工作者可以是促

成教育組織系統結構改變的行動主體，因為教育實務工作者可以透過反省意識，深思熟慮反省檢討本身的課程教學實際問題與實務措施作為。教育實務工作者可以透過教育行動研究，改變自己的教育實務措施作為，進而促使教育組織系統結構的實際變革。特別是有關教育實務工作者的信念類型、價值觀念與意識型態的組織結構屬性改變，這些改變，會進一步影響教育的目標、選擇、組織與實施之變革。是以，教育實務工作者是促成改進學校教育組織結構的主要行動主體（Elliott, 1998, xiii）。

尤其學校教師是學校課程的實際運作者，對於課程的相關問題困難與成效，最為清楚（Elliott, 1998）。在這種情況下，身為教室實務工作者的教師，應該扮演課程研究者的角色，遇到問題與困難時，不是交給外來的學者專家，而是要透過教師自己在教室情境當中進行研究，尋求答案和解決之道（歐用生，1996a），此種現象在英美與澳洲相當盛行（Carr & Kemmis, 1986; Elliott, 1991; McKernan, 1991; McNiff, Lomax, & Whitehead, 1996; Stenhouse, 1975; Winter, 1995）。

就臺灣地區而言，中小學教師資質優異，特別是過去由師範專科與校院學生，都是第一志願入學就讀的優秀中學生，而且目前師資培育多元化之後，也有許多優秀的大學生與研究生投入教育工作行列，可見臺灣地區的學校教師資質優良，具有從事教育研究的潛力。例如：就臺灣地區教師所進行的研究而言，在民國79至82年之間，至少有277位小學教師從事研究工作（張清秀，1994），其研究知能以自行進修和參與研究的經驗居多，而且解決問題是教師研究成果的主要應用途徑。可見，解決學校教師在教室情境當中所實際面臨的實際問題是當務之急（蔡清田，1997a）。

教育實務工作者置身於教育實際情境，最能瞭解學校教育實務工作的實際問題與困難所在之處，如果能在獲得適切的指導與協助，採

取適當研究途徑,可以在學校教育實際工作情境當中,改進教育實務問題。因此,教育實務工作者不應只是被研究的對象,更是研究的參與者。教育實務工作者要有專業自覺和專業自信,肯定自己本身就是教育實務工作情境當中的研究者,換言之,「教育實務工作者即教育行動研究者」,可以透過教育行動研究,凸顯教育實務工作者的專業形象,消除一般人對教育實務工作者只從事行政或教學而不參與研究的消極角色印象。教育行動研究的革新理念,說明了教育實務工作者必須發展教育行動研究態度與自我批判的精神,靈敏地觀察自己的實務工作情境,探究自己的實務工作,扮演「反思的實務工作者」(reflective practitioner)(Schon, 1983),極適合教育實務工作者使用(歐用生,1996b,138)。例如:近年來所謂「教師即研究者」的教育改革理念,就是「行動研究」的特色之一(吳明清,1991,84)。

教育行動研究,凸顯了教育實務工作者反省檢討能力之重要性,協助教育實務工作者,從教育實務工作過程當中獲得學習,從實際教育事件當中學習。換言之,教育實務工作者,透過教育情境當中的教育行動研究瞭解教育實務問題,並且基於教育行動研究的基礎之上,得以發展並轉變其教育實務工作,改善教育實務工作情境,並進而發展其教育專業理解與教育專業技能(蔡清田,1997e,333)。因此,教育實務工作者,可以是教育行動研究的主角,而且教育行動研究,可以有效結合教育實務工作者的進修、研究與教學,有助於改進學校教育品質,更能協助教育實務工作者獲得教育專業成長(Burgess-Macey & Rose, 1997),建立「教育實務工作者即教育行動研究者」與「教師即研究者」的地位(Elliott, 1991; Stenhouse, 1975),進而採取以學校本位的教師在職進修教育(Bridges, 1993, 51; McNiff, 1995, 136),提升學校教育品質(McKernan, 1991)。

教育實務工作者,置身於學校教育文化脈絡情境當中,受到日常

教育實務工作重擔的壓力，容易將教育問題視爲理所當然，難免逐漸喪失其文化人類學陌生人的角色，將所有問題均視爲順理成章之事，往往未能加以質疑批判，因此，教育行動研究，可以發展教育實務工作者的敏感性，使其敏於所看、所聽、所聞、並深入思考其意義。培養教育實務工作者覺知問題的洞察力之途徑，可以包括（歐用生，1996b，146）：

（一）由無變有，進而創新

例如：必須先質疑大學高中聯考作爲升學唯一管道的意義及價值，則聯考制度以外的升學管道與機制才能被考慮，升學管道才能暢通；但其他替代聯考的另類變通進路方案的實施情況可能如何，尚須深入探討。又如必須先質疑國民教育階段國家統一教科用書的意義及價值，統一編輯的教科書才能被廢除，學校教師才能進一步獲得參與課程發展的空間；但是，教師的課程設計能力如何、民間參與教科書編輯與各地選用教科書的實施現況又如何，尚需深入探討。這些都是可以透過教育行動研究加以探究與改進。

（二）化熟悉爲新奇

學校教育充滿了儀式、民俗或規則，如要求教師擔任交通導護、進行全校各班整潔秩序禮貌比賽、學生糾察隊、硬性規定午休、集體升降旗等，教育實務工作者可將這些熟悉的儀式，重新審視或賦予意義。這也是值得教育實務工作者透過教育行動研究加以探究。

（三）製造問題，而非接受問題

如將學校課程表當中各科的教學時數的統一規定，教學進度的統一安排，統一月考與統一試題，考試只強調標準答案，這些均可視爲可以進一步探究的問題，值得教育實務工作者提出教育行動研究方案謀求改進。又如，教育實務工作者也可以將教科用書中濃厚的性別、種族、政治等意識型態視爲有待探究的研究問題，進而提出教育行動研究方案謀求改進。

（四）從反面看問題

　　一般學校考試類型當中，選擇題與填充題，往往根據教科書內容，而有所謂的標準答案，雖有助學生記憶力的養成，卻極容易忽略學生的創意與另類思考空間。又如午休問題，一般均認為兒童上了一早上的課，午休甚至午睡一下，下午反而有精神；但有時不妨從反面看，午休是否一定午睡？讓學生依其興趣到圖書館、視聽教室、電腦教室等靜態活動有何不可？這也都是值得教育實務工作者進行教育行動研究加以探究的問題。

二、課程即教育行動研究方案

　　就教育行動研究的行動綱領而言，教育實務工作者不僅是教育行動研究者，必須增進教育實務工作者覺知問題的洞察力，而且必須將課程視為有待考驗的教育行動研究方案（educational action research programme）。特別是教育行動研究方案，係指教育實務工作者應該將學校教室視為教育行動研究的實驗室，教育實務工作者也要將課程視為一組有待在教室情境加以考驗的研究假設，並且要將課程視同行動研究理念的實踐媒介。

（一）學校教室即教育行動研究實驗室

　　一個完整的教育行動研究，需要教育實務工作者採取研究的立場與態度，加以公開的批判和實徵的實驗，以決定其適當性。因此，每一個學校教室都是教育行動研究試驗假設的實驗室，亦即，教育實務工作者應將學校教室視為實驗室（歐用生，1999a；蔡清田，1997d；Stenhouse, 1975），在學校教室情境中採取教育行動，進行研究，從中獲得一些暫時性的研究假設，作為改進課程和教學的依據，此乃教育行動研究的目的。特別是學校教師所進行的教室教學是「以研究為本位的教學」與「以教學為本位的研究」，也就是說學校教師的教室教學不僅要被研究，而且要由學校教師自己本身進行教室

研究（蔡清田，1997a）。

可見，教育實務工作者所進行的學校教室教育實務工作是「以研究爲本位的教育實務工作」（Rudduck & Hopkins, 1985），特別是「以研究爲本位的教學」與「以教學爲本位的研究」，也就是說，教育實務工作者的教育實務不僅要被研究，而且要由教育實務工作者本身進行教育行動研究，特別是學校教師的教室教學不僅要被研究，而且要由學校教師自己本身進行教室研究（Stenhouse, 1975）。教師可以把教室當成「課程」的實驗室，教學便是進行實驗研究，而教師與學生則是共同進行研究的學習夥伴，「課程」就是教育行動研究的媒介，更是有待考驗的研究假設，教學行動就是實驗的自變項，學習成果就是依變項，而學習影響則是師生共同研究之對象。

（二）課程即一組有待考驗的研究假設

「課程」的意義不只是代表一套教材輯，或預先指定所要涵蓋的教學內容大綱。「課程」並不是「教學」之前的物質產品，「教學」也不是轉化「課程」內容以達成預期學生學習結果的技術過程。「課程」既不是一種固定不變的食譜，也不是一套預先決定的教學技巧。「課程」是指一種將教育理念與價值，轉化爲教育歷程當中教室情境之教學實務，亦即，「課程」是有關教學歷程的一種規範說明（蔡清田，1997e），引導教學與學習之進行。換言之，「課程」與「教學」不是可以一刀兩斷的兩個不相關之獨立部分，「課程」與「教學」是一體兩面。「課程」涉及教師的教學方法、學生學習的思考模式與師生互動，是這些因素變項之間的動態交互作用之說明（蔡清田，1997a）。課程理論則是一套有關知識、教學與學習之間的關係組合型態，而且課程理論的實用性，也有待教育實務工作者在學校教室的課程實驗室情境當中加以實地考驗，並且有待社會整體就此項教育實驗之正當性與教育價值意義加以考核批判（Elliott, 1998, 38）。

　　課程不是一套教材或是授課的大綱和內容，而是有待教育實務工作者在學校教室情境當中加以實地考驗證驗的一組有待考驗的研究假設，教育實務工作者不可無條件地盲目接受，而須加以批判性的考驗和檢討。「課程即研究假設」的課程觀點，主張「課程」是一種教育媒介，教育實務工作者，必須透過教學將「課程」所蘊含的教育理念與知識本質付諸實際的教育行動。事實上，教育實務工作者，可從研究的角度來處理「課程」所蘊含的教育理念與知識本質，並將其視為可進一步探究的問題，是開放的、值得質疑的，不是理所當然的（蔡清田，1997a）。

　　「課程」是一種教學歷程的規劃說明書，「課程」可以是一種開放給教育實務工作者公開質疑與進行實驗的研究假設，換言之，「課程」所處理的教育知識是可以允許師生在學校教室實際情境當中加以主動建構的，「課程」也可以是允許師生彼此協調磋商的學習內容與方法，以適用於學校教室教學的動態歷程，如此的「課程」對師生才有教育意義（蔡清田，1997b，22）。

　　事實上，「課程」是教育實務工作者在學校教室情境當中進行教育行動研究的實驗程序規劃說明書，亦即，「課程」是一種有待教育實務工作者在學校教室情境當中加以實地考驗的暫時研究假設，甚至是一種教育行動研究假設，而且置身於學校教室當中的教育實務工作者，則是進行學校教室教學的主要靈魂人物，以教育實務經驗考驗「課程」當中的教育理念，並根據學校教室研究結果修正或否證「課程」中的教育理念。換言之，「教育實務工作者即教育行動研究者」或「教師即研究者」，教育實務工作者可以根據學校教室的實際教學經驗，考驗「課程」當中所蘊含的教育理念之價值性與可行性（蔡清田，1997d）。一方面，教育實務工作者可以在學校教室教學過程中，將「課程」所蘊育的教育理念轉化為教育實踐行動；另一方面，教育實務工作者則根據教育行動與教育實務經驗，修正課程所蘊

含的教育理念，並進而透過學校教室情境當中的教育實務行動，發展建構適合學校班級的教室情境之課程意義。

（三）課程即教育專業工作者行動研究理念的實踐媒介

課程，是一種鼓勵教育實務工作者從事教育行動研究的研究假設（Stenhouse, 1975），有待教育實務工作者在其學校教室教學實驗情境當中進行實地考驗，可以根據學校教室實驗室情境當中所蒐集到的證據資料，進一步修正的行動研究假設。課程，更是教育專業工作者進行教育實驗的行動研究理念媒介。因此，「課程」並不只是有關教育目的、教學原理與學習內容的說明，「課程」更是一種協助教育實務工作者針對教育目的、教學原理、學習內容與實施策略等教育實踐行動，進行反省思考與討論對話的「教育行動研究方案」（Elliott, 1998, 39）。

「課程」，並不一定是教育行政機關由上而下事前規範教育實務工作者照章執行的教育內容，或依樣畫葫蘆的學校教育內容規定或命令計畫；課程，也可以是一種協助教育實務工作者進行教育實驗的行動架構。從教育專業立場觀之，「課程」即「教育行動研究方案」。從教育行動研究的觀點而言，課程是一種教育行動媒介，「課程」是一種在特定的時間與空間範圍之內的教育行動說明，教育實務工作者不應該一味地將「課程」視為一種由上而下的科層體制式行政命令或權威規定。事實上，「課程」也可以是一種有待考驗的教育行動研究假設，教育實務工作者必須透過教育行動，將「課程」所蘊含的教育理念與知識本質付諸實際教學行動，並將其視為可以進一步探究的研究假設（Stenhouse, 1975）。換言之，課程，不一定是理所當然地透過教育行政機關由上而下或由外而內地指定教育內容；課程也可以是教育實務的專業工作人員，特別是教師，透過由下而上的發展，或是由內而外所建構的教育行動內容，不僅具有思想啟蒙的作用，其本身的教育理想，更是可以轉化成為學校教育實務情境中的具

體教育行動。

　　課程，是一種可以將教育理念與理想願景，轉化爲具體教育行動的實踐媒介，課程也是一種鼓勵教育實務工作者從事教育行動研究的研究假設。因此，教育實務工作者可以透過課程，將其學校教育經營理念與理想願景，轉化爲具體的教育行動，並將課程視爲進行教育實驗的行動研究假設，有待教育實務工作者在學校教育實驗情境中進行實地考驗（Elliott, 1998），並根據學校教育實驗情境當中所蒐集到的證據資料，進一步修正，以達成教育革新的理念與理想願景（蔡清田，1999a）。換言之，課程是教育革新的主要內容與行動媒介，是提供教育專業工作者進行行動研究與達成教育改革理想的行動架構。因此，進行教育行動研究可以鼓勵教育實務工作者，根據教育行動實務，考驗教育理論與課程知識，建立教育工作者的專業判斷知能與專業信心（Stenhouse, 1983），進而同時結合由下而上的課程革新發展與由上而下的課程改革推動，合力促成教育革新與進步，達成教育革新目的，實踐教育改革的理想願景。

CHAPTER 13

透過教育行動研究因應
K-12年級一貫課程改革

天行健，君子以自強不息。

　　本章透過教育行動研究因應K-12年級一貫課程改革，主要包括
第一節K-12年級一貫課程改革與教育行動研究的時代意義；第二節
是透過教育行動研究，進行K-12年級一貫課程改革；第三節則是學
校課程改革行動研究的主要程序步驟；第四節則為透過教育行動研
究，建構「教育實務工作者即教育行動研究者」的教育改革願景。

第一節　K-12年級一貫課程改革與
教育行動研究的時代意義

　　由於過去多年來的努力，臺灣在延長國民義務教育年限方面已
有可觀的成就，但國民中小學課程革新速度及幅度均遠不及社會變
遷的需求。尤其在解嚴之後，臺灣社會急遽邁向多元開放民主自由
與國際化，國民教育學校課程更顯現與社會脫節之現象。教育部非
常重視馬英九總統的建國百年元旦公告於民國103年實施十二年國民

基本教育、行政院教育改革審議委員會與民間教改團體所強調的課程革新，希望透過十二年國民基本教育與K-12年級一貫課程改革，協助學生獲得經驗統整（教育部，1998；陳伯璋，1999a；歐用生，1999c），提升國民素養（蔡清田，2011；2012）。因此，教育部積極組成專案辦公室積極進行十二年國民基本教育課程改革，積極投入革新熱潮（林清江，1998；林清江、蔡清田，1997；陳伯璋，1999a；歐用生，1999c；蔡清田，2011；2012），並經過多次國民中小學與高中職的課程綱要的微調（教育部；2000; 2003; 2008），確定K-12年級一貫課程改革的基本理念（黃光雄、蔡清田，2009；蔡清田，2011；2012）。

一、K-12年級一貫課程革新與九年一貫課程改革，重視學生核心素養及基本能力與教師專業能力

從林清江部長就任後，親自召開並主持「國民中小學課程發展專案小組」，積極進行課程改革，並於1998年9月30日公布《國民教育階段九年一貫課程總綱綱要》（教育部，1998），並經過多次課程綱要的微調（教育部；2000；2003；2008），確定K-12年級一貫課程革新與國民中小學九年一貫課程改革的基本理念（黃光雄、蔡清田，2009），以具體行動指出跨世紀的新課程，培養學生具備人本情懷、統整能力、民主素養、本土與國際意識，以及能進行終生學習之健全國民與世界公民，明確指出五項基本理念、十大課程目標、核心素養及十項基本能力、七大學習領域，授權進行學校本位課程發展與發揮教師課程設計專業能力（蔡清田，2008）。這是臺灣地區國民教育課程改革劃時代的里程碑，可與之前實施九年國教相互對照如表13.1：

✍ 表13.1　1968年延長國民教育年限與1998年推動九年一貫課程改革之對照摘要

1968年實施九年國民教育學校制度	1998年推動九年國民教育課程一貫
年限延長	課程改革
量的擴充	質的提升
強調升學聯考科目	強調終身學習目標
重視學科知識內容	重視生活基本能力
學科分化科目林立	學習領域課程統整
分科教學	合科教學
行政管理課程控制	行政鬆綁課程解嚴
集權中央制訂課程標準	授權學校本位課程發展
規定用書進行統一編審	鼓勵教師進行課程設計
要求照表操課，進行忠實實施	鼓勵進行課程實施行動研究

　　此種課程改革合乎前行政院教育改革審議委員會主張的「帶好每位學生」與「適性化教育」之教改願景，反映人本主義訴求（陳伯璋，1999a，10），呼應「以生活為中心進行課程規劃，掌握理想的教育目標，訂定課程綱要取代課程標準，強化課程的銜接與統整，減少學科數目和上課時數」的理念（行政院教育改革審議委員會，1996，摘9）。另一方面，也指出落實新課程的關鍵厥為教師（歐用生與楊慧文，1999），教師應該扮演課程設計者的專業角色（蔡清田，2007），甚至應該扮演行動研究者的角色（教育部，1999；陳伯璋，1999c）。

二、教育實務工作者進行教育行動研究的時代意義與重要性

　　臺灣地區由於受到升學聯考、統一命題、統一分發與國立編譯館統一編輯教科書的制度影響，大多數教師往往認為課程是政府所頒布課程標準規定或政府編輯發行的教科書，或是民間出版社根據政府頒

布課程標準之規定而編輯且經政府審查通過的教科用書。此種觀點認為課程是政府官方規定的書面內容或教科書商編輯的物質產品，甚至認為教科書就是課程的全部，容易忽略了課程的計畫、目標與經驗等層面的意義（黃政傑，1991），而且往往認為教師只需扮演進行教學的實務工作者的角色，只需將別人所設計的課程產品內容加以照本宣科，進行忠實的課程實施（歐用生，1996b）。不僅未能從情境的觀點界定課程（黃光雄，1996），忽略了教師的積極主動的研究角色（蔡清田，2006），更漠視課程可能涉及教育實務反省批判的歷程（McKernan, 1996）。

在此種傳統的課程簡化定義與教師角色的狹隘界定之下，所謂的研究，通常是指受過「科學」理論方法訓練的「專家學者」的勢力範圍，而且在教育界當中，也一直有所謂的「研究者」與「被研究者」之間的區分（McKernan, 1991），是以中小學教師並未受到積極鼓勵參與研究，不易主動針對學校課程進行革新。由於課程研究發展的任務，被認為是政府及「學者專家」的職權，主動積極針對課程進行長期研究的中小學教師並不普遍。是以從專業觀點來探討教師的課程專業工作和教師專業文化而言，僅處於萌芽階段，而且由教育實務工作者的教師自己進行研究，更屬鳳毛麟角（歐用生，1996b，125），不利於教師專業發展。

教育領域的行動研究將傳統分立的「行動」與「研究」兩者加以結合，主張教育實務工作者應該進行研究，以改進本身的教育實務工作（陳伯璋，1988a；陳惠邦，1998）。教育行動研究旨在引導教育實務工作變革，企圖解決教育實際問題，最後並增進教育實務工作者本身的理解（McNiff, Lomax, & Whitehead, 1996）。教育行動研究強調在教育行動當中進行研究，在教育研究當中採取教育改革行動，極適合教育實務工作者的教師使用（歐用生，1996b）。因此，近年來已有許許多多的國內教育實務工作者積極進行教育行動研

究（林鋒錡，2010；林吟徽，2009；洪英，2002；張美慧，2004；張玲華，2010；許予薰，2004；陳宜楓，2010；陳樹叢，2003；雲大維，2006；劉安祝，2008；劉保祿，2007；劉明琇，2007；劉麗吟，2009；楊孟勳，2010；蔡芳柔，2010；蔡麗華，2004；蔡慧琦，2004；鍾嘉芬，2010）。

教師是課程的實際運作者，更是落實新課程的關鍵人物（歐用生與楊慧文，1999），對於課程的相關問題困難與成效，最為清楚。教師身為教育實務工作者，特別是學校教室層次的教育實際工作者，應該扮演課程研究者的角色（Elliott, 1998），遇到教育問題與困難時，不是交給外來的教育學者專家，而是應該在實際教育情境當中進行研究，尋求答案和解決之道（歐用生，1996b）。近年來所謂「教師即研究者」的教育改革理念，就是教育行動研究的特色之一（吳明清，1991，84），此種教育改革現象在英美與澳洲相當盛行（Adlam, 1997; Atweh, Kemmis, & Weeks, 1998; Carr & Kemmis, 1986; Elliott, 1998; McNiff, Lomax, & Whitehead, 1996; Stenhouse, 1975）。

第二節　透過教育行動研究，進行 K-12年級一貫課程改革

目前《K-12年級一貫課程體系指引》正在草擬之中，以便進而研議《K-12年級課程綱要》，但教育部早已公布《國民教育階段九年一貫課程總綱綱要》與《國民中小學九年一貫課程暫行綱要》，強調「學校本位課程發展取代中央政府統一編輯」，原則規定全年授課天數、每學期上課週數、每週授課五天，規範全國各校必須授課的最低「基本教學節數」、「領域學習節數」，各校除最低教學節數外，每週約有20%時間為「彈性教學節數」或「彈性學習節數」，留

供班級、學校、地區進行適性發展或個別化教學的彈性運用時間，可執行教育行政機關委辦活動，及依學校特色所設計的課程，鼓勵教師主動發展課程（教育部，1998）。

　　配合K-12年級一貫課程改革的推動，教育部（1999）曾擬定「課程實施行動研究計畫」的配套方案，鼓勵教育實務工作者，特別是學校教師，針對K-12年級一貫課程的核心素養、基本能力、學習領域、課程統整、協同教學、分段能力指標、多元評量方法等內容，進行教育行動研究。其目標旨在鼓勵教育實務工作者，特別是學校教師，能應用「行動研究」，進行教材教法的研究與改進，一方面針對K-12年級一貫課程相關概念，發展實用的教學策略與示例，藉由參與研究的過程，增進教育實務工作者對K-12年級一貫課程的認知，擴展宣導的效果，落實並提升教育行動研究之專業知能，另一方面並藉由發現問題，以及早因應與改進之參考。因此，透過教育行動研究，可以協助教育實務工作者落實K-12年級一貫課程改革。

一、透過教育行動研究，進行學校層面的整體課程方案發展

　　過去九年一貫課程總綱規定，一至六年級必修節數包括七大學習領域內容，占基本教學節數之80-90%，選修節數占基本教學節數之10-20%。七至九年級必修節數包括七大學習領域內容，占基本教學節數之70-80%；選修節數占基本教學節數之20-30%（教育部，1998）。而且上下學期亦可依實際需求，彈性調整週數及日數，授予學校更多彈性時間進行課程發展，激發學校改革的內在機制，強調學校本位課程發展（王文科，1997；黃政傑，1999；陳伯璋，1999a, Eggleston, 1979, 12; Skilbeck, 1984）。

　　學校應成立「課程發展委員會」，進行學校整體課程方案之發展，並且學校應將整年度課程方案呈報主管機關備查（教育部，

1998）。「課程發展委員會」可以透過行動研究，進行（一）審查全校各年級的課程計畫，以確保教育品質。（二）考量學校條件、社區特性、家長期望、學生需要等因素，結合全體教師和社區資源，發展學校本位課程，並審慎規劃全校總體課程方案和班級教學方案。（三）訂定學年課程實施計畫，其內容包括：「目標、每週教學進度、教材、教學活動設計、評量、教學資源」等課程實施相關項目。

　　學校課程發展委員會可以透過行動研究，進行（一）分析情境，（二）擬訂目標，（三）設計課程方案，（四）詮釋和實施，（五）檢查、評估、回饋及重新建構等要項（Skilbeck, 1984），將學校課程發展置於社會文化架構當中，藉由提供學生瞭解社會文化價值的機會，改良及轉變學生經驗（黃光雄、蔡清田，2009）。此種課程行動研究途徑，針對學校所處的社會文化情境變遷加以分析，進行學校課程發展，其基本假定是以個別學校及其教師作為課程發展的焦點，乃是促進學校真正改變的最有效方法（黃光雄，1996）。學校可獲得較多自主權，進行課程發展，而學校能否發展課程特色，也隱然成為評鑑教育改革成果的效標（吳明清，1999）。

　　因此，透過教育行動研究，可以鼓勵教育實務工作者發展學校課程特色。教育實務工作者，特別是學校教師，不應該將「課程」視為一種由上而下的科層體制式行政命令或規定。「課程」不是一套預先決定的教學技巧，而是一種在特定的時間與空間範圍之內的教學行動說明與行動媒介，以引導教師教學與學生學習之進行（蔡清田，1997d）。因此，從教育專業立場觀之，「課程」並不只是有關教育目的、教學原理與學習內容的說明，更是一種協助教育實務工作者針對教育目的、教學原理、學習內容與實施策略的教育實踐行動，進行反省思考與討論對話的「行動研究方案」（Elliott, 1998, 39）。換言之，課程是一種鼓勵教育實務工作者從事教育實踐的行動方案或

研究假設（Stenhouse, 1975），提供教育實務工作者進行教育行動研究的參考架構，鼓勵教育實務工作者，特別是學校教師，扮演行動研究者（陳伯璋，1999c），根據教育行動實務，考驗教育理論與教育構想，建立教育實務工作者的教育專業判斷知能與教育專業地位（Stenhouse, 1983, 160）。

二、透過教育行動研究，進行各學習領域層面的課程設計

K-12年級一貫課程改革，賦予教育實務工作者發展課程的專業空間，特別是鼓勵學校教師發展學校課程方案和班級教學計畫，因此，學校教師不再只是教學者，更是「課程設計者」（陳伯璋、周麗玉、游家政，1998；歐用生，1999）。特別是由學校教師成立「學習領域課程小組」，進行七大學習領域的課程設計，統整相關學科知識，避免科目林立，知識支離破碎（林清江，1998；教育部，1998；陳伯璋，1999a）。

教育實務工作者，特別是學校教師，可以透過教育行動研究，在課程目標的引導下，注重課程邏輯順序與學生身心發展歷程、學習領域與學生生活經驗統整、社區需求與學校情境等特性，就概念、通則、技能與價值等課程組織要素，妥善安排課程教材組織，協助學生獲得認知、情意、技能的統整發展（Posner & Rudnitsky, 1997）。甚至，透過教育行動研究，依據學習領域特性與學生身心發展階段，設計適性教育之課程，發展適應學生能力差異的分級教材教法，設計另類變通的學習機會與活動經驗，進行加深加廣或補救教學，落實因材施教理想（林清江、蔡清田，1999）。

三、透過教育行動研究，進行教室層次的課程設計

教師最接近實際教學情境，不但瞭解學生發展，更站在教育前線，實際觀察體驗學生發展過程與需要，是課程設計的理想人選。

如果課程是教師發展或設計出來的，教師對於該課程自然容易心領神會。因此，教師不但可以透過教育行動研究，進行學校課程發展，同時也可設計教室層次的班級教學課程方案，如選擇課程內容要素、設計學習材料、規劃學習活動、組織學習經驗、評鑑學習經驗，以因應其教室情境的特殊需要（Walker, 1990）。

　　K-12年級一貫課程改革與國民中小學九年一貫課程改革，說明了教師可以扮演課程設計者（Elliott, 1992），更說明了「沒有教師專業成長，就沒有課程發展」（Stenhouse, 1975），亦即，有必要透過教師在職進修，鼓勵教師採取教育行動研究，作為課程實施的配套措施，因應學校文化、教室情境、師生不同特質而加以靈活彈性運用；鼓勵教師透過行動研究，針對課程目標、基本能力、學習領域、教材大綱、教學指引、教師手冊、教科用書、及學習活動，進行規劃、反省檢討與再規劃實施，以創新教學內容與方法，裨益師生互動及提升教學成效。

第三節　學校課程改革行動研究的主要程序步驟

　　就K-12年級一貫課程改革與國民中小學九年一貫課程改革的課程實驗試辦實施原則而言，教育部（1999）在「國民教育階段九年一貫課程試辦要點」當中特別重視開放原則、多元原則與行動原則。為擴大參與，以提升效果，新課程之試辦採開放原則，由「縣市政府教育局遴薦、學校主動申請及教育部指定學校之方式辦理，讓有意願發展學校本位課程之學校，結合學校環境及社區資源之有利條件，提供其參與新課程試辦的機會。」為獲得具體而多元的新課程推動模式、策略及預期成果，新課程之試辦採多元原則，由參與試辦學校研提試辦項目、實施方式、策略方向及預期成效，在學校彈性規劃

設計下，展現新課程試辦的多元風貌。爲提升新課程試辦效果，並及時解決相關問題，各參與試辦學校宜結合「行動研究」計畫，同步進行試辦與研究工作，透過實際問題探討，研析其解決策略，增進實施新課程的能力。

　　透過教育行動研究，推動教育改革，需要經過系統規劃與愼思熟慮構想的精心設計，並不是任意隨興的，這種邏輯是一種持續不斷的行動與研究之互動循環（蔡清田，2000），重視理論與實務之間的對話與回饋（Schon, 1983; 1986），合乎歷程模式的程序原理（Peters, 1966; Stenhouse, 1975; Elliott, 1998）。教育行動研究提供解決實務問題的行動方案，具有井然有序的程序架構。教育行動研究歷程是一種不斷反省的教育理論與實務，更是一個繼續不斷反省的循環，每個循環均可能包含：瞭解和分析一個須加以改善的實務工作情境或須解決的困難問題；有系統地研擬教育行動方案策略以改善實務工作情境或解決困難問題；執行教育行動方案策略並衡量其實際成效；進一步澄清所產生的新問題或新工作情境，並隨之進入下一個行動反省循環。可見，教育行動研究是一種系統化的探究歷程。綜合各家觀點，歸納教育行動研究過程的，包括「行動『前』的研究」、「行動『中』的研究」、「行動『後』的研究」之關注問題領域焦點、規劃行動方案、尋求合作夥伴、實施行動方案、進行反省評鑑等繼續循環不已的開展過程（蔡清田，2001），這種開展過程可以進一步地加以明確化與系統化爲：「行動『前』的研究」：（一）陳述所關注的問題；（二）規劃可能解決上述問題的行動方案；「行動『中』的研究」；（三）尋求可能的教育行動研究合作夥伴；（四）採取行動實施方案；與「行動『後』的研究」；（五）評鑑與回饋；（六）發表與呈現教育行動研究證據。茲就教育領域的課程改革行動研究的程序說明如次（蔡清田，2004a）：

一、陳述所關注的課程問題

在進行課程改革的教育行動研究之初，教育實務工作者應該確定所要研究的課程問題領域與焦點，並分條陳述說明其目的。因此，下列問題有助於釐清行動研究的重點，指出所遭遇的困難與所產生的問題。

（一）說明課程問題情境背景，說明所關注問題的性質與背景，如學校所在地區特色、學校性質、年級、班級屬性、科目、學生性別等情境背景因素。

（二）說明課程問題的領域。如課務行政、教材教法、資源媒體、學習活動等。

（三）說明課程問題的焦點。例如，想要提升國小五年級學生學習英語會話的動機與表達能力。

（四）說明為什麼關心此課程問題，以及此課程問題的重要性。

（五）說明您對於上述課程問題，能作些什麼？說明預期達成的目標。

二、規劃可能解決上述問題的課程行動方案

課程改革的教育行動研究之第二個主要歷程是進行課程規劃，擬定發展計畫，以因應所遭遇的課程難題，研擬可能解決問題的課程行動方案，並提出可能解決問題的假設策略，亦即研究假設。換言之，確定所要研究的課程問題領域焦點之後，則有必要進行課程改革的教育行動研究方案的規劃（Elliott, 1992），避免零散混亂與破碎殘缺不全的行動與反省。亦即需要（蔡清田，1999a）：

（一）說明所構思的可能解決課程問題之遠程課程行動計畫。

（二）說明所構思的可能解決課程問題之中程課程行動策略。

（三）說明所構思的可能解決課程問題之近程課程行動步驟。

（四）指出可以透過什麼方法蒐集到何種可能的資料證據。

三、尋求可能的課程改革之教育行動研究合作夥伴

如果希望進行課程改革的教育行動研究，便需決定選擇適當顧問人選，以便進行諮詢請益，減少自己嘗試錯誤的時間，更可以透過具有批判能力的諍友（critical friend）提供課程改革建議與教育行動的諮詢（Elliott, 1991; Stenhouse, 1975）。

特別是當要決定所使用的方法時，有必要徵詢參與課程改革者的意見，避免蒐集太多無用的資料，因此，應該透過徵詢決定運用合適的方法策略，蒐集有用資料。同時考慮參與課程改革者是否有能力執行？參與課程改革者是否喜歡此種方法策略？此種方法策略是否能提供必要資訊？爲了爭取合作，有必要向學生、家長、學校同仁或指導教授徵詢意見或尋求合作，並請其從批判觀點討論所提出的課程改革行動方案之可行性，共同研擬可行的方案。因此，下列的問題，可以協助課程改革的行動研究之進行（蔡清田，1999a）：

（一）說明合作的主要對象是誰，合作對象在課程改革的教育行動研究過程中扮演何種角色，對所要進行的課程改革行動研究有何影響與貢獻？

（二）合作對象認爲可行的解決課程問題之遠程行動計畫。

（三）合作對象認爲可行的解決課程問題之中程行動策略。

（四）合作對象認爲可行的解決課程問題之近程行動步驟。

（五）合作對象認爲可以透過什麼方法蒐集到何種資料證據。

四、採取課程行動實施方案

與課程改革之行動研究合作對象建立必要的共識之後，可進一步實施行動方案。而且在實施過程中，必須蒐集各種可能的資料證據，證明已經開始努力採取解決課程問題的具體行動（McNiff, Lomax, & Whitehead, 1996, 31）。教育實務工作者若能妥善運用問題情

境當中所獲得的資料，將能增進對課程問題情境的理解，並做為已經改進課程實務工作的證據。下列的問題將有助於實施課程改革行動方案與蒐集有利的相關證據。

（一）指出所蒐集的資料證據是什麼，例如：教學活動照片、作業作品、檔案文件、訪談記錄、觀察記錄、學生輔導記錄、學生考卷、學生活動照片、自我省思札記、日記、工作現場筆記練習手稿等等。

（二）舉例說明這些證據的內容是什麼。例如：學生發問的次數增加、學生回答問題的正確比例增加、學生更熱烈參與上課討論的內容、學習考試成績的進步、師生互動頻率的增加等。

（三）指出如何進行資料證據的蒐集，例如：觀察、訪談、評量等。

（四）說明利用何種工具進行資料證據蒐集，如觀察表、訪談架構、評量表。

（五）這些證據可以證明達成何種目的或解決何種實際問題。

五、課程評鑑與回饋

課程改革的教育行動研究之第五個主要歷程是進行評鑑與回饋，協助教育實務工作者本身理解所規劃的行動方案之影響與效能，以獲致結論（Elliott, 1992）。就教育行動研究的效度而言，課程改革的行動研究之效度是什麼（McKernan, 1991）？課程改革的行動研究之導入，將導致何種課程改變？是否達成可欲的課程改變？學生學習是否變得更好？教師教學是否變得更有效能？課程改革行動方案之方法策略與步驟，可以類推應用到其他問題情境嗎？如果未能順利解決課程問題，則必須以新循環，重複上述步驟，力求問題的解決。因此，有必要說明課程改革行動方案的評鑑與回饋？特別是：

（一）課程改革行動研究結束之後，提出了何種結論主張與結果
宣稱？是否解決了所關注的課程問題？是否改進課程實際
工作？是否改善課程實務工作情境？是否增進本身對教育
專業的理解，有何心得與收穫。

（二）根據何種教育專業規準來判斷結論主張的有效性。教育實
務工作者在哪個層面獲得教育專業成長？有無舉出證據支
持的論點？所舉出的證據適當嗎？所舉出的證據充分嗎？
合作對象是否認同課程改革的教育行動研究成效？

（三）再關注與下個課程改革行動研究的準備與暖身，根據評鑑
的結果，判斷是否解決原先所關注的問題。如已解決，則
可以關注另一個課程問題，作為下一個課程改革行動研究
計畫的起點。如未能解決原先的課程問題，應說明目前的
失敗情形與失敗的可能原因，並繼續努力，作為下階段課
程改革行動研究繼續探究的問題，「修正」原先所關注問
題的焦點，研擬更適切的課程改革行動研究方案，並再度
採取課程改革行動，解決課程問題。

六、發表與呈現課程改革的教育行動研究證據

課程改革的教育行動研究結果之發表，是非常重要的，而且既然
課程改革的行動研究，能被稱為研究，應該是經得起公眾的審查批
判。如果參與課程改革的教育行動研究者，能透過適當管道，將其研
究的結果向相關人員說明，將有助於類似課程改革問題的解決。

課程改革的教育行動研究報告，通常述說一個故事，應該盡可
能地以簡單明瞭的方式呈現報告內容，因此，個案研究與簡短的報
告，可能是課程改革的教育行動研究之適當溝通媒介（McKernan,
1996），不宜使用太多抽象理論概念，撰寫課程改革的教育行動研
究報告。課程改革的教育行動研究者，必須習慣於批判自我的反省陳

述，而且必須善於口頭報告陳述，在發表與呈現結果的過程中，進行反省地陳述。課程改革的教育行動研究，應該是奠基於參與課程改革者在實際課程問題情境當中的討論與對話，因此所使用的語言，應該採用教育實務工作者日常工作現場活動的尋常語言與討論對話，來描述與詮釋課程改革的教育行動研究歷程與結果（Elliott, 1998）。此種課程改革的教育行動研究結果也適合加以公開推廣，甚至上網廣為宣導。

第四節　透過教育行動研究，建構「教育實務工作者即教育行動研究者」的教改願景

　　教育實務作者，特別是學校教師，面臨K-12年級一貫課程改革的學校教育實際情境，最能瞭解學校教育工作的實際課程問題與困難之處，如能獲得適當指導與協助，採取課程改革的教育行動研究，進行學校層面課程發展、設計各學習領域課程與教室層次的課程，並結合學校為本位的教師在職進修，將有助於提升學生學習品質（Mc-Niff, 1995），且協助教育實務工作者獲得教育專業成長，建立「教育實務工作者即教育行動研究者」，特別是「教師即研究者」的地位（Elliott, 1998; McKernan, 1996; Stenhouse, 1975）。

　　課程改革的教育行動研究之主要目的，是協助教育實務工作者從實際的課程改革情境當中進行學習，教育行動研究可以協助教育實務工作者提出解決教育問題的研究假設與教育行動策略，但是，教育實務工作者，應該具有開闊胸襟與恢弘氣度，避免以僵化的理論宰制教育行動研究。教育行動研究應該是開放的，不斷依據教育行動研究證據與結果，持續進行發展修正，進而形成進一步的再度關注問題焦點（黃光雄、蔡清田，2009）。

　　教育行動研究是屬於一種紮根理論（grounded theory）（Strauss & Corbin, 1990），不是以中型或巨型理論作為教育研究的開端，教育行動，可能發生在教育理論成形之前，因此，教育實務工作者，可能在進行實際教育行動之後，才開始逐漸建構形成中的教育理論，其所建構的教育理論，可能是植基於教育實務工作的理想之實踐。而且，教育行動研究有一種繼續原則（principle of continuity），亦即，教育行動者不斷地從行動經驗中進行互動與反省，從第一個教育行動循環情境，連結到下一個隨之而來的第二個教育行動循環的連續情境，其教育行動經驗能從過去加以延續下來，結合目前的經驗行動，並將經驗導向未來的繼續發展（McKernan, 1991）。因此，教育行動研究的歷程，可以被建構成一種不斷的循環螺旋。

　　進行教育行動研究的教育實務工作者，有其築夢構想的教育改革願景與理想，但是，進行教育實務工作者透過教育行動研究，採取具體行動方案進行逐夢之後，可能就發現教育實際現況與教育改革願景理想之間的差異，因此，必定涉及更進一步的磋商協調與修正，甚至，可能必須改變原先的教改願景與理念。因此，進行教育行動研究的教育實務工作者，必須要能從教育實際行動情境當中進行反省，並在行動後進行批判反省，繼續不斷地進行自我反省與集體反省，以修正其理想願景與教育行動，逐步縮短教育理論與教育實際之間的差距，逐漸實踐教育改革理想願景與教育行動方案（McNiff, 1995）。是以教育實務工作者透過教育行動研究，一方面，可以理解九年一貫課程改革的實際課程問題情境，進行學校課程發展、設計各學習領域課程與教室層次的課程，因應K-12年級一貫課程改革的教育挑戰；另一方面，也可以經由不同探究途徑策略與步驟，增進教育專業能力，促成教育專業成長，甚至增進因應挫折失敗的處理能力，從挫折失敗中記取教訓，獲得教育成長與進步經驗，奠定「教育實務工作者即教育行動研究者」的教育專業地位（蔡清田，1999a）。

參考文獻

Reference

中文參考文獻

王文科（1989）課程論。臺北：五南。

王文科（1995）教育研究法（第四版）。臺北：五南。

王文科（1997）學校需要另一種補充的課程：發展學校本位課程。本文發表於「中日課程改革國際學術研討會」。1997年3月22-23日。南投日月潭中信飯店。

王文科（1998）課程與教學。臺北：五南。

王文科（2011）教育研究法（14版2刷）。臺北：五南。

王如哲（1998）教育行政學。臺北：五南。

王如哲（1999）教育行政研究的展望。國立中正大學教育學研究所主編，教育學研究方法（pp. 99-123）。高雄：麗文。

王秀槐（1983）行動研究法簡介。臺灣教育，394期，13-19。

呂松林（2003）。國中鄉土藝術課程發展行動研究。國立中正大學教育學研究所碩士論文，未出版。

李旭民（2006）。教務組長課程領導之行動研究。國立中正大學教育學研究所碩士論文，未出版。

行政院教育改革審議委員會（1996）教育改革總諮議報告書。臺北：行政院教育改革審議委員會。

江麗莉、詹文娟與鐘梅菁（1999）三個臭皮匠的努力：反省策略在師院教師改進教學的應用。教育部指導。1999行動研究國際學術研討會論文集（pp.106-125）。國立臺東師院主辦。1999年5月19日至23日。

吳明清（1991）教育研究─基本概念與方法分析。臺北：五南。

吳明清（1999）國民教育的發展方向與重點措施。本文發表於國立中正大學87學年度地方教育輔導「國民教育革新與展望」研討會。教育部指導。國立中正大學教育學程中心主辦。1999年3月22日。嘉義：民雄。

李祖壽（1974）怎樣實施行動研究法。教育與文化月刊417期（1974年7月31日），17-22。教育部教育與文化社出版。

林素卿（1999）行動研究與教育實習。教育實習輔導季刊，5(1)，25-30。

林清江（1996a）。教育社會學。臺北：五南。

林清江（1996b）。教師在教育改革過程中所扮演的角色。載於國民教育學術演講集（pp.271-280）。嘉義：國立嘉義師範學院國民教育研究所。1996.4.25。

林清江（1998）國民教育九年一貫課程規劃專案報告。立法院教育委員會第三屆第六會期。臺北：教育部。

林清江、蔡清田（1997）。國民中小學課程發展共同原則之研究。嘉義：中正大學教育學程中心。教育部國民教育司委託專案。

林清江、蔡清田（1999）國民教育階段學校課程發展之共同原則。師大校友，295，4-10。

林明地（1999）學校行政管理研究的現況與趨勢。國立中正大學教育學研究所主編教育學研究方法（pp.125-151）。高雄：麗文。

林吟徽（2009）。國小四年級環境教育課程設計之行動研究。國立中正大學教育學研究所碩士論文，未出版。

林鋒錡（2010）。概念構圖融入六年級作文教學之行動研究。國立中正大學教育學院教學專業發展數位學習碩士在職專班論文，未出版。

洪英（2002）。鄉土教學學校本位課程發展之行動研究。國立中正大學教育學研究所碩士論文，未出版。

教育部（1998）國民教育階段九年一貫課程總綱綱要。臺北：作者。

教育部（1999）國民教育九年一貫課程配合工作計畫。臺北：作者。

教育部（2000）國民中小學九年一貫課程暫行綱要。臺北：作者。

教育部（2003）。國民中小學九年一貫課程綱要。臺北：作者。

教育部（2008）。國民中小學九年一貫課程綱要。臺北：作者。

夏林清、中華民國基層教師協會（1997）行動研究方法導論：教師動手作研究。臺北：遠流。

張世平、胡夢鯨（1988）行動研究。載於賈馥茗與楊深坑主編：教育研究法的探討與應用（pp. 103-139）。臺北：師大書苑。

張世平（1991）行動研究法。載於黃光雄與簡茂發主編：教育研究法（pp. 341-72）。臺北：師大書苑。

張清秀（1994）國小教師從事研究活動之現況分析。國立臺灣師範大學教育研究所碩士論文。未出版。

黃光雄（1981）課程的界說與模式，國教世紀，16(7-8)，3-11。

黃光雄（1996）課程與教學。臺北：師大書苑。

黃光雄、蔡清田（1999）課程設計：理論與實際。臺北：五南。

黃光雄、蔡清田（2002）課程研究與課程發展理念的實踐。中正教育研究。1(1)1-20。

黃光雄、蔡清田（2009）課程發展與設計。臺北：五南。

黃炳煌（1982）課程理論之基礎。臺北：文景。

黃政傑（1987）課程評鑑。臺北：師大書苑。

黃政傑（1988）教育理想的追求。臺北：心理。

黃政傑（1991）課程設計。臺北：東華。

黃政傑（1997）課程改革的理念與實踐。臺北：漢文書店。

黃政傑（1999）課程改革。臺北：漢文。

黃政傑（2001）課程行動研究的問題與展望。中華民國課程與教學學會主編行動研究與課程教學革新（pp. 223-239）。臺北：揚智。

黃娟娟（2003）。幼兒多元智能課程發展之行動研究。國立中正大學教育學研究所碩士論文，未出版。

張美慧（2004）國小四年級國語文課程統整之行動研究。國立中正大學教育學研究所碩士論文，未出版。

張玲華（2010）利用繪本進行生命教育課程發展之行動研究。國立中正大學教育學院教學專業發展數位學習碩士在職專班論文，未出版。

許予薰（2004）生命教育課程發展之行動研究。國立中正大學教育學研究所碩士論文，未出版。

陳宜楓（2010）。國小三年級實施讀報教育之行動研究。國立中正大學教育學院教學專業發展數位學習碩士在職專班論文，未出版。

陳美玉（1997）實踐導向的師資培育之研究。教育研究資訊，5(5)，1-14。

陳美玉（1998）教師專業教學法的省思與突破。高雄：麗文。

陳美如（1995）躍登教師行動研究的舞臺：課程行動研究初探。國民教育，35(11, 12)，21-28。

陳伯璋（1982）中等教育。高雄：復文。

陳伯璋（1985）潛在課程研究。臺北：五南。

陳伯璋（1987a）課程研究與教育革新。臺北：師大書苑。

陳伯璋（1987b）潛在課程研究。臺北：五南。

陳伯璋（1988a）教育研究方法的新取向：質的研究方法。臺北：南宏圖書。

陳伯璋（1988b）行動研究法。莊懷義、謝文全、吳清基、陳伯璋 教育問題研究（pp. 187-196）。臺北：國立空中大學。

陳伯璋（1999a）九年一貫新課程綱要修訂的背景及內涵。教育研究資訊，7(1)，1-13。

陳伯璋（1999b）九年一貫課程的理論及理念分析。本文發表於中華民國教材研究發展學會與國立臺北師範學院主辦九年一貫課程系列研討會，1998年3月10日。臺北。

陳伯璋（1999c）從近年來課程改革談教師角色的定位。本文發表於國立中正大學八十七學年度地方教育輔導「國民教育革新與展望」研

討會。教育部指導。國立中正大學教育學程中心主辦。1999年3月22日。嘉義：民雄。

陳伯璋（2001）學校本位課程發展與行動研究。中華民國課程與教學學會主編行動研究與課程教學革新（pp. 33-48）。臺北：揚智。

陳伯璋、周麗玉、游家政（1998）。國民教育階段課程綱要草案：研訂構想。作者：未出版。

陳惠邦（1998）教育行動研究。臺北：師大書苑。

陳惠邦（1999）教育情境中的行動研究：理論與實踐經驗。國立中正大學教育學研究所主編教育學研究方法（pp. 57-75）。高雄：麗文。

陳梅生（1979）教育研究法。臺北：臺灣省國民學校教師研習會。

陳樹叢（2003）。國民中學校長課程領導之行動研究。國立中正大學教育學研究所碩士論文，未出版。

雲大維（2006）。教導主任鄉土自編教材課程發展行動研究。國立中正大學教育學研究所碩士論文，未出版。

劉安祝（2008）。國小五年級教師生命教育課程發展之行動研究。國立中正大學教育學院教學專業發展數位學習碩士在職專班論文，未出版。

劉保祿（2007）。嘉義市教育局推動外籍配偶識字班之行動研究。國立中正大學教育學研究所碩士論文，未出版。

劉明琇（2007）。國小級任班級讀書會課程發展之行動研究。國立中正大學教育學研究所碩士論文，未出版。

劉麗吟（2009）。南部一所中型小學教務主任課程領導行動研究。國立中正大學教育學研究所碩士論文，未出版。

楊孟勳（2010）。國民中學品德教育之行動研究。國立中正大學教育學院教學專業發展數位學習碩士在職專班論文，未出版。

楊紹旦（1981a）行動研究法及其實例。國教輔導，20(4)，5-7。

楊紹旦（1981b）行動研究法及其實例（續上期）。國教輔導，

20(5)，17。

廖鳳池（1990）「行動研究法」簡介。諮商與輔導月刊，第60期，
　　5-9。

歐用生（1984）課程研究方法論。高雄：復文。

歐用生（1990）我國國民小學社會科潛在課程分析。臺灣師範大學教育
　　研究所博士論文。未出版。

歐用生（1996a）課程與教學革新。臺北：師大書苑。

歐用生（1996b）教師專業成長。臺北：師大書苑。

歐用生（1999a）行動研究與學校教育革新。教育部指導。1999行動研
　　究國際學術研討會論文集（pp. 1-16）。國立臺東師院主辦。1999年5
　　月19日至23日。

歐用生（1999b）新世紀的學校。臺北：臺灣書店。

歐用生（1999c）從「課程統整」的概念評九年一貫課程。教育研究資
　　訊，7(1)，22-32。

歐用生（2002）披著羊皮的狼？九年一貫課程改革的深度思考。載
　　於中華民國課程與教學學會主編創世紀教育工程：九年一貫課程再
　　造。臺北：揚智。

歐用生與楊慧文（1999）。國民教育課程綱要的內涵與特色。本文
　　發表於教育部88學年度國中校長九年一貫課程研討會，1998年8月24
　　日。豐原：教育部臺灣省中等學校教師研習會。

甄曉蘭（1995）合作行動研究：進行教育研究的另一種方式。國立嘉
　　義師範學院學報。1995(9)，297-318。

甄曉蘭（2001）。行動研究成果的評估與呈現。載於中華民國課程
　　與教學學會（主編），行動研究與課程教學革新（頁199-221）。臺
　　北：揚智文化。

蔡芳柔（2010）。雲林縣小型學校一年級弱勢學童語文領域國語文補救教材
　　實施之行動研究。國立中正大學教育學院教學專業發展數位學習碩士
　　在職專班論文，未出版。

蔡清田（1992）泰勒的課程理論發展之研究。國立臺灣師範大學教育研究所碩士論文。未出版。

蔡清田（1995）教育歷程中之教師專業自律：「教師即研究者」對課程發展與教師專業成長之蘊義。本文發表於教育改革：理論與實際國際學術研討會。臺北。國立臺灣師範大學。1995年三月十四至十六日。

蔡清田（1997a）由「以教師教學為依據的課程發展」論「教師即研究者」對課程發展與教師專業成長的教育啟示，公教資訊1(1)，32-41。

蔡清田（1997b）由「課程即研究假設」論教師專業成長，教學輔導，3，17-26。國立中山大學、中正大學、成功大學、屏東技術學院、高雄師範大學南區地方教育輔導委員會編印。

蔡清田（1997c）教育改革的革新觀點與策略，載於高雄市政府公教人力發展中心主編教育學術叢書2　教育改革（pp.139-165）。高雄：高雄市政府公教人力發展中心。

蔡清田（1997d）課程改革之另類思考：從「教師即研究者」論歷程模式之課程設計。載於歐用生主編新世紀的教育發展（pp.89-108）。臺北：師大書苑。

蔡清田（1997e）以行動研究為依據的教師在職進修與專業成長。載於中華民國師範教育學會主編教育專業與師資培育（1997年刊）（pp.129-154）。臺北：師大書苑。

蔡清田（1998a）行動研究理論與「教師即研究者」取向的課程發展。教育部指導。行動研究與偏遠地區教育問題診斷學術研討會論文集（pp. 141-161）。國立臺東師院主辦。1998年4月24日至25日。

蔡清田（1998b）從行動研究論教學實習課程與教師專業成長。載於中華民國師範教育學會主編，教師專業成長：理想與實際（1998年刊）（pp.177-202）。臺北：師大書苑。

蔡清田（1998c）「教師即研究者」的教育改革理念對新世紀師資培

育「實習課程」之啟示。87學年度師範學院教育學術研討會。教育部指導。臺北市立師範學院。1998年11月26至28日。

蔡清田（1998d）教師如何透過行動研究成為研究者：「教師即研究者」的理想與實踐。教育科技與研究：教學專業研討會暨工作坊。教育部指導。國立中正大學教育學程中心主辦。嘉義民雄。1998年12月29日至30日。

蔡清田（1998e）大學教育學程的學校本位課程發展。載於中華民國課程與教學學會1998年刊：學校本位課程與教學創新（pp. 161-186）。臺北：揚智。

蔡清田（1998f）綜合大學教育學程課程發展之行動研究。國科會專案研究報告。NSC-87-2413-H-194-024

蔡清田（1999a）行動研究取向的教育實習典範理念與實踐。本文發表於教育實習的典範與實踐，學術研討會。教育部指導。國立臺灣師範大學主辦。1999年4月30日。臺北。

蔡清田（1999b）。九年一貫課程改革之行動探究。臺灣教育，1999(581)，9-21。

蔡清田（1999c）。九年一貫國民教育課程改革與教師專業發展之探究。載於中華民國課程與教學學會主編九年一貫課程之展望（1999年刊）（pp. 145-170）。臺北：揚智。

蔡清田（1999d）。課程研究現況分析與趨勢展望。國立中正大學教育學研究所主編教育學研究方法（pp. 153-172）。高雄：麗文。

蔡清田（2000）教育行動研究（一版）。臺北：五南。

蔡清田（2001）課程改革實驗。臺北：五南。

蔡清田（2002）學校整體課程經營。臺北：五南。

蔡清田（2003）課程政策決定。臺北：五南。

蔡清田（2004a）課程發展行動研究。臺北：五南。

蔡清田（2004b）課程統整與行動研究。臺北：五南。

蔡清田等譯（2004）課程行動研究。高雄：麗文。

蔡清田（2005）課程領導與學校本位課程發展。臺北：五南。

蔡清田（2006）課程創新。臺北：五南。

蔡清田（2007）學校本位課程發展的新猷與教務課程領導。臺北：五南。

蔡清田（2008）課程學。臺北：五南。

蔡清田（2009）「八年研究」課程實驗及其重要啟示，教育研究月刊179期2009(3)，94-105。

蔡清田（2010）論文寫作的通關密碼。臺北：高教。

蔡清田（2011）素養：課程改革的DNA。臺北：高教。

蔡清田（2012）課程發展與設計的核心DNA：核心素養。臺北：五南。

蔡麗華（2004）課程規劃的行動研究：以生命學園為例。國立中正大學教育學研究所碩士論文，未出版。

蔡慧琦（2004）國小三年級人權教育課程設計行動研究。國立中正大學教育學研究所碩士論文，未出版。

蔡擎淦（2003）社會領域課程統整之行動研究。國立中正大學教育學研究所碩士論文，未出版。

盧美貴（1987）「行動研究」的倫理信條。現代教育，1(5)，137-138。

饒見維（1996）教師專業發展：理論與實務。臺北：五南。

鍾嘉芬（2010）。永續校園的建置對國小中年級學童節能減碳概念建立的影響之行動研究。國立中正大學教育學院教學專業發展數位學習碩士在職專班論文，未出版。

英文參考文獻

Adlam, R. (1997). Action research as a process of illumination: coming to a new awareness in the practice of management education. *Educational Action Research*, 5 (2), 211-229.

Altrichter, H., Posch, P. Somekh, B. (1993) *Teachers investigate their work*. London: Routledge.

Apple, M. (1993) *Official knowledge: Democratic education in a conservative age.* London: Routledge.

Apple, M. (1996) *Cultural politics and education.* New York: Teachers College, Columbia University.

Argyris, C. (1989) *Reasoning, learning and action: Individual and organizational.* London: Jossey-Bass Publisher.

Argyris, C. & Schon, D. (1974) *Theory in practice: Increasing professional effectiveness.* San Francisco: Jossey-Bass Publisher.

Argyris, C. & Schon, D. (1978) *Organizational learning: A theory of action perspective.* San Francisco: Jossey-Bass Publisher.

Argyris, C., Putnam, R. & Smith, D. M. (1990) *Action science: Concepts, methods, and skills for research and intervention.* Oxford: Jossey-Bass Publisher.

Atweh, B., Kemmis, S. & Weeks, P. (1998) (Eds.) *Action research in practice.* N.Y.: Routledge.

Bassey, M. (1986) Does action research require sophisticated methods? in Hustler, D., Cassidy, A. & Cuff, E. (Eds.) *Action research in classrooms and schools.* (pp.18-24). London: Allen & Unwin.

Bassey, M. (1995) *Creating education through research.* Newark: Kirklington Press.

Beane, J. A. (1998) *Curriculum integration: designing the core of democratic education.* New York: Teachers College Press.

Bridges, D. (1993) School-based teacher education. In Bridges, D. & Kerry, T. (Eds.) *Developing teachers professionally: reflections for initial and In-service trainers.* (pp. 51-66). London: Routledge.

Burgess, R. (1985) (ed.) *Issues in educational research.* London: Falmer.

Burgess-Macey, C. & Rose, J. (1997) Breaking through the barriers: Professional development, action research and the early years. *Educa-*

tional Action Research, 5 (1), 137-146.

CARE (1994). *Coming to terms with research: An introduction to the language for research degree student*. Norwich: Centre for Applied Research in Education (CARE), School of Education, University of East Anglia, UK.

Carr, W. (1995). For education: Towards critical educational inquiry. Buckingham: Open University Press.

Carr, W. & Kemmis, S. (1986) *Becoming critical: Education, knowledge and action research*. London: Falmer.

Cohen, L. & Manion , L. (1980) *Research methods in education*. London: Croom Helm.

Connelly, F. M. & .Clandinin, D. J. (1988) *Teachers as curriculum planners: Narratives of experience*. N.Y.: Teachers College Press.

Connelly, M. & Clandinin, J. (1990) Stories of experience and narrative enquiry. *Educational Researcher*, 19 (5), 2-14.

Corey, S. (1953) Action research to improve school practices. Columbia: New York Teachers' College.

Deakin University (1992) *The action research reader*. (3rd edition). Geelong, Vic.: Deakin University Press.

Dewey, J. (1910) *How we think*. Boston: Health Company.

Dewey, J. (1960) *The quest for certainty*. New York: Capricorn.

Eames, K. (1991) Dialogues and dialectics: Action research and the dialectical form of classroom-based educational knowledge. In Edwards, G. & Rideout, P. (Eds.) *Extending the horizons of action research*. (pp.35-51) Norwich: CARN Publication 10c.

Ebbutt, D. (1983) Educational action research: Some general concerns and specific quibbles. Mimeo (Cambridge Institute of Education). Also reprinted in Burgess, R. (1985) (ed.) *Issues in educational research*.

London: Falmer.

Eggleston, J. (1979). School-based curriculum development in England and Wales. In OECD *School-based curriculum development* (pp. 75-105) Paris: OECD.

Elliott, J. (1979) Implementing school based action-research: Some hypotheses. *Cambridge Journal of Education.* 9 (1), 55-71.

Elliott, J. (1991) *Action research for educational change.* Milton Keynes: Open University Press.

Elliott, J. (1992) What is action-research in schools. In Deakin University. *The action research reader* (pp.121-122) Geelong, Victoria.: Deakin University Press.

Elliott, J. (1997) Quality assurance, the educational standards debate, and the commodification of educational research. *The Curriculum Journal.* 8 (1), 63-83.

Elliott, J. (1998) *The curriculum experiment: Meeting the challenge of social change.* Buckingham: Open University Press.

Elliott, J. & Adelman, C. (1973) Reflecting where the action is: the design of the Ford Teaching Project. *Education for Teaching*, 92, 8-20.

Giddens, A. (1984) *The constitution of society.* Cambridge: Polity Press.

Griffiths, M. (1990) Action research: grassroots practice or management tool in Lomax, P. (ed.) Managing staff development in schools: An action research (pp. 37-51). Clevedon: Multilingual Matters.

Grundy, S. (1987) *Curriculum: product or praxis?* London: Falmer.

Grundy, S. & Kemmis, S. (1992). Educational action research in Australia: The state of the art. In Deakin University *The action research reader*. (pp. 321-326). Geelong, Victoria.: Deakin University Press.

Habermas, J. (1984) *The theory of communicative action.* London: Heinemann.

Hopkins, D. (1985). *A teacher's guide to classroom research*. Milton Keynes: Open University Press.

Hustler, D., Cassidy, A. & Cuff, E. (1986) (Eds.) *Action research in classrooms and schools*. London: Allen & Unwin.

Kemmis, S. & McTaggart, R. (1982) (Eds.) *The action research planner*. (2nd edition). Geelong, Victoria.: Deakin University Press.

Kemmis, S. (1992) Action research in retrospect and prospect. In Deakin University *The action research reader*. (pp. 27-39). Geelong, Victoria: Deakin University Press.

Kincheloe, J. L. (1991) *Teachers as researchers: Qualitative Inquiry as a path to empowerment*. London: Falmer.

Lewin, K. (1946) Action research and minority problems. *Journal of Social Issues*, 19 (6), 34-46.

Lewin, K. (1948) *Resolving social conflicts*. New York: Harper and Brothers.

Lewin, K. (1952) Group decision and social change. In Deakin University *The action research reader*. (pp. 47-56). Geelong, Victoria.: Deakin University Press.

Lippitt, R. & Radke, M. (1946) New trends in the investigation of prejudice. *Annals of the American Academy of Political and Social Science*, 244, 167-176.

Lomax, P. (1990) (ed.) Managing staff development in schools: An action research (pp. 37-51). Clevedon: Multilingual Matters.

Lomax, P. & Paker, Z. (1995) (ed.) Accounting for ourselves: the problem of presenting action research. Cambridge Journal of education, 25, 301-314.

Marsh, C. (1992) *Key concepts for understanding curriculum*. London: Falmer.

McKernan, J. (1991). Principles of procedure for curriculum action research. *Curriculum.* 12 (3), 156-164.

McKernan, J. (1996) *Curriculum action research: a handbook of methods and resources for the reflective practitioner.* London: Kogan Paul.

McNiff, J. (1993) *Teaching as learning: an action research approach.* London: Routledge.

McNiff, J. (1995) *Action research: Principles and practice..* London: Routledge.

McNiff, J; Lomax, P. & Whitehead , J. (1996) *You and your action research project.* Lodon: Routledge.

Newman, S. (1999). Constructing and critiquing reflective practice. *Educational Action Research, 7* (1), 145-162.

Nixon, J. (1985) *A teacher's guide to action research: Evaluation, enquiry and development in the classroom.* London: Grant McIntyre.

Noffke, S. E. (1989) The social context of action research: A comparative and historical analyze. ERIC ED 308756.

Noffke, S. E. & Stevenson, R.B. (1995) (Eds.) *Educational action research: Becoming practically critically.* N.Y.: Columbia University Teachers College.

O'Hanlon, C. (1996) *Professional development through action research in educational settings.* London: Falmer.

Oja, S. N. & Smulyan, L. (1989). *Collaborative action research: A developmental approach.* London: Falmer.

Peters, R. S. (1966). *Ethics and Education.* London: George Allen and Unwin.

Peters, R. S. (1967). What is an Educational Process? In Peters, R. S. (ed.). *The Concept of Education* (pp.1-23.). London: Routledge & Kegan Paul Ltd.

Posner, G. J. & Rudnitsky, A. N. (1997). *Course design: A guide to curriculum development for teachers (5th ed).* New York: Longman

Rudduck, J. & Hopkins, D. (Eds.) (1985) *Research as a basis for teaching: Readings from the work of Lawrence Stenhouse.* London: Heinemann.

Schon, D A. (1983). *The reflective practitioner: how professionals think in action.* New York: Basic Books.

Schon, D A. (1987). *Educating the reflective practitioner.* London: Jossey-Bass.

Schwab, J. (1971) The Practical: A Language for Curriculum. in Levit, M. (ed.). *Curriculum* (pp.307-330). Chicago: University of Illinois Press.

Short, E. (1991a) (ed.) *Forms of curriculum inquiry.* Albany: SUNY Press.

Short, E. (1991b) A perspective on understanding the nature of curriculum inquiry. *Curriculum and Teaching*, 6 (2), 1-14.

Short, E. (1991c) Inquiry methods in curriculum studies: An overview. *Curriculum Perspectives* 11 (2), 15-26.

Shumsky, A. (1959) Learning about learning from action research. In Association for Supervision and Curriculum development (ed.) *Research for Curriculum Improvement.* (183-192). Washington: ASCD.

Skilbeck, M. (1984) *School-based curriculum development.* London: Harper & Row.

Somwkh, B. (1989) The role of action research in collaborative enquiry and school improvement. In Somwkh, B., Powney, J. & Burge, C. (Eds.) *Collaborative enquiry and school improvement.* (pp. 3-11) Norwich: University of East Anglia, Centre for Applied Research in Education CARN Bulletin 9A. Spring 1989. The Coordinator's opening address presented at the CARN conference March 25-27, 1988.

Stenhouse, L. (1975) *An introduction to curriculum research and development*. London: Heinemann.

Stenhouse, L. (1980) (ed.). *Curriculum Research and Development in Action*. London: Heinemann.

Stenhouse, L. (1981) What counts as research? *British Journal of Educational Studies*, 29 (2), 109-110.

Stenhouse, L. (1983). *Authority, Education and Emancipation*. London: Heinemann Educational Books.

Stenhouse, L. (1985). Action research and the teacher's responsibility. in Rudduck, J. & Hopkins, D. (Eds.) (1985) *Research as a basis for teaching: Readings from the work of Lawrence Stenhouse*. (pp.56-9) London: Heinemann.

Strauss, A. & Corbin, J. (1990) *Basics of qualitative research: Grounded theory procedures and techniques*. London: SAGE.

Taba, H. & Noel, E. (1992) Steps in the action research process. In Deakin University *The action research reader*. (pp. 67-73). Geelong, Victoria: Deakin University Press.

Tripp, D. (1993) *Critical incidents in teaching: Developing professional judgement*. London: Routledge.

Tyler, R. W. (1966) Resources, model, and theory in the improvement of research in science education. In Richardson, J. S. & Howe, R.W. *The role of centers for science education in the production, demonstration, and research*. (pp. 31-40). Ohio: Ohio State University. ED 013 220.

Tyler, R. W. (1976) (ed.) *Prospects for research and development in education*. Berkeley, Calif.: McCutchan.

Tyler, R. W. (1984) Curriculum development and research. in Hosford, Philip, L. (ed.) *Using what we know about teaching*. (pp.29-41) ASCD, ED 240088.

Walker, D. F. (1990) *Fundamentals of curriculum*. N.Y.: Harcourt Brace Jovanovich.

Walker, R. (1985) *Doing research: A handbook for teachers*. London: Methuen.

Winter, R. (1987). *Action research and the nature of scoial inquiry:Professional innovation and educational work*. Aldershot, England: Avebury (Gower publishing).

Winter, R. (1995). *Learning from experience: Principles and practice in actionresearch*. London: Falmer.

Young, M.F.D. (1998) *The curriculum of the future: from the 'new sociology of education' to a critical theory of learning*. London: Falmer.

Zuber-Skerritt, O. (1996) *New directions in action research*. London: Falmer.

索 引

Index

【四劃】

【五劃】

【七劃】

作判斷　making judgements　106

形而上的　formalistic　35

批判的諍友　critical friend　175, 176, 183, 184, 185, 186, 187, 189, 197, 202

批判社會科學　critical social science　61

【十劃】

個別行動主體　personal agent　93

個案研究報告　case-study report　201, 254, 256

個案記錄　255, 256

個案資料　255

倫理　ethics　32, 91, 96, 99, 100, 104, 145, 150, 155, 176, 180, 209, 221, 224, 250, 252, 255, 259, 309

倫理信條　code of ethics　99

效度考評小組　validation group　239

效度檢證小組　validation group　178

核心素養　3, 286, 290, 309

真實性　authenticity　15

馬克斯主義者　Marxist　37

【十一劃】

偵察與發現事實真相　reconnaissance　122, 163, 164, 200, 217

問題　problem　83

問題分析　problem analysis　113

問題確認　problem identification　113

國民小學課程標準　270

國民中小學九年一貫課程綱要　289, 303

國民中小學課程發展專案小組　269, 270, 286

國民中學課程標準　270

國民素養　286

國民教育階段九年一貫課程試辦要點　3, 270, 271, 293

國民教育階段九年一貫課程總綱綱要　46, 50, 269, 270, 286, 289, 302

基礎研究　basic research　5, 12, 13, 16, 19, 21, 22, 41, 56, 92, 102

執行　execution　29

英文專有名詞索引

中文人名索引

【四劃】

王文科　4, 15, 28, 30, 42, 46, 82, 290, 301

王如哲　44, 301

王秀槐　28, 301

【五劃】

包熙　Peter Posch　40

卡爾　Wilfred F. Carr　28, 40

史點豪思　L. Stenhouse　28, 30, 32, 33, 40, 65, 71, 72, 73, 74, 102, 184

甘美思　Stephen Kemmis　8, 28, 33, 37, 40, 56, 116

皮特思　R. S. Peters　33, 102

【六劃】

艾略特　John Elliott　8, 28, 32, 40, 65, 104, 164, 184

【七劃】

吳明清　4, 28, 67, 93, 277, 289, 291, 302

宋美　Bridget Somekh　40

李祖壽　12, 28, 302

李溫　Kurt Lewin　28, 31, 37, 164

【八劃】

周麗玉　292, 305

林吟徽　289, 302

林明地　44, 302

林素卿　82, 302

林清江　46, 269, 270, 275, 286, 292, 302

英文人名索引

【A】

【B】

【C】

【Y】

Young　47, 317

【Z】

Zuber-Skerritt　34, 37, 317

國家圖書館出版品預行編目資料

教育行動研究新論／蔡清田著. -- 初版. --
臺北市：五南，2013.02
　面；　公分
ISBN 978-957-11-7000-8（平裝）

1.教育研究法　2.教學研究

520.31　　　　　　　　　　102001487

1IXJ

教育行動研究新論

作　　　者 ― 蔡清田（372.1）

發 行 人 ― 楊榮川

總 經 理 ― 楊士清

總 編 輯 ― 楊秀麗

副總編輯 ― 黃文瓊

責任編輯 ― 李敏華

封面設計 ― 姚孝慈

出 版 者 ― 五南圖書出版股份有限公司

地　　　址：106台北市大安區和平東路二段339號4樓

電　　　話：(02)2705-5066　　傳　　　真：(02)2706-6100

網　　　址：http://www.wunan.com.tw

電子郵件：wunan@wunan.com.tw

劃撥帳號：01068953

戶　　　名：五南圖書出版股份有限公司

法律顧問　林勝安律師事務所　林勝安律師

出版日期　2013年2月初版一刷
　　　　　2020年4月初版三刷

定　　　價　新臺幣430元

經典永恆・名著常在

五十週年的獻禮——經典名著文庫

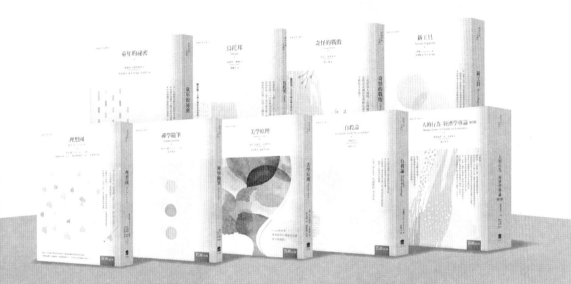

五南，五十年了，半個世紀，人生旅程的一大半，走過來了。

思索著，邁向百年的未來歷程，能為知識界、文化學術界作些什麼？

在速食文化的生態下，有什麼值得讓人雋永品味的？

歷代經典・當今名著，經過時間的洗禮，千錘百鍊，流傳至今，光芒耀人；

不僅使我們能領悟前人的智慧，同時也增深加廣我們思考的深度與視野。

我們決心投入巨資，有計畫的系統梳選，成立「經典名著文庫」，

希望收入古今中外思想性的、充滿睿智與獨見的經典、名著。

這是一項理想性的、永續性的巨大出版工程。

不在意讀者的眾寡，只考慮它的學術價值，力求完整展現先哲思想的軌跡；

為知識界開啟一片智慧之窗，營造一座百花綻放的世界文明公園，

任君遨遊、取菁吸蜜、嘉惠學子！